Matthias Hilbert

Von Paul Gerhardt bis Manfred Siebald

20 Lebensbilder alter und neuer Liederdichter

Über den Autor:

Matthias Hilbert, *Jahrgang 1950, wohnt in Gladbeck und ist Lehrer i. R. Sein schriftstellerisches Interesse gilt vor allem Glaubens- und Lebensgeschichten bekannter Christen und Dichterpersönlichkeiten des 19. und 20. Jahrhunderts. Mehrere Bücher sind bereits von ihm erschienen, wie etwa „Hermann Hesse und sein Elternhaus – Zwischen Rebellion und Liebe"; „Gottsucher. Dichter-Bekehrungen im 19. und 20. Jahrhundert"; „Gottfinder. Dichter-Bekehrungen durch die Jahrhunderte" oder „Unvergessene Pastoren und Evangelisten. Sechs Lebensbilder". Außerdem ist er Verfasser zahlreicher Artikel in verschiedenen Zeitungen und Zeitschriften.*

MATTHIAS HILBERT

VON Paul Gerhardt BIS Manfred Siebald

20 Lebensbilder alter und neuer Liederdichter

BAND 1

MIX
Papier | Fördert
gute Waldnutzung
FSC
www.fsc.org
FSC® C083411

Matthias Hilbert
Von Paul Gerhardt bis Manfred Siebald
20 Lebensbilder alter und neuer Liederdichter

Best.-Nr. 271879
ISBN 978-3-86353-879-8
Christliche Verlagsgesellschaft Dillenburg

1. Auflage

www.cv-dillenburg.de

Satz und Umschlaggestaltung:
Christliche Verlagsgesellschaft Dillenburg
Umschlagmotiv: © iStock.com/Svetlana Aganina (Grafiken);
© iStock.com/Yosuke Hasegawa (C-clef-Symbol)

Druck: CPI Books GmbH, Leck
Printed in Germany

Wenn Sie Rechtschreib- oder Zeichensetzungsfehler entdeckt haben,
können Sie uns gern kontaktieren: info@cv-dillenburg.de

Inhalt

Vorwort

Welch einen geistlichen Schatz an Lobpreis und Anbetung, an Trost und Glaubensvergewisserung bergen doch so viele christliche Lieder in sich! Sie zu kennen und zu singen bereichert das eigene Glaubensleben nachhaltig. Vielen Christen sind oft bestimmte, inhaltsstarke Lieder – verbunden mit eingängigen Melodien – zu treuen, lieb gewordenen Wegbegleitern ihres Lebens geworden. Sie haben sich nicht nur in den guten Zeiten bewährt, sondern auch in den schweren und notvollen Lebensphasen und -verhältnissen. Da vielleicht sogar ganz besonders.

Lohnend ist aber auch die Beschäftigung mit den häufig sehr beeindruckenden Lebensläufen der Autoren solcher bekannter Liedklassiker. Denn aus ihren Glaubensgeschichten, -entwicklungen und -erfahrungen lässt sich nicht nur allgemein Interessantes, sondern auch Inspirierendes und Hilfreiches für den eigenen Glaubensweg und -vollzug entnehmen. Womöglich gewinnt man dabei sogar einen neuen, lebendigen Zugang zu dem einen oder anderen Lied, das einen bis jetzt vielleicht weniger angesprochen und berührt hat als andere. Nun aber nimmt man es aus einem anderen Blickwinkel wahr.

Bei der Auswahl der Liederdichter sind drei Schwerpunkte gesetzt worden:

- Liederdichter, die dem Pietismus zuzurechnen sind, wie etwa Gerhard Tersteegen, Philipp Friedrich Hiller oder Nikolaus von Zinzendorf;
- Liederdichter aus dem Raum der neupietistischen Erweckungs- und Heiligungsbewegung, wie etwa Johann Christoph Blumhardt, Ernst Heinrich Gebhardt oder Hedwig von Redern; sowie

- die sogenannten „Liedermacher“, die seit den Siebzigerjahren des 20. Jahrhunderts das traditionelle christliche Liedgut mit neuzeitlichen Texten und einem modernen Musikstil bereichert haben. Als Beispiele seien an dieser Stelle Peter Strauch, Manfred Siebald oder Christoph Zehendner genannt.

Dass die bekanntesten und populärsten Lieder der jeweiligen Liederdichter in der Regel nur als Titel angegeben sind und nur selten die kompletten Liedtexte abgedruckt werden, liegt daran, dass der Akzent des Buches auf der Vorstellung der Liedverfasser liegt. Die Darstellung der Dichter soll weit über lexigrafische Angaben hinausgehen, sodass von ihnen eine Art Porträt oder Lebensbild entsteht. Zudem können die Lieder in diversen Liederbüchern oder im Internet selbst nachgelesen werden. Ihr Abdruck in diesem Buch hätte den vorgesehenen Umfang des Werkes gesprengt.

Matthias Hilbert, im Juni 2023

Bekannte Liederdichter aus dem 17. bis 20. Jahrhundert

Paul Gerhardt
(1607–1676)

Gerhard Tersteegen
(1697–1769)

Philipp Friedrich Hiller
(1699–1769)

Nikolaus Ludwig Graf von Zinzendorf
(1700–1760)

Charles Wesley
(1707–1788)

Matthias Claudius
(1740–1815)

Johann Christoph Blumhardt
(1805–1880)

Fanny Crosby
(1820–1915)

Julie Hausmann
(1826–1901)

Ernst Heinrich Gebhardt
(1832–1899)

Eleonore Fürstin von Reuß
(1835–1903)

Hedwig von Redern
(1866–1935)

Paul Gerhardt

Paul Gerhardt (1607–1676)
Tröster und Ermutiger der Christenheit

Das Geheimnis der Tiefenwirkung und Nachhaltigkeit der Paul-Gerhardt-Lieder

Der Theologe und Kirchenmusiker Rainer Köpf berichtet in seiner 2007 erschienenen Paul-Gerhardt-Biografie *Wir gehen dahin und wandern,* wie er im Konfirmandenunterricht durch seinen damaligen Gemeindepfarrer einen zutiefst emotionalen Zugang zu Paul Gerhardt und seinen Liedern gefunden hatte. Dieser Pastor, der sich erst durch die Erfahrungen des Zweiten Weltkriegs dazu entschlossen hatte, Theologie zu studieren, sang mit seinen Konfirmanden Paul-Gerhardt-Lieder,

> „die für ihn", so Köpf, „‚im Kugelhagel und in der russischen Gefangenschaft', wie er uns versicherte, ‚überlebensnotwendig' gewesen seien. Ich erfuhr zum ersten Mal etwas über das Leben dieses großen Liederdichters: dass Gerhardt im Dreißigjährigen Krieg gelebt und gelitten habe, dass seine Lieder aus schwerer Not heraus entstanden seien, dass er zu einem bewährten Tröster der Christenheit geworden sei. Ich hörte von den Hitlerattentätern, die mit Paul Gerhardts Texten täglich umgingen und an seinem Widerstand gegen die Politik des ‚großen Kurfürsten' etwas

> für ihren eigenen Widerstand gelernt hatten. (…) Und er erwähnte dabei Dietrich Bonhoeffer, der sich in seiner Gefangenschaft in Berlin-Tegel mit diesen Liedern aufrichtete und ‚froh' war am inneren ‚Besitz' dieser Texte."

Auch bemerkt Rainer Köpf, dass er einmal als junger Vikar in einer oberschwäbischen Diasporagemeinde einen 90-jährigen Mann in einem Altenheim besucht habe, der nicht mehr in der Lage gewesen sei, zusammenhängende Sätze zu bilden und bereits nach zwei Worten vergessen habe, was er hatte sagen wollen. Ein kommunikativer Austausch mit dem Alten war somit unmöglich. Doch dann habe dieser plötzlich aufgeregt auf das Akkordeon gezeigt, das Köpf bei seinem Besuch mitgenommen hatte, und ihn energisch zum Singen aufgefordert. Als der Vikar sich entschied, dem Mann Gerhardts Lied *„Befiehl du deine Wege"* vorzuspielen und vorzusingen, da erlebte er eine große Überraschung.

> „Nach der ersten Hälfte des Verses fing plötzlich der alte Mann an, mindestens genauso kräftig wie ich, mitzusingen! Und zwar ganze Sätze! Völlig fehlerlos sang er klar und deutlich alle zwölf Strophen dieses Liedes mit. Ohne Stocken, ohne Verwirrung, geführt von den alten Worten, die in ihm waren. Jetzt war er ganz da. Ein Leuchten und Strahlen [waren] in seinem Gesicht. (…) Dieses Lied war für ihn – so empfand ich es – Gestalt gewordenes Evangelium. (…) Dieser alte Mann und der ewige Gott – durch dieses Lied waren sie in Berührung miteinander gekommen: herausgeholt aus der eigenen Einsamkeit in das Gespräch mit dem Ewigen."

Der Dichter Rudolf Alexander Schröder (1878–1962) wiederum, der sich im jugendlichen Alter von dem Glauben seines frommen, pietistischen Elternhauses abgesetzt hatte, bekennt, welch wichtigen Beitrag die Lieder von Paul Gerhardt bei der Wiedergewinnung seines Glaubens im Ersten Weltkrieg geleistet haben. Denn sie seien es gewesen, so schreibt er, „an denen ich mit leichter Hand zurückgeführt worden bin, noch ehe mir das Wort der Schrift selbst wieder lebendig geworden war“. Besonders das Lied „*Gib dich zufrieden und sei stille in dem Gotte deines Lebens*“ sei mit ihm gegangen, „durch Jahrzehnte, in denen ich mich der Lehre und der Kirche Jesu Christi entfremdet wähnte; sein Seelenton hat mich auch damals, manchmal bis zu Tränen, gerührt“. Er habe damals gemeint, nur die „reine und große Kunst“ dieser Lieder zu bewundern. Doch habe „diese große Kunst“ ihn „– vor allem durch die Kriegsjahre hindurch – langsam und unvermerkt wieder vor die Pforte geführt, hinter der ihr Geheimnis und ihr Ursprung wohnt“.

Allein diese wenigen Beispiele verdeutlichen auf eindrucksvolle Weise den nachhaltigen Eindruck und die außergewöhnliche Tiefenwirkung, die die Lieder Paul Gerhardts auf Menschen auszuüben vermögen, die einmal mit ihnen in Berührung gekommen sind und denen sie zu verlässlichen „Wegbegleitern“ ihres Glaubens und Lebens wurden. Dass das so möglich ist, hat mehrere Ursachen. Zum einen liegt es daran, dass die Textinhalte in ihrer „volksliedmäßigen Schlichtheit, Zartheit und Innigkeit des Empfindens“ (Karl Hesselbacher) in Kombination mit den ihnen zugeordneten einfühlsamen Liedmelodien in besonderer Weise dazu angetan sind, das menschliche Gemüt anzusprechen und sogar bis ins Unterbewusste hineinzureichen. Zum anderen können sich die Menschen in dem, was die in anschaulicher und bildhafter Sprache verfassten Lieder ausdrücken, auch selbst „wiederfinden“. Denn die Gesangsstücke sind nicht nur liturgie-, sondern auch alltagstauglich und berühren die existenziellen Grundfragen des menschlichen und christlichen Daseins. So etwa die Frage: Wie ist mit Glaubensanfechtungen, mit den Erfahrungen von Not und Leid, mit der Realität unserer Endlichkeit, unseres Todes, umzugehen? Hierzu geben die Paul-Gerhardt-Lieder dem Gläubigen Orientierung, Glaubensstärkung und -bestätigung und vermitteln ihm Trost, Geborgenheit und Halt. Sie „ordnen ein“ und verhelfen zu unterscheiden zwischen Vorläufigem und Ewigem, zwischen Vorrangigem und Zweitrangigem, sodass die „Praxis Pietatis“ (Betätigung des Glaubens) überzeugend gelebt werden kann. Zugleich haben sie etwas ausgesprochen Mut- und Frohmachendes an sich. Sie besingen einen Gott, der mit seinen Kindern durchs Kirchenjahr geht und bei ihnen ist in guten wie in schlechten Zeiten.

Anscheinend spüren die Menschen den Texten auch ab, dass sie es hier mit einem Liederdichter zu tun haben, der ihre Fragen, Nöte und Ängste selbst durchlebt und durchgestanden hat. Und der ihnen keine oberflächlichen Antworten, keinen billigen Trost zumutet, sondern mit seinen Aussagen fest verwurzelt im Wort Gottes und dem christlichen Glaubensbekenntnis steht und sich in einer lebendigen, vertrauensvollen Glaubensbeziehung zu Jesus Christus befindet. Deshalb vermag er auch immer wieder, den Blick auf Gott als den Schöpfer und Erhalter des Lebens und auf Christus als unseren Erlöser zu lenken und zur Glaubenszuversicht und -einfalt, zum Dank und Lobpreis und zur Anbetung anzuleiten. Nicht zu Unrecht sind die Lieder Paul Gerhardts daher auch als „gelebte Seelsorge“, „angewandte Theologie“ und „praktiziertes Christsein“ bezeichnet worden. Und weil sie spürbar aus einem liebevollen Herzen kommen (ohne je sentimental zu werden), können sie auch die Herzen anderer erreichen.

Frühe Lebensstationen

Die Lieder Paul Gerhardts machen neugierig auf den Lebenslauf des Mannes, der sie gedichtet hat und für ihre Wahrheit bürgt. Leider ist nur relativ wenig aus dem Leben Paul Gerhardts bekannt. Dennoch ist dieses Wenige, das uns über ihn überliefert ist, interessant genug und lässt – zusammen mit den Aussagen, die er in seinen Liedern macht – so manchen Rückschluss auf seine Lebensumstände, seinen Charakter und die Art und Weise, wie er seinen Glauben verstanden und gelebt hat, zu.

Geboren wurde Paul Gerhardt am 12. März 1607 in Gräfenhainichen, das am Rand der Dübener Heide in Sachsen-Anhalt liegt. Damals war Gräfenhainichen ein kleines, von wehrhaften Mauern umgebenes Landstädtchen mit etwa 1000 Einwohnern und gehörte zum Kurfürstentum Sachsen. Pauls Vater Christian Gerhardt betrieb hier eine Gastwirtschaft nebst kleiner Bierbrauerei und bewirtschaftete – wie die anderen „Ackerbürger" des Ortes auch – außerdem noch ein bäuerliches Anwesen. Darüber hinaus war er in der Ortschaft einer der drei Bürgermeister, die sich jährlich in ihrem Amt ablösten.

Pauls Mutter Dorothea Gerhardt, geborene Starcke, war eine Pastorentochter. Ihr Vater war Superintendent in Eilenburg gewesen, das rund 40 Kilometer südöstlich von Gräfenhainichen und 20 Kilometer von Leipzig entfernt liegt. Als zu dessen Zeit der neue, junge Kurfürst Christian I. sich dem Calvinismus annäherte, brachte das in dem lutherisch geprägten Land so manche Unruhe mit sich. Christian I. wollte besonders fortschrittlich sein und verbot den Geistlichen, bei den Kindstaufen die damals im Luthertum übliche Exorzismushandlung, den sog. „Fahraus", zu praktizieren. Wer von den Pastoren aus Überzeugungsgründen dem kurfürstlichen Befehl nicht nachkam, wurde kurzerhand des Landes verwiesen. So erging es auch dem Superintendenten Starcke, der ein „tapferer Bekenner und unerschrockener Prediger" gewesen sein und über die „Herzenseinfalt eines echten Seelsorgers" verfügt haben soll. Sein Enkel mag schon früh von der Standhaftigkeit seines frommen Großvaters erzählt bekommen haben, was sicherlich einen starken Eindruck bei ihm hinterlassen haben dürfte.

1619 musste Paul erleben, wie sein Vater starb. Nur zwei Jahre später galt es, den Tod der Mutter zu beklagen. Der inzwischen 14-jährige Junge war nun Vollwaise, genauso wie sein älterer Bruder Christian und seine beiden jüngeren Schwestern Anna und Agnes. Diese kamen bei Verwandten unter. Die beiden Jungen aber wurden, da sie einmal studieren sollten, auf die Fürstenschule in Grimma geschickt. Dieses humanistisch-protestantische Eliteinternat war einst ein Augustinerkloster gewesen, bevor es 1550 in eine protestantische Fürstenschule umgewandelt worden war. Doch klösterlich ging es für die in einem kuttenähnlichen Gewand gekleideten Schüler immer noch zu. Sie mussten sich einem streng reglementierten Tagesablauf unterwerfen. Der Unterrichtsplan war anspruchsvoll. Freizeit gab es kaum. Drill und körperliche Züchtigung waren an der Tagesordnung.

Man musste schon sehr diszipliniert und begabt sein, um das Lernpensum und die klösterlich strenge Lebensweise durchzuhalten. Und das sechs Jahre lang. Pauls Bruder Christian hielt nicht durch und riss eines Tages aus, um eigenmächtig in seinen Heimatort zurückzukehren. Im Gegensatz zu seinem älteren Bruder biss Paul sich hingegen durch. Ende 1627 erlangte er den Schulabschluss. Zwei Jahre zuvor war Grimma von der Pest, dem gefürchteten „Schwarzen Tod", heimgesucht worden.

Anfang 1628 trat Paul Gerhardt sein Theologiestudium an der Universität in Wittenberg an. Diese war, wie nicht anders zu erwarten, streng lutherisch ausgerichtet. Wahrscheinlich bis 1642 hielt Gerhardt sich in der Lutherstadt auf. Ab 1634 soll er Hauslehrer in der Familie des Wittenberger Stadtpfarrers August Fleischhauer gewesen sein. Seine lange Studienzeit scheint auch mit den Umständen zusammengehangen zu haben, die die Wirren des unseligen Dreißigjährigen Krieges mit sich brachten. Es mag auch sein, dass er sich verschiedentlich nach Gräfenhainichen zurückgezogen hat. Dort versorgte Pauls Bruder Christian das väterliche Anwesen. 1637 legten schwedische Soldaten den ganzen Ort in Schutt und Asche. Christian Gerhardt selbst verstarb noch im selben Jahr, möglicherweise an der Pest.

Der Dreißigjährige Krieg (1618–1648), der heute hier und morgen dort mit stets neuer, furchtbarer Intensität in Europa wütete, brachte damals unendliches Leid über die Menschen. Ganz gleich, ob es die Soldateska der schwedischen Protestanten oder der katholischen Wallensteiner war: Ihre Gier nach Beute, ihre Mord- und Zerstörungslust waren bei allen gleich. Es wurde gebrandschatzt, massakriert, vergewaltigt, geplündert und den Bauern das Vieh und das Getreide genommen. Und nicht selten kam mit den Soldaten auch noch die Pest ins Land. Als Paul Gerhardt später nach dem 1648 beendeten Krieg dem Frieden ein Preislied sang *(„Gott Lob, nun ist erschollen das edle Fried- und Freudenwort“),* da schwang neben der Dankbarkeit für das Kriegsende das Entsetzen über die Kriegsschrecken noch deutlich mit. So beklagt er in einem der Verse die „zerstörten Schlösser und Städte, voller Schutt und Stein“ und die vormals mit frischer Saat bestreuten Felder, „jetzt aber lauter Wälder und dürre, öde Heid“, oder er trauert über „Gräber voller Leichen (…), derengleichen auf Erden niemand weiß“.

Berlin, Mittenwalde und erneut Berlin

Ab etwa 1643 treffen wir Paul Gerhardt in Berlin an. Hier war er Hauslehrer in der Familie des Kammergerichtsadvokaten Andreas Berthold, bei denen er auch wohnte. In der Folgezeit scheint er dann und wann in den Kirchen der Stadt aushilfsweise pastorale Dienste übernommen und sich dabei einen guten Ruf erworben zu haben. Als nämlich der Magistrat von Mittenwalde sich im Sommer 1651 an das geistliche Ministerium in der brandenburgischen Hauptstadt wandte und um einen geeigneten Kandidaten für die vakant gewordene Propststelle in ihrer Stadt anfragte, da besann man sich in Berlin auf Paul Gerhardt und empfahl diesen den Mittenwaldern mit den Worten:

> „Wir sind zu Rate gegangen und schlagen – ohne dass wir ihn ins Vertrauen gezogen hätten – den ehrenfesten, vorachtbaren und wohlgelahrten Herrn Paulum Gerhardt, sanctae Sacra Theologiae Candidatum, (…) zu solchem Amt vor in der Versicherung, dass wir (…) der christlichen Gemeinde eine solche Person vorhalten, deren Fleiß bekannt, die eines guten Geistes und ungefälschter Lehren, dabei auch eines ehr- und friedliebenden Gemütes und christlich untadeligen Lebens ist, daher er auch bei Hohen und Niedrigen unseres Ortes lieb und wert gehalten und von uns alle Zeit das Zeugnis erhalten wird, dass er auf unser freundliches Ansinnen zu vielen Malen mit seinen von Gott empfangenen werten Gaben um unsere Kirche sich beliebt und wohl verdient gemacht habe."

Ende 1651 trat Gerhardt sein neues Amt in der Mittenwalder St.-Moritz-Kirche an. Dass er bei seinem Amtsantritt bereits 44 Jahre alt war, ist so verwunderlich nicht. Denn auch wenn der große Krieg mittlerweile zu Ende war, so waren die Kriegsfolgen doch überall noch spürbar. Ganze Landstriche lagen – im wahrsten Sinne des Wortes – verheert und verwüstet darnieder. Vielerorts herrschte Hungersnot. Wie sollte man sich da einen Pfarrer „leisten" können?

Paul Gerhardt wirkte nur wenige Jahre in Mittenwalde. So manches seiner schönen Lieder ist hier entstanden. Und noch etwas fällt in diese Zeit: Am 11. Februar 1655 heiratete er die

32-jährige Anna Maria Berthold. Sie war die jüngste Tochter jenes Berliner Juristen Andreas Berthold, in dessen Haus er einst in Berlin gewohnt hatte. Dem Paar wurde im Mai 1656 eine Tochter geschenkt. Doch starb diese zum großen Schmerz ihrer Eltern bereits im Januar des darauffolgenden Jahres.

Im Juli 1657 folgte Paul Gerhardt einem Ruf an die Berliner Nikolaikirche. Die ersten Jahre seiner dortigen Tätigkeit scheinen harmonisch und fruchtbar verlaufen zu sein. Gerhardt ging in aller Treue seinen Dienstpflichten nach und dichtete nebenbei weiterhin seine geistlichen Lieder. Dabei arbeitete er eng mit seinem Freund, dem überaus begabten und ihm seelenverwandten Kantor Johann Crüger, zusammen, der Gerhardts Texte kongenial vertonte. Paul Gerhardt hatte Crüger schon während seines ersten Berliner Aufenthalts in Berlin kennen- und schätzen gelernt. Schon damals hatte dieser eine christliche Liedersammlung herausgebracht, die bereits 18 Lieder von Gerhardt enthielt: die *Praxis Pietatis Melica.* Dieser ersten Auflage aus dem Jahr 1647 folgten in wenigen Jahren viele weitere Auflagen mit immer mehr Paul-Gerhardt-Liedern.

Als Johann Crüger 1662 starb, wurde der aus Hamburg stammende Musiklehrer Johann Georg Ebeling sein Nachfolger. Auch mit ihm arbeitete Gerhardt eng zusammen. Ebeling veröffentlichte einen Großteil seiner Lieder in der Heftreihe *Pauli Gerhardi Geistliche Andachten* und unterlegte ihnen dabei seine eigenen Melodien. Bei den Gläubigen haben sich größtenteils aber doch die Gesangsweisen Crügers durchgesetzt. Die von Crüger und Ebeling veröffentlichten Liederbücher waren zunächst nur für Hausandachten bestimmt. Im kirchlichen Gottesdienst dominierten weiterhin die kraftvollen Lieder Luthers.

Zu den vielen, die Paul Gerhardts Lieder schätzten und liebten, gehörte auch Johann Sebastian Bach, der „durch die Verwendung von Gerhardt-Strophen in seinen Passionen und im Weihnachtsoratorium gewissermaßen zur Globalisierung des Dichters beigetragen hat“ (Carsten Wiebusch).

Paul Gerhardts großer Gewissenskonflikt

Nach einigen Jahren friedlicher Gemeindearbeit wurde Paul Gerhardt in einen kirchenpolitischen Konflikt zwischen Reformierten und Lutheranern bzw. zwischen Lutheranern und dem regierenden Landesherrn, Kurfürst Friedrich Wilhelm (1620–1688), hineingezogen. Der als der Große Kurfürst bekannte Herrscher war reformiert, der überwiegende Teil der Bevölkerung hingegen lutherisch. 1662 gab Friedrich Wilhelm zwei Edikte heraus, in denen er die beiden Konfessionsparteien zu gegenseitiger Akzeptanz und Toleranz aufforderte. Auf mehreren Sitzungen konnten sich die Vertreter der Lutheraner jedoch nicht mit denen der Reformierten über die Umsetzung des kurfürstlichen Begehrens einigen. Sie waren misstrauisch, was die Zustimmung zu den Edikten de facto für sie bedeutete, und wollten alles vermeiden, was nach einer Anerkennung des reformierten Bekenntnisses und nach „Konfessionsvermischung“ aussehen könnte. So waren sie schließlich lediglich zu der Erklärung bereit, dass sie „unverrückt bei allen unseren lutherischen Lehren“ bleiben, den Reformierten aber „alle nachbarschaftliche Liebe und Freundschaft erweisen“ wollten und sie ihnen „von Herzen ihrer aller Seligkeit“ wünschen würden.

Der Große Kurfürst empfand die Haltung der Lutheraner als Affront. Im September 1664 verlangte er unwiderruflich, dass jeder lutherische Pfarrer folgende Verpflichtung zu unterschreiben habe, wenn er nicht sein Pfarramt verlieren wolle:

> „Ich will jederzeit Gott mit herzlichem Gebet um die Beförderung der Kirchentoleranz anrufen, und ich werde alle Mittel, die zu der Kirchentoleranz vorgeschlagen werden, annehmen. In den strittigen Lehren will ich mit der äußersten Mäßigung sprechen, die Konkordienformel weglassen, den Exorzismus mildern oder ändern und den

kurfürstlichen Edikten gehorsam nachleben. So wahr mir Gott helfen will durch Jesus Christus."

Friedrich Wilhelm mochte es sogar gut gemeint haben mit seinem „Antidiskriminierungsgesetz". Doch eines hatte er nicht bedacht – oder nicht verstanden: dass in Dingen des Glaubens und des Gewissens keine Anordnungen diktiert werden können und dürfen, die den Gläubigen vorschreiben, was sie öffentlich bekennen und aussprechen dürfen und was nicht. Unter den Pfarrern, die damals nicht unterschrieben, war auch Paul Gerhardt. Er hatte an den Religionsgesprächen zwar nicht teilgenommen, war aber von den lutherischen Vertretern um theologische Gutachten gebeten worden, bei denen er sich gegen eine Annäherung an die Reformierten aussprach.

Dabei war Gerhardt als friedfertige Person bekannt. In seinen Predigten eiferte er nicht gegen die Reformierten, und auch in seinen Liedern waren keine „Spitzen" gegen die andere Konfession enthalten. Doch die Unterschrift unter die verlangte Verpflichtung musste er um seiner „Hertzens Meinung" willen verweigern. Hatte er in seinem Ordinationsgelübde nicht ausdrücklich versprochen, bis an sein Lebensende nicht von den lutherischen Bekenntnisschriften zu weichen, zu denen ja auch die „Konkordienformel" gerechnet wurde? Jene Erklärung also, die noch einmal dezidiert die verbindlichen Grund- und Glaubenssätze des Luthertums zusammenfasste und eine Annäherung an die Reformierten unmöglich machte? Und hatte nicht auch sein Großvater, der Superintendent Starcke, einst aus Gewissens- und Bekenntnisgründen sich den Anordnungen des damaligen Kurfürsten Christian I. widersetzt und dabei Nachteile in Kauf genommen? Nun fühlte sich auch Starckes Enkel in seinem Gewissen gebunden. Und er konnte dabei der vorbehaltslosen Unterstützung durch seine Frau gewiss sein. Diese notierte am 6.2.1666 in ihrer Bibel:

> „Mein lieber Mann ist heute seines Amtes enthoben worden. Auch diese Prüfung noch! (…) Halte du aus, mein Gerhardt, schäme dich des Evangeliums von Christus nicht und lege immerdar ein gutes Zeugnis ab vor vielen Zeugen. Ich folge dir ins Elend, in die Wüste, in Not und Tod. Fürchte dich nicht vor denen, die wohl den Leib töten, aber die Seele nicht töten können. (…) Siehe nicht auf mich und unser Kind; ohne Gottes Willen fällt ja kein Sperling vom Dach; (…) Halt aus mein Gerhardt!"

Doch dann geschah etwas, womit der Große Kurfürst nicht gerechnet hatte: Die Verordneten der Bürgerschaft und die Vertreter verschiedener Handwerkerzünfte entrichteten nach dem Bekanntwerden der Absetzung Paul Gerhardts eine Eingabe an den Magistrat, dass dieser sich bei Friedrich Wilhelm dafür einsetzen sollte, dass ihnen ihr „geliebter Prediger und Seelsorger (…), dieser fromme, ehrliche und in vielen Landen berühmte Mann" erhalten bliebe. Dabei wiesen sie auch darauf hin, dass es „mehr als bekannt" sei, dass Gerhardt „nimmermehr gegen den kurfürstliche Glauben geredet und keine Seele mit Worten oder Werken angegriffen" habe. Diese erstaunliche „Bürgerinitiative" für Paul Gerhardt zeigt, welch hohe Wertschätzung und Beliebtheit er in der Bevölkerung genoss. Doch der Kurfürst zeigte sich unbeeindruckt. Erst als Vertreter der Landstände auf ihn einwirkten, Gerhardt doch in seinem Amt zu belassen, erklärte er sich bereit, in diesem besonderen Fall eine Ausnahme machen zu wollen, und stellte gnädig klar: Weil er von Paul Gerhardts Person keine Klage vernommen habe außer der, dass er sich der Unterschrift der Edikte entzogen habe, und weil er davon ausgehe, dass Gerhardt den Sinn der Erlasse nicht recht begriffen habe, so solle ihm gestattet sein, sein Predigtamt weiterhin auszuüben.

Doch Paul Gerhardt entschied sich, von der ihm gewährten Ausnahmeregelung keinen Gebrauch zu machen. Bei deren

Übermittlung hatte ihn nämlich der Geheimsekretär des Kurfürsten darauf hingewiesen, dass der Herrscher gleichwohl erwarte, dass er sich an dessen Edikte halten werde.

Glaubensvorbild und Glaubenshelfer

Es war überhaupt eine schwere Zeit, die Paul Gerhardt und seine Frau Dorothea in jenen Sechzigerjahren durchmachen mussten. Nachdem den Eheleuten am 25. März 1659 bereits die zweite Tochter im Alter von erst zwei Jahren verstorben war, starb am 30. November 1660 gleich nach seiner Geburt ihr Sohn Andreas. Ihm folgte 1665 der noch nicht einmal einjährige Andreas Christian. Und dann verstarb am 5. März 1668 auch noch nach dreizehn Jahren glücklicher Ehe Gerhardts Frau Dorothea, der es schon seit Langem nicht mehr gut gegangen war.

Paul Gerhardt blieb nach Dorotheas Tod allein mit seinem fünfjährigen Sohn Paul Friedrich zurück. Fast wäre der ihm auch noch genommen worden. In welchen Ängsten und in welcher Erschöpfung er sich damals befand, lässt folgende Mitteilung von ihm erkennen:

> „Ich befinde mich (…) in großer Not, indem mir mein armer einziger Sohn vor wenigen Tagen gegen Abend (…) gar unvermuteter Weise krank worden, solche Krankheit auch dermaßen zugenommen, dass ich ihn den folgenden Tag nicht gedachte, lebendig zu behalten. (…) Mein Gemüt ist mir (…) dermaßen (…) beängstiget, dass ich fast nicht weiß, wo ich mich hinkehren und wenden soll."

Wie froh und dankbar mag Gerhardt gewesen sein, als sein einziges ihm verbliebenes Kind dann doch wieder gesund wurde!

Im Frühsommer 1669 trat der glaubenserprobte Mann seine neue Pfarrstelle in der Spreestadt Lübben an, die in der Unterlausitz liegt und zu Kursachsen gehörte. Lieder dichtete er hier keine mehr. In den vielen Liedern, die er bis dahin getextet hatte, war bereits alles gesagt.

Am 27. Mai 1676 ist Paul Gerhardt heimgegangen. In seinem wenige Wochen zuvor verfassten Testament hatte er u. a. geschrieben:

> „Nachdem ich nunmehr das 70. Jahr meines Alters erreicht, auch dabei die fröhliche Hoffnung habe, dass mein lieber frommer Gott mich in kurzem aus dieser Welt erlösen und in ein besseres Leben führen werde, als ich auf Erden gehabt habe: so danke ich ihm zuvörderst für alle seine Güte und Treue, die er mir von meiner Mutter Leibe an bis auf die jetzige Stunde an Leib und Seele und an allem, was er mir gegeben, erwiesen hat."

Seinen Sohn lässt Paul Gerhardt wissen, dass in „wenig guten Tagen (…) der liebe Gott schon Rat (weiß) und (…) das äußerliche Trübsal mit innerlicher Herzenslust und Freudigkeit des Geistes genugsam ersetzen (kann)". Und neben anderen Ratschlägen ermahnt er den Sohn: „Bete fleißig, studiere was Ehrliches, lebe friedlich, diene redlich und bleibe in deinem Glauben und Bekenntnis beständig, so wirst du auch einmal sterben und von dieser Welt scheiden willig, fröhlich und seliglich."

Woher rührten dieses Durchhaltevermögen und diese Widerstandskraft, die Paul Gerhardt dazu befähigten, in schweren, notvollen Zeiten und Lebensumständen seine Glaubensfreude, seine Glaubensgewissheit und seine Dankbarkeit nicht zu verlieren? Und darüber hinaus in seinen Liedern auch noch zum Tröster und Ermutiger für unzählige Christen zu werden? Die Antwort liegt, so meine ich, in ebendiesen Liedern selbst. Denn was er hier anderen zusagt und bezeugt, das sprach er doch auch sich selbst zu! Das entsprach seiner eigenen, tiefsten Überzeugung, seiner eigenen Glaubenszuversicht und Erfahrung. Für Gerhardt stand aufgrund der biblischen Zeugnisse fest, dass der Mensch in einer gefallenen Welt lebt und ein der Gnade Gottes bedürftiger Sünder ist. Daher gehören auch Leid und Sorgen zu seiner Lebensrealität dazu. Zugleich war sich Gerhardt aber auch bewusst, dass das irdische, vergängliche Leben mit all seinem Weh und Ach nur eine zeitlich befristete Übergangszeit ist, während die Seligkeit bei Gott, die den gläubigen Christen nach seinem Tod erwartet, ewig währt. *(„Die Sonne, die mir lachet, ist mein Herr Jesu Christ; das, was mich singen machet, ist, was im Himmel ist.")* Das durch Christus erworbene Heil, die Güte und Treue Gottes und der Ausblick auf die Ewigkeit: Das waren Paul Gerhardts nie versiegende Kraft-, Freude- und Hoffnungsquellen. Davon wollte und musste er in seinen großartigen und bewegenden Dank- und Lob-, Kreuz- und Trost-, Sterbe- und Ewigkeitsliedern erzählen! An dieser Stelle seien nur die folgenden genannt:

Befiehl du deine Wege
Die güldne Sonne voll Freud und Wonne
Du meine Seele, singe
Ein Lämmlein geht und trägt die Schuld
Fröhlich soll mein Herze singen
Geh aus, mein Herz, und suche Freud
Ich singe dir mit Herz und Mund
Ich steh an deiner Krippen hier
Kommt und lasst uns Christus ehren
Lobet den Herren alle, die ihn ehren
Nun ruhen alle Wälder
O Haupt voll Blut und Wunden
Warum sollt ich mich denn grämen?
Wie soll ich dich empfangen und wie begegn´ ich dir?

Zu Beginn dieses Paul-Gerhardt-Lebensbildes habe ich Rainer Köpf zitiert. Ihm möchte ich auch zum Abschluss dieser Darstellung das Wort überlassen mit den Gedanken, die er selbst am Ende seiner Paul-Gerhardt-Biografie vorbringt, indem er ausführt:

> „Warum lohnt sich das, Gerhardts Texte aufs Neue zu finden? Warum wird es auch für die junge Generation notwendig sein, sein Erbe anzutreten? Warum muss es vielleicht gerade ein Fremdgewordener sein, der uns Heutigen das Andere, das Überraschende sagen kann? Schenkt Gerhardt nicht lebensnotwendige Aussichten, die auch heute noch über den Horizont irdischer Ausweglosigkeiten hinausreichen? Ein Erbe, das Leben und Hoffnung schenkt? (…) Wie die bunten Kirchenfenster erzählen die Lieder Paul Gerhardts die großen Heilstaten Gottes. Von außen mögen sie dunkel und fremd wirken. Gerhardt ist einer billigen Vertraulichkeit entzogen. Aber wer durch das Tor des Glaubens geschritten ist, für den leuchten und wärmen seine Texte. Gerhardts Erbe können wir nur recht antreten, wenn wir eintreten ins christliche Bekennen. Dann rückt er vom Rand unserer Diesseitskultur in die Mitte des menschlichen Herzens und führt uns in die ‚beseligende Weite' der Geborgenheit Gottes. Dann entdecken wir die ‚Nachtherbergen für die Wegwunden' (Nelly Sachs), die Gerhardt uns in seinen Liedern gebaut hat."

LITERATUR- UND QUELLENNACHWEIS

Dönges, Emil: *Ich singe dir mit Herz und Mund. Das Leben von Paul Gerhardt und K. Johann Philipp Spitta.* Dillenburg 1989

Erb, Jörg: *Paul Gerhardt und seine Lieder.* Lahr-Dinglingen 1984 (3. Aufl.)

Hesselbacher, Karl: *Paul Gerhardt. Sein Leben – seine Lieder.* Neukirchen-Vluyn 2007 (13. Aufl.)

Köpf, Rainer: *Wir gehen dahin und wandern. Eine Reise zu Paul Gerhardt.* Stuttgart 2007 (2. Aufl.)

Panzer, Ulrich: *Pfarrer und Poet.* DLF 12.03.2007. https://www.deutschlandfunk.de/pfarrer-und-poet-100.html

Scherer, Kurt: *Paul Gerhard. Der Psalmist der Christenheit.* ERF-Hörkassette 1983

Schröder, Rudolf Alexander: *Gesammelte Werke. Band 3: Die Aufsätze und Reden II.* Frankfurt/M. 1952

Seebaß, Friedrich: *Paul Gerhardt. „Sollt ich meinem Gott nicht singen?“* Gießen 1986 (4., bearb. Aufl.)

Wiebusch, Carsten: *Über die Vertonung der Liedtexte Paul Gerhardts.* https://www.christuskirche-karlsruhe.de/media/download/variant/163286/vertonung_paul_gerhardt.pdf

Gerhard Tersteegen

Gerhard Tersteegen (1697–1769)
Ein Gottes- und Menschenfreund

Einsiedler und Asket

Dass von dem bedeutenden pietistischen Liederdichter und Erweckungsprediger Gerhard Tersteegen kein zeitgeschichtliches literarisches Porträt existiert, ist genauso typisch für diesen demütigen, frommen Mann wie auch der Umstand, dass er das Drängen seiner Freunde abgewehrt hat, doch selbst etwas über sein Leben zu schreiben. „Ach, wie mager, wie so vermischt oder gar anstößig würde das herauskommen", soll er gemeint haben. Und ein anderes Mal äußerte er: „Ich wünschte von Herzen, dass der Name Tersteegen von allen Menschen vergessen und hingegen der Name Jesus in allen Herzen tief eingeprägt würde."

Doch vergessen wurde Gerhard Tersteegen nicht. Viele Menschen sind durch ihn reich gesegnet worden. Das hatte nicht nur mit seinem vorbildlichen, Gott hingegebenen Lebenswandel, mit seiner erwecklichen Verkündigung und mit seiner einfühlsamen Seelsorge zu tun, sondern das lag nicht zuletzt auch an seinen zahlreichen geistlichen Liedern mit ihrem erhabenen, hymnischen Klang. In ihnen wirkt der „Gottesfreund" Tersteegen bis heute nach. Johannes Rau, der frühere Bundespräsident und gläubiger Christ, hat einmal zum 300. Geburtstag Tersteegens im Jahr 1997 gemeint: „Ich empfinde die Kraft der Lyrik Tersteegens an vielen Stellen so intensiv wie die Goethes oder Eichendorffs. (…) Da spricht einer über die Zeiten zu mir. (…) Seine Lieder sind Gebrauchslyrik im besten Sinne."

Gerhard Tersteegen wurde am 25. November 1697 in Moers am Niederrhein als Sohn eines gut situierten, frommen Kaufmanns geboren. Dieser verstarb, als der Sohn – er hatte noch sieben ältere Geschwister – erst fünf Jahre alt war. Der hochbegabte Junge besuchte die örtliche Lateinschule, die mit einem humanistischen Gymnasium vergleichbar ist und auf der er neben Französisch u. a. die Altsprachen Hebräisch, Griechisch und Latein lernte. Auch auf das Auswendiglernen des Heidelberger Katechismus wurde großen Wert gelegt. Als Gerhard mit 15 Jahren die Schule mit der Befähigung zum Studium beendete, gab ihn seine Mutter entgegen dem eindringlichen Rat der Lehrer, ihn doch Theologie studieren zu lassen, zu einem Verwandten in die kaufmännische Lehre.

Hier machte Tersteegen schon bald die Bekanntschaft mit einem gläubigen Kaufmann, dessen Frömmigkeit großen Eindruck auf ihn machte. Weitere Eindrücke – wie etwa die Lektüre eines Dankgebets, das ein sterbender Prediger verfasst hatte – führten dazu, dass der Lehrling sich immer mehr danach sehnte, ebenfalls in eine lebendige Glaubensbeziehung zu Gott zu treten. Einen ersten geistlichen Durchbruch erlebte er schließlich während einer Reise zu Fuß nach Duisburg, als ihn in einem Waldstück eine solch heftige Kolik befiel, dass er meinte, sterben zu müssen. In seiner Not rief er zu Gott, dass der ihn doch von diesen Schmerzen befreien und seinem Leben noch eine Frist gewähren möge, damit – wie es in der *Alten Lebensbeschreibung*[1] Tersteegens heißt –

> „er Zeit haben möchte, sich auf die Ewigkeit gehörig vorzubereiten. Hierauf verschwanden die Schmerzen auf einmal, und er ward aufs kräftigste bewogen, sich dem

guten und gnädigen Gott ganz zu übergeben, ohne den mindesten Vorbehalt.

Um diese Zeit war ihm die gänzliche Nichtigkeit aller irdischen, vergänglichen Dinge und das große Gewicht der ewigen und himmlischen sehr klar entdeckt."

Nach Beendigung seiner Lehre eröffnete Tersteegen ein eigenes Geschäft. Doch zog er sich schon früh aus dem Kaufmannsstand zurück. Er fürchtete offenbar, dass er in diesem Gewerbe zu sehr von seinem geistlichen Leben abgelenkt werden würde. Daher bemühte er sich, bei einem gottesfürchtigen Leinenweber dessen Handwerk zu erlernen. Aber die Arbeit am Webstuhl war nicht geeignet für seine schwache körperliche Konstitution, zumal ihm immer wieder Kopfschmerzen und Koliken zusetzten. Deshalb erwarb er eine Bandmaschine, auf der er nun Seidenbänder herstellte. Dass er dieses Gewerbe abgeschieden und in aller Stille durchführen und dabei den Umgang mit Gott und seinem Wort pflegen konnte, entsprach seinem Geschmack und seinem persönlichen Ideal eines frommen Einsiedlerlebens. Die einzige Unterstützung erhielt er durch ein Mädchen, das ihm zeitweise beim Wickeln der Seide half.

Später meinte Tersteegen über diese Zeit seiner selbstgewählten Einsamkeit: „Ich kann nicht aussprechen, wie vergnügt ich da gewesen, als ich allein wohnte, ich dachte oft, kein König in der Welt könnte so zufrieden leben, als ich damals lebte." Wenn es dunkel war, kam es nicht selten vor, dass er seine Wohnung verließ, um den einen oder anderen kranken und armen Menschen aufzusuchen und ihm wohlzutun. Er selbst brauchte nur wenig zum Leben. So nahm er damals lediglich eine Mahlzeit am Tag ein, die in der Regel aus Mehl, Wasser und Milch bestand.

Doch hatte Tersteegen auch schwere Tage durchzustehen. Er schrieb einmal, dass er Zeiten erlebt habe, in denen er lange krank darniedergelegen und kaum Brot im Haus gehabt habe. Das Schlimmste dabei war, dass der Hausbesitzer, dem er doch Kostgeld zahlte, ihm noch nicht einmal eine seiner Mägde hochschickte, um ihm einen Trunk Wasser zu reichen. Tersteegen kommentierte diese Umstände mit der für ihn so bezeichnenden Bemerkung: „Ich aber dachte immer, es müsse so sein." Daneben litt er unter der Verachtung durch seine Verwandtschaft, die sich über sein asketisches Leben und seine Großzügigkeit gegenüber den Armen und Kranken empörte.

In jenen Jahren erfuhr Tersteegen darüber hinaus noch mancherlei Nöte ganz anderer Art. Wie wir der schon erwähnten *Alten Lebensbeschreibung* entnehmen können, musste er

> „durch manche Dunkelheiten, Versuchungen und Proben gehen. Gott entzog ihm seine empfindliche Gnade, um seine Treue und ausharrende Geduld zu prüfen und ihn auf seine zukünftige Wirksamkeit vorzubereiten. Fünf Jahre lang dauerte diese Finsternis. Endlich aber ging ihm auf einer Reise zu einer benachbarten Stadt das Licht wieder auf; die versöhnende Gnade Jesu Christi ward ihm so gründlich und überzeugend bloßgelegt, dass sein Herz völlig beruhigt ward. Bei dieser Gelegenheit setzte er das schöne Lied auf: ‚Wie bist du mir so innig gut, mein Hohepriester du! Wie teu'r und kräftig ist dein Blut! Es setzt mich stets in Ruh!'"

In einem Brief bezeugte Tersteegen später im Blick auf jene Wende in seinem Glaubensleben: „Ich lernte glauben an den Gott, der mir in dem süßesten Namen Jesus auf das allerinnigste nahe sei, und der aus lauter Barmherzigkeit mein Freund sei, bei mir bleiben und Gemeinschaft mit mir pflegen wollte trotz meiner Unwürdigkeit." Diese Erkenntnis und Erfahrung waren fortan die unumstößliche Basis seines inneren geistlichen Lebens und seines schon bald einsetzenden weiträumigen Wirkens. Dabei soll nicht unerwähnt bleiben, dass Tersteegen sich am Abend des Gründonnerstags 1724, dem Jahr seines zweiten geistlichen Durchbruchs bzw. „seiner wiedergewonnenen Heilsgewissheit" (Julius Roessle), mit seinem eigenen Blut Jesus („meinem einzigen Heiland und Bräutigam") zu einem „völligen und ewigen Eigentum" verschrieb. Diese „Blutsverschreibung" hat er später noch zweimal erneuert.

Segensreiches Wirken als Prediger und Seelsorger

Tersteegen hielt sich in Mülheim zu einem Kreis pietistisch gesinnter Menschen, der jeden Donnerstag in einem kleinen Versammlungshaus zu Gebet und Wortbetrachtung zusammenkam. Geleitet wurde diese Gemeinschaft von Wilhelm Hoffmann, einem „Kandidaten der Theologie", der aber selbst nie Pfarrer geworden ist. Er hielt bei den Zusammenkünften die Predigten. Hoffmann und Tersteegen schätzten einander sehr. Da jenem die Begabungen, die Bibelkenntnisse und die geistliche Reife des frommen Bandwebers nicht verborgen blieben, redete er diesem beharrlich zu, sich ebenfalls an der Wortverkündigung zu beteiligen. Im Jahr 1727 gab Tersteegen Hoffmanns Zureden endlich nach und begann seinerseits zu predigen. Auch hatte er bereits zwei Jahre zuvor einen ihm geistesverwandten Arbeits- und Stubengenossen in seine Wohnung aufgenommen und so sein strenges, einsames Leben gelockert.

Tersteegen nahm den Predigtdienst sehr ernst, mahnt er doch in einem seiner Sinnsprüche: „Wer andre will und soll erbauen, / muss viel in seinen Busen schauen. / Pflanz selber in dein Herz zuvor / das, was du andern bringst ins Ohr." Die Eindringlichkeit, Innigkeit und Authentizität seiner Verkündigung, mit der er die Menschen zur Bekehrung und einem Leben in der Heiligung aufrief, berührten die Zuhörer tief und nachhaltig. Bald schon predigte er auch in bestehenden christlichen Versammlungen der näheren und weiteren Umgebung. Wo immer er auch hinkam, blieb es nicht aus, dass viele Menschen ihn persönlich zu sprechen wünschten, um sich seelsorgerlich von ihm helfen zu lassen. Gleichzeitig wurde Tersteegen in seinem Zuhause in Mülheim zunehmend von unzähligen ratsuchenden und angefochtenen Menschen aufgesucht oder brieflich um Rat gebeten. Tersteegen hatte sich in diese öffentliche Wirksamkeit wahrlich nicht hineingedrängt, entsprach seinem Naturell und Bedürfnis doch vielmehr der Wunsch nach Abgeschiedenheit und Stille. Doch da er sich von Gott in den Dienst der Verkündigung und Seelsorge geführt sah, führte er diesen dann auch in großer Treue und Gewissenhaftigkeit aus, erfüllt von einer großen Liebe und einem herzlichen Erbarmen mit den Menschen.

Da nun einerseits die Inanspruchnahme Tersteegens durch die Menschen immer mehr zunahm und andererseits seine Leibesschwäche seinen aktiven Tätigkeiten enge Grenzen zog, so war ihm die Fortführung seines Berufes kaum noch möglich. Schließlich gab er das Bandweben ganz auf. Fortan sorgten Freunde für seinen Lebensunterhalt. Mit ihrer Hilfe konnte er später auch ein Haus erwerben, das heute noch in Mülheim steht und als Heimatmuseum dient. „Unten wohnte", heißt es in der *Alten Lebensbeschreibung*, „eine Freundin samt ihrem Bruder und Brudersfrau, wovon die erstere ihn mit Essen und Trinken versehen und auch auf seine Kosten für viele Arme und Kranke kochen musste."

Wenn Tersteegen in seinem Haus predigte, belief sich die Anzahl der Zuhörer oft auf 300 bis 400. Unter ihnen waren auch viele Auswärtige. Das Haus selbst war durch Öffnungen in den einzelnen Stockwerken so eingerichtet, dass Tersteegen, wenn er in dem mittleren Stockwerk stand und predigte, nach oben und unten hin gut verstanden werden konnte. War das Haus so sehr mit Menschen gefüllt, dass weitere Besucher nicht mehr durch die Eingangstür eindringen konnten, so versuchten manche von ihnen, auf Leitern zu den oberen, offenen Fenstern zu gelangen. Die Predigten, die bis zu zwei Stunden dauern konnten, wurden häufig von mehreren Schreibern mitgeschrieben.

Mit der Zeit wurde Tersteegen zum Mittelpunkt einer pietistischen Erweckungsbewegung, die sich von Holland und dem Niederrhein bis ins Bergische Land, zum Siegerland und darüber hinaus erstreckte. Wie es bei den Predigtdiensten Tersteegens zugehen konnte, macht folgender Bericht eines Zeitzeugen deutlich:

> „Tersteegen pflegte besonders zur Sommerzeit auf dem Lande sonntags nachmittags Versammlungen zu halten. (…) Die hagere Gestalt im braunen Rock mit dem blassen, aber freundlichen Antlitz und den leuchtenden Augen mochte jedermann überzeugen, dieser Mann sei ein Freund Gottes. Das Bauernhaus war gewöhnlich bei seiner Ankunft mit Menschen gefüllt, und es mussten Tür und Fenster ausgehoben werden, damit die draußen Stehenden ihn hören konnten. Wenn dann Tersteegen sich hinter den Tisch setzte, auf dem die Bibel lag, entstand eine lautlose Stille, man fühlte die Nähe Gottes und das sanfte Wehen seines Geistes. Viele Unveränderte, die ihn nur einmal hörten, wurden von der durchdringenden Kraft seiner Rede so gerührt, dass sie zu einer gründlichen und dauerhaften Bekehrung gelangten. Viele Erweckte wurden durch seine süßen Reden so eingenommen, dass sie in allerlei Versuchungen, Proben und Anfechtungen mit dem größten Zutrauen sich bei ihm Rat holten."

Dass die Menschen ein solch großes Zutrauen zu Tersteegen hatten und seine Seelsorge begehrten, lag auch daran, dass dieser glaubwürdig auslebte, was er selbst lehrte. Schon die Atmosphäre und der Frieden, die von diesem stillen, demütigen und sanftmütigen Mann ausgingen, taten den Menschen wohl und wirkten seelsorgerlich auf sie ein. Bezeichnend hierfür ist die folgende Aussage, die der Barmer Kaufmann Engelbert Evertsen, ein langjähriger und enger Freund von Tersteegen, nach dessen Tod traf:

> „Wie oft kam ich gedrückt und betrübt zu ihm, und sein bloßer Anblick erheiterte mich. Wenn ich vorher viel zu klagen und zu sagen hatte, so fiel mir alle Last so ganz weg, dass ich nichts mehr davon zu sagen wusste und in einen stillen Frieden versetzt wurde. Von einem einzigen Besuch blieb mir auf einige Wochen lang Stärkung übrig, um ernstlich im Gebet und (in) der Verleugnung[2] zu wandeln.“

Auch durch verschiedene Schriften wirkte Tersteegen nachhaltig auf seine Zeitgenossen ein. Das gilt nicht zuletzt für sein *Geistliches Blumengärtlein*, das seine Lieder und Gedichte, Reime und Betrachtungen enthält und bereits zu seinen Lebzeiten mehrfach aufgelegt werden musste.

Doch Tersteegen half den Menschen auch ganz praktisch und übte an ihnen Fürsorge – so auch durch seine Krankenbesuche und selbst hergestellten Heilmittel, die er umsonst weitergab. Sie waren von den Kranken derart begehrt, dass er sich später für ihre Zubereitung sogar eines Gehilfen bedienen musste. Welch große Kenntnisse Tersteegen sich in der Zubereitung und Wirksamkeit der Arzneien verschafft hatte, beweist die Tatsache, dass ihm die Ausübung dieser Tätigkeit auch dann nicht verwehrt wurde, nachdem ein neues Gesetz nur ausgesprochenen Fachleuten die Arzneiherstellung zugestanden hatte.

Ein Mystiker?

Tersteegen hat „in der inneren Welt des verborgenen Umgangs mit Gott gelebt“ (Arno Pagel). Sein tiefstes Verlangen bestand darin, in all seinem Sinnen und Trachten allein auf Gott ausgerichtet zu sein und sein Leben bewusst in der Gegenwart Gottes zu führen. Dazu half ihm auch die Praxis des sogenannten „Herzensgebetes“: eine Gebetsübung, die auf die frommen „Wüstenväter“ zurückgeht und später von verschiedenen katholischen Mystikern des 17. und 18. Jahrhunderts – wie etwa Gregor Lopez, Bernières Louvigny oder Madame Guyon – aufgegriffen wurde.[3] Im Zentrum jener Gebets- und Kontemplationsübung stand die Übernahme der Bitte Jesu, die dieser in Gethsemane an seinen Vater gerichtet hatte: „Nicht mein, sondern dein Wille geschehe!“ Eine solche Gesinnung schloss die bedingungslose Bereitschaft zur Aufgabe des eigenen Willens mit ein und wurde von dem Verlangen getragen, aller Weltliebe zu entsagen, Gottes beseligende Gemeinschaft zu erleben und zu pflegen, sich Gottes Tun vollkommen zu überlassen und alles willig aus seiner Hand zu nehmen. Insofern könnte man Tersteegen, der nie aus seiner reformierten Kirchengemeinde ausgetreten ist, auch als einen „protestantischen Mystiker“ bezeichnen.

Bei all dem blieb Tersteegen in seinem Auftreten, Reden und Verhalten nüchtern und natürlich und erweckte nie den Eindruck, etwas „Besonderes“ zu sein. Auch hatte er nichts Schwärmerisches oder Grüblerisches an sich; noch ging es ihm darum, spekulative Sonderlehren oder -erkenntnisse zu verbreiten. Dafür standen die vier „Soli“ der Reformation – allein durch Glauben (sola fide), allein Christus (solus christus), allein aus Gnade (sola gratia), allein die Schrift (sola scriptura) – viel zu sehr im Vordergrund seiner Theologie.

Kennzeichnend für Tersteegens Frömmigkeit war ohne Zweifel, dass ihn eine außerordentlich starke, ja geradezu innige

Liebe zu Gott und zu Jesus Christus erfüllte. Gott zu loben, Gott zu danken und Gott anzubeten war sein Element. Jesus ähnlicher zu werden und bewusst mit ihm wie mit einem guten Freund und in seiner Nähe zu leben, war sein Bestreben. Der schon erwähnte Engelbert Evertsen hatte den Eindruck:

> „Der Mann war wirklich ein Freund Gottes. Gott hat ihm seine Gnade und Liebe reichlich mitgeteilt. (…) Liebe zu Gott war das Triebrad aller seiner Bewegungen. (…) Wenn ich allein bei ihm saß, schien es mir oft, als ob er bei seinem Herzensfreund im Kabinett gewesen wäre. Einmal sagte er auch: ‚Ja, ich sitze und rede mit dir, aber in meinem Innern ist so ein immerwährendes Beugen und Anbeten.'"

Auch verstand Tersteegen sein irdisches Leben lediglich als eine Pilgerschaft, deren Ziel und wahre Heimat die Ewigkeit ist. Diese Haltung relativierte für ihn vieles und bestimmte seine Wertmaßstäbe und Prioritäten.

Es ist kein Wunder, dass sich die typischen Merkmale von Tersteegens Glauben und seiner Spiritualität in seinen vielen Liedern niedergeschlagen haben und in ihnen ablesbar sind. An dieser Stelle seien nur die bekanntesten erwähnt:

Ich bete an die Macht der Liebe
O Majestät, wir fallen nieder!
Siegesfürst und Ehrenkönig
Brunn alles Heils, dich ehren wir
Ruhe hier mein Geist ein wenig
Jesus, der du bist alleine
Jauchzet ihr Himmel, frohlocket ihr Engel in Chören
Gott rufet noch. Sollt ich nicht endlich hören?
Nun so will ich denn mein Leben
Kommt, Kinder, lasst uns gehen!

Eines der in seinem Inhalt und seiner Wortwahl berührendsten Lieder von Tersteegen ist wohl „*Gott ist gegenwärtig*". Es vermag so recht den „ganzen Tersteegen" wiederzugeben, wie allein schon die folgende Strophenauswahl beweist:

1) Gott ist gegenwärtig.
Lasset uns anbeten
und in Ehrfurcht vor ihn treten.
Gott ist in der Mitten.
Alles in uns schweige
und sich innigst vor ihm beuge.
Wer ihn kennt,
wer ihn nennt,
schlag die Augen nieder;
kommt, ergebt euch wieder!

2) Du durchdringest alles;
lass dein schönstes Lichte,
Herr, berühren mein Gesichte.
Wie die zarten Blumen
willig sich entfalten
und der Sonne stille halten,
lass mich so
still und froh
deine Strahlen fassen
und dich wirken lassen.

8) Herr, komm in mir wohnen,
lass mein Geist auf Erden
dir ein Heiligtum noch werden.
Komm, du nahes Wesen,
dich in mir verkläre,
dass ich dich stets lieb und ehre.

Wo ich geh,
sitz und steh,
lass mich dich erblicken
und vor dir mich bücken.

Genannt werden soll aber auch noch Tersteegens tiefsinniges Abendlied „*Nun sich der Tag geendet*“ mit seiner schönen, wohlklingenden Schlussstrophe:

Ein Tag, der sagt's dem andern,
mein Leben sei ein Wandern
zur großen Ewigkeit.
O Ewigkeit, so schöne,
mein Herz an dich gewöhne,
mein Heim ist nicht in dieser Zeit.

Gesundheitlich war und blieb Tersteegen gebrechlich und angeschlagen. Oftmals setzten ihm Fieberanfälle und mancherlei Schmerzen zu. Manchmal war er so blass, dass er mehr einem Toten als einem Lebenden glich. Es heißt:

> „Als er einmal durch Ausschlag und Geschwüre ganz entstellt war, nannte er sich selbst einen armen Lazarus. Doch fügte er gleich einschränkend hinzu, diese Ähnlichkeit beträfe nur das Äußere. Im Übrigen sei seine Lage viel besser als die des Lazarus. Er habe zu essen und zu trinken, liege in einem guten Bett und sei von der Liebe und Fürsorge seiner Freunde umgeben.“

In den letzten Tagen vor seinem Tod bereitete Tersteegen eine Wassersucht große Atemnot. Als er schließlich nach geduldig ertragenem Leiden am 3. April 1769 heimging, war es den Umstehenden, „als hätten sie eine Menge Engel um sich, die seine

Seele mit Freuden aufnähmen". Der Verstorbene selbst hatte schon früher im Hinblick auf seinen Tod seinen Freunden eröffnet: „Wenn ich heute sterben sollte, dann hätte ich euch nur drei Worte zu sagen: 1. Setzt euer Vertrauen ganz auf die Gnade Gottes in Christus Jesus. 2. Liebet euch untereinander. 3. Wachet und betet."

ANMERKUNGEN

[1] Diese Lebensbeschreibung wurde schon bald nach Tersteegens Heimgang von einigen seiner Freunde zusammengestellt. Sie trug die Überschrift: *Die Lebensbeschreibung des seligen Gerhard Tersteegen* und ist auch unter der Bezeichnung *Alte Lebensbeschreibung* bekannt.

[2] Mit „Verleugnung" bezeichnet Evertsen wohl die Selbstverleugnung bzw. den Kampf gegen die Sünde (vgl. Mt 6,24).

[3] Tersteegen, der über sehr gute theologische und kirchengeschichtliche Kenntnisse verfügte, verfasste zu verschiedenen katholischen „Mystikern" bzw. „Heiligen" unter dem Titel *Leben heiliger Seelen* selbst Lebensbilder. Er fühlte sich ihnen geistesverwandt. Überhaupt ist für Tersteegen typisch, dass er die Christen nicht nach ihrer Konfession beurteilte, was zu seiner Zeit nicht gerade selbstverständlich war. „Ich glaube", so legte er einmal seinen Standpunkt dar, „dass eigentlich in den Augen Gottes nur zwei Parteien auf Erden seien, nämlich die Kinder der Welt, in welchen die Weltliebe herrscht; und dann die Kinder Gottes, in welche die Liebe Gottes ausgegossen ist durch den Heiligen Geist. (...) Und gleichwie unter allerlei Volk, wer Gott fürchtet und recht tut, demselben angenehm ist, so ist er auch mir angenehm, er habe sonst dieses oder ein anderes Religionsröcklein an."

LITERATUR- UND QUELLENNACHWEIS

Busch, Wilhelm: *Die von Herzen dir nachfolgen. Gestalten des rheinisch-westfälischen Pietismus.* Neukirchen-Vluyn 1997 (6. Aufl.)

Denecke, Christel: *Macht der Liebe. Gerhard Tersteegen – Leben und Gegenwartsbedeutung.* Mülheim a. d. R. 1969

Kühn, Adolf: *Gerhard Tersteegen, ein Beauftragter Gottes.* Artikelreihe in: *Der Gärtner.* Witten 13–15/1969

Ludewig, Hansgünter: *„Mein Leben sei ein Wandern". Die geistliche Biografie Gerhard Tersteegens.* Gießen 2019

Nigg, Walter: *Große Heilige.* Zürich 1986

Pagel, Arno: *„Mein Vaterland heißt Ewigkeit". Gerhard Tersteegen. Sein Leben und seine Botschaft.* Gießen 1974

Rau, Johannes: *Geschichte in Porträts.* Holzgerlingen 2001; S. 27–33

Roessle, Julius: *Zeugen und Zeugnisse. Die Väter des rheinisch-westfälischen Pietismus.* Konstanz 1968

Tersteegen, Gerhard: *Wir sind hier fremde Gäste. Eine Auswahl aus seinen Schriften* (Hg. Walter Nigg). Wuppertal 1980 (2. TB-Ausgabe). Das Buch enthält auch die sog. *Alte Lebensbeschreibung* Tersteegens.

Philipp Friedrich Hiller

Philipp Friedrich Hiller (1699–1769)

Wirkmächtiger Verkündiger ohne Stimme

Die Not eines außer Gefecht gesetzten Pfarrers

Der Schwabe Philipp Friedrich Hiller wurde im Verlauf seines Pfarrdienstes durch den Verlust seiner Stimme zu einem „stummen Verkündiger". Dennoch erreichte er so viele Menschen mit der Glaubensbotschaft, die er nachhaltig in ihrem Christsein förderte wie kaum ein anderer Amtskollege mit intaktem Stimmvermögen. Denn auch wenn Hiller nicht mehr stimmhaft zu predigen vermochte, so wurde er doch durch seine dichterische Begabung zu einem der bedeutendsten protestantischen Kirchenliederdichter, der noch heute durch seine Lieder (und Andachtsbücher) redet.

Philipp Friedrich Hiller wurde am 6. Januar 1699 in Mühlhausen an der Enz als Sohn eines Pfarrers geboren. Doch Johann Jakob Hiller, Philipp Friedrichs Vater, starb bereits, als sein Sohn noch nicht einmal zwei Jahre alt war. Seine Mutter heiratete fünf Jahre später in zweiter Ehe Philipp Friedrich Weiß, einen Bürgermeister von Vaihingen an der Enz. In seiner *Lebensbeschreibung* spricht Hiller sehr gut von seinem Stiefvater, der darauf bedacht war, dass der Junge einmal studieren würde.

So besuchte Philipp Friedrich nach der Vaihinger Lateinschule zunächst die bekannten evangelischen Klosterschulen in

Denkendorf und Maulbronn, die ihn auf das spätere Studium vorbereiteten. Von seinen Lehrern in Denkendorf beeindruckte und prägte ihn vor allen Dingen Johann Albrecht Bengel, der später durch seine Forschungen zum neutestamentlichen Urtext und als Hauptvertreter des württembergischen Pietismus sehr bekannt werden sollte.

Von 1719 bis 1724 bestritt Hiller in Tübingen als Stipendiat des berühmten Tübinger Stifts sein Theologiestudium. Nach mehreren Vikarstellen in verschiedenen Gemeinden war er dann von 1732 bis 1736 Pfarrer in Neckargröningen und von 1736 bis 1748 Pfarrer in seinem Geburtsort Mühlhausen an der Enz. Danach übernahm er die Pfarrstelle in Steinheim, einem kleinen Ort auf der schwäbischen Ostalb. Die frühesten dienstlichen Beurteilungen loben sein vorbildliches Verhalten, seinen „unermüdeten Fleiß". 1751 hieß es anerkennend, dass man „in seiner Gemeinde Früchte seines Amts (fand)".

Während es also in seinem Dienst gut lief, ereilte den Steinheimer Pfarrer eines Tages ein schweres Leiden: Er verlor seine Stimme. Welch ein Manko – gerade für einen Pfarrer! Hiller muss allerdings schon vorher Probleme mit seiner Stimmkraft gehabt haben. So heißt es in einer dienstlichen Beurteilung aus dem Jahr 1734 (Hiller war damals Pfarrer in Neckargröningen): „Ob er wohl eine schwache Stimme hat, wird er von seinen Zuhörern doch wohl verstanden." Jetzt aber verschlimmerte sich sein Stimmleiden dramatisch. Er wurde immer heiserer, immer weniger konnten die Menschen hören, was er verkündigte. Wie sollte es da mit ihm als Pfarrer weitergehen?!

Hiller geriet in große Anfechtungen. In seiner Not wandte er sich an seinen ehemaligen Lehrer aus der Zeit in Denkendorf, den Bibeltheologen Johann Albrecht Bengel. In einem Brief vom 8. Oktober 1751 schildert er diesem vorbehaltlos seine inneren Bedrängnisse. Er schreibt:

„Ich bin seit einer Zeit her in so schweren Anfechtungen, dass sie mir bisweilen übermenschlich zu sein scheinen. Ich bete, ich weine, ich schütte mein Herz aus, flehe um Wiedererlangung meiner Stimme, ich glaube unter dem Gebet und bin ruhig nach dem Gebet, aber unversehens kehrt die Bangigkeit zurück, die Sorgen brechen wieder herein, ich hange zwischen Furcht und Hoffnung. Ich stütze mich auf Matthäus 21,22 (‚Alles, was ihr bittet im Gebet, so ihr glaubet, werdet ihr's empfangen.') Aber ach, welche Einwendungen erheben sich dagegen! ‚Du bittest um Zeitliches.' Aber das ‚Alles' umfasst ja auch dieses. ‚Du betest nicht nach dem Willen Gottes.' Aber er will doch, dass ich bete für meine Kinder, für mein Weib, für mein Amt, zu dem ich von Kindheit an (…) bin herangezogen worden! Ich bete als Ehegatte, als Vater, als Pfarrer. ‚Aber eben als Pfarrer bist du Ihm wegen deiner Sünden missfällig.' Sind denn meine Sünden nicht versöhnt, durch den Sohn Gottes? (…) Aber das kann ich nicht unterlassen, Dich, den Diener Jesu Christi, aufs Angelegentlichste zu bitten, dass auch Du Deinen und meinen Herrn angehest und bittest, dass er (…) mich Seines Willens gewiss zu machen die Gnade habe, sei es durch Seine Hilfe, sei es dadurch, dass Er mir aus Seinem Worte Weisheit gibt zum Dulden (Jak 1,5), sei es durch Deinen Rat oder Trost oder Deine Belehrung."

Leider ist nicht bekannt, was Bengel seinem schwer angefochtenen Ex-Schüler geraten hat. Dass Hiller aber einen Weg gefunden hat, sein ihm auferlegtes Leiden zu verarbeiten und zu akzeptieren, beweist nicht nur sein weiterer Lebenslauf, sondern das lassen auch viele Aussagen in seinen Liedern erkennen. So zum Beispiel die 1762 gedichteten Liedverse:

1) Es jammre, wer nicht glaubt!
Ich will mich stillen;
mir fällt kein Haar vom Haupt
ohn Gottes Willen.
In Jesu hab ich hier
das beste Leben;
und sterb ich, wird er mir
ein bessres geben.

2) Es sorge, wer nicht traut!
Mir soll genügen;
wovor mir jetzt noch graut,
das wird Gott fügen.
Er weiß, was nötig sei,
so mag Er sorgen;
Mir ist des Vaters Treu
auch nicht verborgen.

3) Es zage, wer nicht hofft!
Ich will mich fassen;
Er hat mich's schon so oft
erfahren lassen:
Er hört Gebet in Not,
wann sie am größten,
sein Geist kann auch im Tod
mit Jesus trösten.

4) So wein ich, wenn ich wein,
doch noch mit Loben;
das Loben schickt sich fein
zu solchen Proben.
Man kann den Kummer
sich vom Herzen singen.

Nur Jesus freuet mich.
Dort wird es klingen.

Es blieb Hiller nichts anderes übrig, als sich einen Vikar zu nehmen, der spätestens ab 1753 die Predigtdienste in Hillers Gemeinde versah. Doch gab es auch für Hiller selbst noch manches zu tun. So schreibt der spätere Pfarrer und Liederdichter Albert Knapp (1798–1864) in seinem Lebensbild über Hiller:

> „Der treue Zeuge wollte nämlich auch während seines Sprachleidens nicht untätig sein, sondern hielt wenigstens Kinderlehren, wobei er die Kinder und Erwachsenen von Nahem befragte. (…) Es soll rührend gewesen sein, wenn der milde, geduldige Mann mit einzelnen seiner Kirchenkinder sprach, sich anstrengend, ihnen auch aus seiner heiseren Kehle das Lebenswort in das Herz zu rufen. Ebenso hielt er Erbauungsstunden in seinem eigenen Hause, wo ihm eine leisere Sprache vergönnt war."

Hiller versah auch weitere Dienste, wie etwa die Führung der Kirchenbücher, die Schulvisitation oder die Privatseelsorge, in aller Treue.

Obwohl ein Großteil der Gemeinde weiterhin zu ihrem stummen Pfarrer stand, so gab es doch auch Gegner, die ihm zu schaden suchten. Und auch andere Nöte und Sorgen galt es durchzustehen. Dass Hiller bei all dem aber auch immer wieder Gottes Beistand und Durchhilfe erleben durfte, machen folgende Bemerkungen in seiner 1763 verfassten *Lebensbeschreibung* deutlich. Voller Dankbarkeit zählt er zu den ihm widerfahrenen

> „leiblichen Wohltaten (…), dass mir Gott bei meinem geringen Vermögen immerdar genug gegeben, meine lieben Kinder ehrlich fortzubringen; ferner dass er mir etlichemal

meine herzlich geliebte Frau, da sie dem Tod nahe gewesen, auf mein Flehen wieder geschenkt hat; und dann, dass er mich bei dem Verlust meiner Stimme im Verborgenen gnädig geschützt hat gegen etliche heimliche Ränke."

Segensreiches Wirken durch Lieder

Die einschneidende Folge von Hillers „Stummheit" war, dass er fortan mehr denn je aus der Stille heraus wirken musste und Zeit und Gelegenheit fand, sich viel intensiver, als er es bisher schon getan hatte, der geistlichen Dichtung zu widmen. So entstand neben manch anderem Werk auch sein berühmt gewordenes *Geistliches Liederkästlein*. Hiller widmete es „sciner herzlich geliebten Ehegattin" mittels eines kleinen beigefügten Gedichts.[1]

In diesem Andachtsbuch wird für jeden Tag des Jahres zu einem vorangestellten Bibelvers eine knappe, erbauliche Anmerkung gegeben, ergänzt von einem vom Autor selbst gedichteten Lied, das inhaltlich auf den Bibelvers Bezug nimmt. Im Vorwort merkt Hiller bescheiden an:

> „Mir ist's eine Freude, an dem Wort Gottes auf besondere Weise zu dienen, da ich es öffentlich nun nicht mehr tun kann. (…) Ich wollte also in diesem Stück einen Versuch tun, ob der Herr Gnade gebe, dass ich hierin den Kindern Gottes eine geringe Beihilfe leisten möchte. Daher machte ich über so viele Sprüche, als Tage im Jahr sind, eine kleine Ode, die vornehmlich auf die Anbetung Gottes, auf das Lob seiner Eigenschaften, auf den Ruhm seiner Werke und auf den Dank für seine Wohltaten (…) gerichtet wären. (…) Der Herr heilige es zu seinem Lob und seinen Kindern zur Ermunterung."

Die Nachfrage nach dem erstmalig 1762 erschienen Buch war so hoch, dass Hiller 1767 noch einen zweiten, ähnlich konzipierten Band herausbrachte.

Jörg Erb bemerkt, dass

> „das Hillersche Liederkästlein durch seine warme Innigkeit, seine biblische Einfalt und echte Volkstümlichkeit zu dem beliebtesten Andachtsbuch im evangelischen Altwürttemberg geworden (ist), und wohin auch die Schwaben in den unruhigen Zeitläuften ausgewandert sind, überall hin haben sie nebst der Bibel auch das Hillersche Liederkästlein mitgenommen."

Man spürt es den Betrachtungen Hillers im *Geistlichen Liederkästlein* sowie insgesamt seinen Liedern ab, dass der Verfasser in einem ungebrochenen Verhältnis zur Bibel stand. In einer Zeit, da eine rationalistische, „vernunftgemäße" Theologie und die dazugehörige Bibelkritik zunehmend an Einfluss gewannen, äußerte er:

> „Man rühmt unsere Zeiten, sie seien so erleuchtet. Dieser Ruhm ist falsch; denn die sich nach der Vernunft am meisten Erleuchtung einbilden, lassen dem Geist am wenigsten Raum, dass er Jesus verkläre. Man will alle Tage weniger von Christus wissen. Finsternis! (...)
>
> Die Schrift hat ihresgleichen nicht wie die Sonne. Sie wird auch noch sein, wenn alle Bücher der Welt verbrannt sind. Die ganze Heilige Schrift, vom Anfang bis zum Ende, im Klaren und im Dunkeln, im Großen und im Kleinen, ist göttlich. Das wird man beim Bibelstudium erkennen. Und rechte Theologen erklären die Bibel aus der Bibel."

Hiller betrieb nicht nur ein gründliches Bibelstudium, er war auch ein treuer Beter. Albert Knapp ist bei seinen Nachforschungen zu Hillers Leben berichtet worden, dass der Verstorbene

> „während seiner verfallenen Stimme oft in einer Gartenlaube gewesen (sei) und die Harfe gespielt (habe), deren er kundig war, auch mit heiserer Stimme manches Lied seines Liederkästleins aus dem Stegreif gesungen (habe)."
>
> Auch habe Hiller „in seinem Leben nicht viel geredet, aber desto mehr getan. Er sei meistenteils auf seinem Studierzimmer gewesen und der Erforschung des göttlichen Wortes obgelegen. Jedoch habe er, so oft er zu den Seinigen gekommen, stets eine sehr milde, priesterliche Liebe und Freundlichkeit (…) mitgebracht, (…) und es sei wohl zu bemerken gewesen, wie Vieles er insgeheim mit seinem Herrn und Heiland in dieser Welt zu tun gehabt habe."

Hillers Lieder sind häufig auf Jesus bezogen, den sie loben und ehren. Sie machen Mut, die von Jesus vollbrachte Erlösung zu ergreifen, in der Nachfolge und im Glaubenskampf nicht müde zu werden und sich dem Gottessohn im Leben und im Sterben anzuvertrauen. Für seine geistlichen Liederdichtungen nahm Hiller sich Paul Gerhardt zum Vorbild. Wie Wolfgang Wischmeyer ausführt, lernte Hiller von diesem, „wie das kirchliche Dogma die bleibende Voraussetzung der Lieder ist, sich aber unmittelbar in Glaubenserfahrung, Empfindung und Anschauung umsetzt und wie mit einem solchen Dichten der Dichter als *minister verbi divini* (Diener des göttlichen Wortes) nur Diener seiner Gemeinde sein will."

Als wohl bekannteste Hiller-Lieder seien genannt:

Die Gnade sei mit allen
Ich will streben nach dem Leben

Jesus Christus herrscht als König
Mir ist Erbarmung widerfahren
Weicht, ihr Berge, fallt, ihr Hügel!
Wir warten dein, o Gottes Sohn

Dass ihn einmal ein schneller Tod ohne ein langes Krankenlager ereilen möge, diesen Wunsch soll Hiller oftmals geäußert haben. Gott erfüllte ihm diese Bitte. Nachdem er am 24. April 1769 einen Schlaganfall erlitten hatte, rief Gott ihn noch in der darauffolgenden Nacht zu sich. In einem seiner Lieder hatte Hiller in Bezug auf das Sterben gedichtet:

Auf göttliches Erbarmen
in des Erlösers Armen,
erwählt zu Gottes Erben
lässt sich's gar sanft hinsterben.

ANMERKUNGEN

[1] Hiller, der seit 1732 mit der Pfarrerstochter Maria Regina Schickhardt verheiratet war, soll eine überaus glückliche Ehe geführt haben. Es wird erzählt, dass er als Zeichen seiner Liebe stets mit ihr aus einem gemeinsamen Teller gegessen habe. Dem Ehepaar wurden elf Kinder geschenkt, von denen vier noch zu Lebzeiten der Eltern verstarben.

LITERATUR- UND QUELLENNACHWEIS

Brecht, Martin (Hg.): *Gott ist mein Lobgesang. Philipp Friedrich Hiller, der Liederdichter des württembergischen Pietismus.* Metzingen 1999. Darin: Wischmeyer, Wolfgang: *Philipp Friedrich Hiller. Ein Dichtertheologe und ein Kirchenreformer.*

Erb, Jörg: *Dichter und Sänger des Kirchenliedes. Aus der Zeit des 17. und 18. Jahrhunderts. Band 4.* Lahr-Dinglingen 1986 (2. Aufl.)

Hiller, Philipp Friedrich: *Geistliches Liederkästlein zum Lob Gottes mit zweimal 366 Liedern nach biblischen Sprüchen.* Metzingen 1994 (16. Aufl.). Der Band enthält auch den von Hiller selbst verfassten Lebenslauf.

Knapp, Albert: *Philipp Friedrich Hiller als Christ und Kirchendichter.* In: *Christoterpe. Ein Taschenbuch für christliche Leser auf das Jahr 1842.* Tübingen 1842; S. 1–94

Roessle, Julius: *Von Bengel bis Blumhardt. Gestalten und Bilder aus der Geschichte des schwäbischen Pietismus.* Metzingen 1981 (6. Aufl.)

Scheffbuch, Beate und Winrich: *Den Kummer sich vom Herzen singen. So entstanden bekannte Lieder.* Neuhausen/Stuttgart 1998 (3. Aufl.)

Stäbler, Walter: *Philipp Friedrich Hiller (1699–1769).* In: *Kirchengeschichte Württembergs in Porträts. Pietismus und Erweckungsbewegung* (Hg. Siegfried Hermle). Holzgerlingen 2001; S. 116–135

Nikolaus Ludwig Graf von Zinzendorf

Nikolaus Ludwig Graf von Zinzendorf (1700–1760)

Für Jesus zu wirken, war seine Leidenschaft

Schon früh mit dem Heiland verbunden

Nikolaus Ludwig Graf von Zinzendorf gehörte einem uralten, österreichischen Adelsgeschlecht an und zählte als Reichsgraf sogar zum Hochadel. Sein Großvater hatte aus Glaubensgründen das katholische Habsburgerreich verlassen und sich innerhalb des Territoriums der freien Reichsstadt Nürnberg niedergelassen. Dessen Sohn Georg Ludwig war später nach Kursachsen gezogen, wo er am Dresdner Fürstenhof zum Geheimen Rat und Kabinettsminister aufstieg. Er hielt es mit der innerkirchlichen Reformpartei des Pietismus. Außerdem war er sehr von Philipp Jakob Spener (1635–1705) angetan, der einige Jahre als Oberhofprediger in Dresden wirkte und als Initiator und geistiger Führer jener neuen Frömmigkeitsbewegung gilt.

Georg Ludwig von Zinzendorf starb am 9. Juli 1700 an einer Lungenkrankheit. Erst ein Jahr zuvor hatte er in zweiter Ehe Charlotte Justine von Gersdorf geheiratet. Bei seinem Tod hinterließ er ihr den am 26. Mai 1700 geborenen gemeinsamen Sohn Nikolaus Ludwig. Die Mutter zog daraufhin mit ihrem Kind auf das an der schlesischen Grenze gelegene elterliche Landgut Großhennersdorf in der Niederlausitz. Als sie 1704 erneut heiratete und nach Berlin zog, überließ sie den kleinen „Lutz“

ihrer Mutter, der Landvögtin Henriette Katharina von Gersdorf, zur weiteren Betreuung und Erziehung.

Nikolaus Ludwigs' Großmutter war eine außergewöhnliche Frau mit einer starken, eigenständigen Persönlichkeit. Sie war überaus gebildet und stand mit verschiedenen Gelehrten in einem (lateinisch geführten) Briefwechsel. Zugleich war sie eine fromme, tiefgläubige Frau – ohne falsche Enge oder Einseitigkeiten. Sie war von den Orthodoxen gleichermaßen geschätzt und verehrt wie von den Pietisten. In ihrem Haus verkehrten bekannte Gottesmänner wie etwa der Theologe und „Waisenvater" August Hermann Francke oder eben jener schon erwähnte Philipp Jakob Spener. Der hatte im Übrigen bei der Taufe von Nikolaus Ludwig Pate gestanden und den Jungen im Alter von fünf Jahren unter Handauflegung „zur Förderung des Reiches Gottes" feierlich eingesegnet.

Die Erfahrung einer echten, überzeugend gelebten Frömmigkeit wirkte auf das sensible und hoch- sowie fantasiebegabte Kind tief und nachhaltig ein. Mit sechs Jahren fasste es nach einer Abendandacht den Entschluss, nur noch für den Heiland leben zu wollen. Für den kleinen Lutz war es ganz selbstverständlich, mit dem Gottessohn wie mit einem Bruder oder guten Freund zu sprechen. Manchmal warf er sogar kleine Briefe an „den lieben Herrn und Freund Jesus" vom Balkon des Schlosses. „Ich redete ebenso gern", so bezeugt er, „vom lieben Heiland, als ich von ihm hörte, und wenn ich allein war, so erzählte ich gar wohl den Stühlen, die ich in meinem Spiel zusammentrug."

Dennoch: Unangefochten war der Glaube des Jungen nicht. So berichtet Zinzendorf von einer frühkindlichen Glaubenskrise, die ihn einmal in der Nacht befiel. Besonders aufschlussreich an dem Bericht ist, wie das Kind damals auf die Anfechtungen reagierte und mit ihnen fertig wurde:

> „In meinem achten Jahre lag ich eine Nacht lang ohne Schlaf. (…) Die raffiniertesten Ideen der Atheisten entsponnen sich von selbst in meinem Gemüt. (…) Weil aber mein Herz mit dem Heiland und ich Ihm mit einer empfindlichen Aufrichtigkeit zugetan war (…), so hatten die seit dem immer wiederkommenden Spekulationen und Vernunftschlüsse keine andere Gewalt bei mir, als mich zu ängstigen und mir den Schlaf zu verderben, aber auf mein Herz nicht den geringsten Effekt. Was ich glaubte, das wollte ich, was ich dachte, das war mir odieuse (unausstehlich), und ich fasste damals gleich den firmen (festen) Entschluss, den Verstand in menschlichen Dingen so weit zu gebrauchen, als er langte, (…) im Geistlichen aber bei der im Herzen gefassten Wahrheit, und in specie (insonderheit) an der Kreuz- und Bluttheologie des Lammes Gottes so einfältig zu bleiben, dass ich sie zum Grund aller Wahrheiten legen (…) wollte. Und das ist mir geblieben bis diesen Tag."

Für Zinzendorf war somit seine „Heilandsreligion" – also seine enge, vertrauensvolle Jesusbeziehung – bereits in seiner Kindheit ein wirksamer Schutzwall gegen seine Verstandeszweifel, die ihn auch später noch immer mal wieder bedrängen sollten. Seinen Heiland und Erlöser, seinen „göttlichen Bruder", mit dem er sich so sehr verbunden wusste, wollte er unter keinen Umständen verlieren!

Mit zehn Jahren wurde Nikolaus Ludwig, der bis dahin von Privatlehrern unterrichtet worden war, nach Glaucha – heute ein Stadtteil von Halle a. d. Saale – geschickt. Hier hatte August Hermann Francke nicht nur ein großes Waisenhaus, sondern auch eine regelrechte Schul- und Studentenstadt mit über 2000 Schülern und Studenten gegründet. Dieses aus christlich-pietistischem Geist entstandene Erziehungs- und Schulwesen galt wohl als das fortschrittlichste seiner Zeit. Der junge Zinzendorf besuchte hier das Pädagogium Regium, in dem die Kinder des Adels bis zur Erlangung der Universitätsreife unterrichtet wurden.

Als Reichsgraf erhielt Nikolaus Ludwig das Privileg, an der Tafel neben August Hermann Francke sitzen zu dürfen. Auf diese Weise bekam er die Gespräche mit, die der bekannte und einflussreiche Geistliche mit Gesandten aus anderen Ländern, etwa Glaubensflüchtlingen oder Pioniermissionaren im Heimaturlaub, führte. Dabei lernte Zinsendorf auch die berühmten Indienmissionare Bartholomäus Ziegenbalg und Heinrich Plütschau kennen. Denn Francke unterstützte die Dänisch-Hallesche Mission mit Theologen, die an der pietistisch ausgerichteten Theologischen Fakultät der Universität Halle ausgebildet worden waren, an der er als Professor lehrte. Die Missionsberichte beeindruckten den jungen Grafen so sehr, dass er einmal mit seinem Freund Friedrich von Watteville ganz aufgeregt „zwischen den roten Staketen vor dem Hause auf und ab (ging), und da redeten wir miteinander, dass sich die Heiden doch nicht alle bekehren würden, bis wir groß würden; was dann übrig bliebe, das wollten wir dem Heiland bringen". So gründete der junge Graf zusammen mit anderen Schülern den sogenannten „Senfkornorden", dessen junge Mitglieder in dem Wunsch vereint waren, „unserm lieben Herrn und Heiland mit fröhlichem Mut, weil wir unter seiner Fahne geschworen haben, zu folgen". Sie trafen sich nicht nur zu regelmäßigem Gebet und Bibelstudium, sondern beabsichtigten auch, später einmal Heidenmission zu betreiben.

Mit 16 Jahren verließ Zinzendorf Halle, um in Wittenberg Rechtswissenschaft zu studieren und danach in den Staatsdienst zu treten. Familienrat und Vormund hatten das so beschlossen. Ein Theologiestudium, das der junge Graf anscheinend gern an der Haller Universität aufgenommen hätte, kam nicht infrage, da es für Angehörige des Hochadels als nicht standesgemäß galt. Nichtsdestoweniger beschäftigte sich Zinzendorf in Wittenberg neben seinem Jurastudium privatim mit den Schriften Luthers und Speners und den lutherischen und reformierten Bekenntnisschriften. Auch stand er mit dem einen oder anderen Theologieprofessor in Kontakt.

Zinzendorf fühlt sich durch ein Bild infrage gestellt

Im April 1719 verließ Zinzendorf Wittenberg und begab sich auf eine „Kavalierstour", wie sie damals für junge Adlige üblich war. Die Bildungsreise sollte ihn nach Holland und Frankreich führen. Auf der Hinfahrt hatte er in Düsseldorf ein Erlebnis, das ihn tief bewegte. In der kurfürstlichen Galerie stieß er auf ein Gemälde des italienischen Künstlers Domenico Fetti, das das Antlitz des leidenden Christus mit der Dornenkrone zeigt. Am unteren Rand des Bildes ist in lateinischer Sprache der Satz zu lesen: „Ich habe dies für dich gelitten; was tust du in Wahrheit für mich?" Welchen Eindruck dieses Bild mit der ernsten Anfrage auf ihn machte, beschreibt Zinzendorf mit folgenden Worten: „Mir schoss das Blut, dass ich hier auch nicht viel würde antworten können, und bat meinen Heiland, mich in die Gemeinschaft seines Leidens mit Gewalt zu reißen, wenn mein Sinn nicht hineinwollte."

In Holland beeindruckte den Grafen besonders der respektvolle und friedsame Umgang zwischen den Angehörigen der unterschiedlichen christlichen Konfessionen. Später lernte er in Paris den frommen, ehrwürdigen Kardinal Louis Antoine de Noailles kennen und schätzen. Er schloss mit dem fast fünfzig Jahre älteren Mann, mit dem er sich mehrmals zu einem offenen Meinungsaustausch über Fragen des Glaubens traf, Freundschaft. Seine in Holland und Paris mit überzeugten, glaubwürdigen

Christen unterschiedlicher Bekenntnisse gemachten Erfahrungen waren einer der Gründe dafür, dass Zinzendorf zeitlebens eine ausgeprägte ökumenische Weitherzigkeit eigen war. Dabei war für ihn nur ein gemeinsames Merkmal als Basis für eine wahre christliche Bruderschaft entscheidend: das Stehen des Einzelnen in einer lebendigen Beziehung zu Jesus Christus und die Annahme seines am Kreuz vollbrachten Erlösungswerks.

Wie es schon immer seine Gewohnheit war, so bekannte Zinzendorf seinen Glauben auch in den aristokratischen Kreisen von Paris offensiv und unerschrocken. Dabei „kannte er", so Erich Beyreuther, „in sittlichen und religiösen Fragen keine Kompromisse. Doch gerade das machte ihn interessant. (...) In den vornehmen Salons kokettierte man bereits mit dem Atheismus, fand ihn amüsant und noch mehr Zinzendorf, als einen deutschen Reichsgrafen, der noch an Gott glaubte."

Rund zwei Jahre nach seiner Kavaliersreise heiratete Zinzendorf im September 1722 die gleichaltrige Erdmuthe Dorothea von Reuß-Ebersdorf. Sie war die ideale Frau an seiner Seite und bereit, mit ihrem von großen Plänen für das Reich Gottes erfüllten Mann eine „Streiterehe" (für das Reich Gottes) zu führen und ihn in seinem Bestreben, Gott in aller Entschiedenheit zu dienen und „Seelen für das Lamm zu werben", vorbehaltlos zu unterstützen. Sie gebar ihm zwölf Kinder, von denen allein acht im frühen Kindesalter verstarben. Kurz vor seiner Heirat hatte Zinzendorf das in der Nähe von Großhennersdorf gelegene Gut Berthelsdorf (nebst zugehörigem Dorf) von seiner Großmutter als Wohnstätte für seine künftige eigene Familie erworben.

Bereits 1721 hatte Zinzendorf eine unbezahlte Stelle als Hof- und Justizrat bei der kursächsischen Regierung in Dresden angetreten, um sich auf eine staatsmännische Laufbahn vorzubereiten. Er entsprach damit dem ausdrücklichen Wunsch seiner Großmutter. Wie Beyreuther ausführt, „leistete er sehr Beachtliches im juristischen Dienst, trat mit ausgewogenen Reformvorschlägen in der korrupten

Verwaltung vor und nahm sich der Straffälligen warmherzig und seelsorgerlich an. Doch sein Herz schlug nicht hier."

Die Herrnhuter Brüdergemeine entsteht

Im Jahr 1722 gewährte Zinzendorf evangelischen Glaubensflüchtlingen aus Mähren auf seinem Gut in Berthelsdorf Asyl. Die Vertriebenen waren als Angehörige der Unität der Böhmischen (oder auch Mährischen) Brüder Nachkommen der nach der 1415 erfolgten Verbrennung des Reformators Jan Hus entstandenen Hussitischen Bewegung. Zinsendorf überließ ihnen am Hutberg ein Stück Land. Umgehend machten sie sich an den Aufbau einer eigenen kleinen Siedlung, die schon bald den symbolträchtigen Namen „Herrnhut" erhielt. In den folgenden Jahren brachen immer mehr Exulanten nach Herrnhut auf. Die meisten waren einfache Handwerker. 1727 standen in dem Ort bereits über 30 Häuser, die von rund 300 Menschen bewohnt wurden. So entstand ein buntes Gemisch von Gläubigen, die sich hier versammelten. Denn sie kamen nicht nur aus Böhmen und Mähren, sondern auch aus anderen Teilen Europas. Daher hatte jeder einen unterschiedlichen kirchlichen Hintergrund. Dabei waren manche aber auch Separatisten und Sonderlinge. Zunehmend gab es Streit und Konflikte über die gemeinsame geistliche und kirchliche Ausrichtung ihres Gemeinwesens. Von einer geschwisterlichen Eintracht im Glauben konnte nicht die Rede sein.

In diese Situation griff Zinzendorf ein. Er verließ seine Stelle in Dresden und siedelte in das neue Herrschaftshaus in Herrnhut um. Von hier aus kümmerte er sich mit seiner ganzen Kraft um die zerstrittene Glaubens- und Flüchtlingskolonie. Er rang im Gebet um sie, führte viele seelsorgerliche Gespräche und entwarf für die Gemeinschaft eine praktikable Satzung mit klaren Verhaltensanweisungen. In einer der Statuten ist festgelegt:

„Herrnhut (…) soll in beständiger Liebe mit allen Brüdern und Kindern in allen Religionen (gemeint sind die unterschiedlichen christlichen Glaubensgemeinschaften; M. H.) stehen, kein Beurteilen, Zanken oder etwas Ungebührliches gegen Andersgesinnte vornehmen, wohl aber sich selbst und die evangelische Lauterkeit, Einfalt und Gnade unter sich selbst zu bewahren suchen."

Auf diese Weise fanden die Herrnhuter zunehmend wieder zusammen. Ein besonderer Höhepunkt des Einigungs- und Friedensprozesses war schließlich die am 13. August 1727 abgehaltene Abendmahlfeier in der Berthelsdorfer Kirche. In einer bewegenden Gebetsgemeinschaft beugten sich die Versammlungsteilnehmer vor Gott und trugen ihm ihre Not vor. Sie erlebten, wie Gottes Geist unter ihnen Einigkeit, Versöhnung und gegenseitige Annahme schenkte. Später meinte einer der Anwesenden: „Wir waren alle zusammen voll Freude, fast wie außer uns, und fingen eine neue und fast himmlische Haushaltung an." In einem weiteren Bericht über diesen denkwürdigen Tag ist der bezeichnende Satz zu lesen: „Wir brachten diesen und folgenden Tag in einer stillen und freudigen Fassung zu und lernten einander lieben."

Zu einem der typischen Kennzeichen der Herrnhuter Brüdergemeine sollte ihre „heitere Erlösungs- und Heilandsfrömmigkeit" sowie ihr „reiches und musikalisches Gemeinschaftsleben" (Gerhard Schwinge) werden. Das drückte sich auch in ihren gemeinsamen abendlichen Singstunden im Gemeindehaus aus.

„Da wurden", so Stephan Hirzel, „Lieder eingeübt und die Stimmen geschult, um in lebendiger und freudiger Art Gott den Dank des Herzens darzubringen. Alte böhmische Brüdergesänge erklangen und neue Strophen und Melodien wurden geschaffen. Eine Singstunde begann

> meistens damit, dass der Graf ein Lied anstimmte. Sofort fiel die ganze Gemeinde ein, denn jedermann kannte Wort und Weise auswendig. (…) Dann wurden Strophen, die inhaltlich zusammenpassten, aneinandergereiht; immer so, dass der Leiter begann und die Versammlung ihm vielstimmig folgte. Auf diese Weise entstand eine ‚Liedpredigt', welche die Gemeine sich selbst hielt."

Zinzendorf war in der Lage, aus dem Stegreif neue Lieder und Strophen zu improvisieren. Über 2000 Lieder und Gedichte soll er verfasst haben. Dazu gehören auch solch bekannte Lieder wie

Herz und Herz vereint zusammen
Gottes Führung fordert Stille
Herr, dein Wort, die edle Gabe (1. Strophe)
Jesu, geh voran auf der Lebensbahn
Wir wolln uns gerne wagen

Die Lieder Zinzendorfs haben durch Straffungen und Überarbeitungen – nicht zuletzt durch Christian Gregor, den „Asaf Herrnhuts" – an zusätzlicher Qualität gewonnen. Johann Gottfried Herder meinte zu den Dichtungen Zinzendorfs anerkennend:

> „Wer vermag auch den hingeworfensten Liedern des Grafen eine Biegsamkeit der Sprache, einen Reichtum an kühnen Wendungen und Herzensausdrücken abzusprechen, der oft überrascht? In den erlesenen Gesängen, zumal wenn sie die Gemeine und ihre entfernten Brüder betreffen, hier: welch stille Ruhe, dort: welch zarte Innigkeit und Demut!"

Im Mai 1728 begann Zinzendorf während der Singstunde damit, der Gemeinde eine Losung für den nächsten Tag mitzugeben. Diese Losungen waren nicht als „Orakel", sondern als Mut machende Parolen für den Glaubenskampf und Zeugendienst der Glaubensgeschwister gedacht. Sie wurden am darauffolgenden Morgen von den Brüdern in die Häuser des Ortes getragen. Zwei Jahre später ging Zinzendorf dazu über, für alle Tage eines Jahres die Bibelverse im Voraus zusammenzustellen – oder auch auszulosen – und ihnen eine Liedstrophe beizufügen. Seine Losungsbücher waren also der Vorläufer der heute weltweit verbreiteten und von Christen der unterschiedlichsten Denominationen gern genutzten „Losungen der Herrnhuter Brüdergemeine“.

Zinzendorf und seine Herrnhuter waren von einem starken Missionsdrang erfüllt. Von 1732 an begaben sich viele von ihnen als Missionare vor allem zu denjenigen Menschen und Volksgruppen, die – von den Weißen verachtet und zum Teil misshandelt – unter notvollen Umständen ihr Dasein fristeten. So kamen sie etwa zu den Negersklaven auf der dänischen Karibikinsel St. Thomas, den Indianern in Nordamerika oder den Hottentotten (wie damals die Angehörigen der Khoikhoi genannt wurden) in Südafrika. Viele dieser Menschen bekehrten sich unter ihrem Einfluss zum Christentum und bildeten nun ihrerseits eigene christliche Gemeinschaften. Die Missionare scheuten weder das mörderische Tropenklima noch die Gefahren, die ihnen bei der Überfahrt in die Missionsgebiete auf hoher See drohten. Zinzendorf selbst war sich nicht zu schade, 1738 die Missionsstation auf St. Thomas zu besuchen oder sich 1741 nach Nordamerika aufzumachen und dort den Indianerstämmen das Evangelium zu verkündigen.

Auch wenn die Herrnhuter Brüdergemeine (Erneuerte bzw. Evangelische Brüder-Unität) nach Zinzendorfs Absicht eigentlich nur eine „ecclesiola in ecclesia“ (Kirchlein innerhalb der Kirche) im Sinne Speners sein sollte, so entwickelte sie sich doch schon früh zu einer autonomen Freikirche.

Nikolaus Ludwig Graf von Zinzendorf ist am 9. Mai 1760 heimgegangen.

„Als er starb", bemerkt Peter Zimmerling, „gab es Brüdergemeinorte in Europa, Amerika und Afrika. Brüdermissionare durchzogen die Steppen Afrikas, die Urwälder Südamerikas und lebten inmitten der Indianer Nordamerikas. Kurz vor seinem Tod konnte Zinzendorf deshalb zu einem seiner vertrauten Mitarbeiter sagen: ‚Habt ihr wohl im Anfang gedacht, dass der Heiland so viel tun würde, als wir nun wirklich mit Augen sehen an den Gemeinorten, an so vielen hin und her zerstreuten Kindern Gottes unter den Heiden? Bei diesen habe ich es nur auf Erstlinge angetragen und nun geht's in die Tausende. Nitschmann, welch formidable Karawane steht schon ums Lamm herum aus unserer Ökonomie.'"

LITERATUR- UND QUELLENNACHWEIS

Beyreuther, Erich: *Geschichte des Pietismus.* Stuttgart 1978

Beyreuther, Erich: *Nikolaus Ludwig von Zinzendorf in Selbstzeugnissen und Bilddokumenten.* Stuttgart 1975 (erw. Neuausgabe)

Kühn, Adolf: *Zinzendorf und die Brüdergemeine.* Artikelreihe in: *Der Gärtner.* Witten 25/1972–36/1972

Raatz, Rose-Maria: *Nikolaus Ludwig Graf von Zinzendorf – Der Vater der Gemeinde.* In: *Die Großen des Glaubens* (Hg. Georg Popp). Stuttgart 1985; S. 217–222

Schwinge, Gerhard: *Nikolaus Ludwig Graf von Zinzendorf.* In: *Wer ist wer im Gesangbuch?* (Hg. Wolfgang Herbst) Göttingen 2001 (2. akt. Aufl.)

Van Dam, Willem C.: *Sie trugen die Fackel weiter. Zwanzig Männer und Frauen, die sich von Gottes Geist bewegen ließen.* Metzingen 1987

Zimmerling, Peter: *Nikolaus Ludwig Graf von Zinzendorf und die Herrnhuter Brüdergemeine. Geschichte, Spiritualität und Theologie.* Holzgerlingen 1999

Zimmerling, Peter: *Nikolaus Ludwig von Zinzendorf – einer der Großen Gott Liebenden.* In: *Erweckliche Stimme* 6/84

Charles Wesley

Charles Wesley (1707–1788)
„Vielleicht der größte Hymnendichter aller Zeiten"

Sich die Seligkeit verdienen?

Wenn nach dem Gründer der aus der Anglikanischen Staatskirche erwachsenen methodistischen Bewegung gefragt wird, denken wohl viele in erster Linie an den unermüdlichen Prediger und Gemeindeorganisator John Wesley (1703–1791). Oder auch an George Whitefield (1714–1770), einen weiteren von Gott gesegneten Erweckungsprediger. Doch auch die Bedeutung, die John Wesleys jüngerem Bruder Charles bei der Entstehung und Ausbreitung des Methodismus zukam, darf nicht unterschätzt werden.

Charles Wesley wurde am 18. Dezember 1707 in Epworth, North Lincolnshire, wo sein Vater Samuel Wesley Gemeindepfarrer war, geboren. Charles' Mutter, Susanna Wesley, brachte insgesamt 19 Kinder zur Welt, von denen Charles das achtzehnte war. Dass er überhaupt überlebte, war bereits ein Wunder, denn er kam zwei Monate zu früh auf die Welt – was in einer Zeit, als Brutkästen für Frühgeburten noch unbekannt waren, fast einem Todesurteil gleichkam. Bis zu seinem eigentlichen Geburtstermin wurde er in weiche Wolle gewickelt. In dieser Zeit soll das Kind keinen Ton von sich gegeben und seine Augen nicht geöffnet haben.

Nur achtzehn Monate später war sein Leben erneut bedroht, als das elterliche Pfarrhaus einem nächtlichen Brand zum Opfer fiel. Einer beherzten Magd gelang es damals, ihn aus dem brennenden Haus zu tragen. Noch dramatischer gestaltete sich die Rettung seines um viereinhalb Jahre älteren Bruders John, der sich bei dem Brand in einem Schlafzimmer des oberen Stockwerks befand. Ein Dorfbewohner, der sich auf die Schultern eines anderen Mannes stellte, konnte den Jungen noch im buchstäblich letzten Moment vom Außenfenster aus retten, bevor das brennende Dachgebälk zusammenbrach und in den Schlafraum stürzte. Später bezeichnete John Wesley sich daher – in Anspielung auf Sacharja 3,2 bzw. Amos 4,11 – als einen „aus dem Feuer gerissenen Scheit".

Susanna Wesley, die nicht nur eine tiefgläubige, sondern auch eine sehr gebildete und eigenständige Frau war, unterrichtete ihre Kinder ab deren fünftem Lebensjahr zu Hause nach einer von ihr selbst entwickelten Lernmethode. Und auch in ihrer Erziehung ging sie konsequent nach klaren, ihr wichtig erscheinenden Prinzipien vor, durch die sie positiv auf die charakterliche und geistliche Entwicklung ihrer Kinder einzuwirken versuchte.

Ab April 1716 besuchte Charles dann die renommierte Westminster School in London, um schließlich zehn Jahre später an der Universität in Oxford sein Theologiestudium aufzunehmen, so wie es zuvor schon seine älteren Brüder Samuel und John getan hatten. Anfangs bestritt der junge Wesley sein Studium recht nachlässig und ließ sich durch andere, ihm angenehmer erscheinende Dinge nur allzu gern ablenken. Doch kam es dann spätestens Ende 1728 bei ihm zu einer religiösen Wende, die ihn veranlasste, fortan nicht nur sein Studium, sondern auch sein Leben als Christ ernster zu nehmen und sich – wie er es ausdrückte – nicht mehr „dem Müßiggang zu überlassen". Er gründete zusammen mit zwei anderen Kommilitonen, die ähnlich dachten wie er, eine kleine christliche Gruppe, deren Mitglieder sich in ihren guten Vorsätzen gegenseitig unterstützen wollten.

John Wesley, der inzwischen zum Geistlichen der (anglikanischen) Church of England ordiniert worden war und an der Oxforder Universität eine Dozentenstelle besetzt hatte, trat bald darauf selbst der „Gesellschaft" seines Bruders bei. Schon seit Längerem war er darum bemüht, ein heiliges, Gott wohlgefälliges Leben zu führen. So übernahm er in der nun schnell wachsenden Gemeinschaft die Führung und gab ihr ein ganz besonderes Gepräge. Mehrmals in der Woche trafen sich die Teilnehmer zum Gebet und gemeinsamen Lesen der Bibel und anderer religiöser Schriften. Man bemühte sich um eine regelmäßige Teilnahme an Gottesdienst und Abendmahl. Auch auf eine beständige, sorgfältige Selbstprüfung wurde großer Wert gelegt. Mit der Zeit wurde das Leben der beiden Wesley-Brüder immer reglementierter und asketischer. Um keine Zeit für das Gebet und den Dienst für Gott verstreichen zu lassen, zwangen sie sich sogar, bereits morgens früh um 4 Uhr aufzustehen. Von den anderen wurden die frommen Studenten häufig nur beschimpft und verspottet. So nannte man sie etwa verächtlich „Bibelbetbrüder" oder auch „Methodisten", und ihre exklusive Gruppe den „Holy Club" („Heiliger Klub"). Niemand ahnte, dass sich der Begriff „Methodisten" einmal als die allgemein übliche Bezeichnung für die Mitglieder einer ganz neuen christlichen Glaubensbewegung etablieren sollte.

Doch bei all ihren frommen Übungen und Bemühungen gelangten John und Charles Wesley weder zur Heilsgewissheit und wahren Glaubensfreude noch zu einem wirklichen Herzensfrieden. Etwas Entscheidendes schien ihnen zu fehlen.

Die Erfahrung einer ganz neuen Christusbeziehung

1735 entschloss John Wesley sich schließlich dazu, als Seelsorger für die englischen Siedler und als Missionar für die eingeborenen Indianer in die neu gegründete britische Kolonie Georgia in Nordamerika zu gehen. Er entsprach damit einer Bitte des Generals James Oglethorpe, dem Gründer und de facto ersten Gouverneur jener Kolonie. „Mein Hauptmotiv, dem ich alles unterordne", so begründete Wesley seinen Schritt, „ist die Hoffnung, meine eigene Seele zu retten. Ich hoffe, den wahren Sinn des Evangeliums Christi selbst besser zu verstehen, wenn ich den Heiden (gemeint sind die Indianer; M. H.) das Evangelium predige." Es gelang John, seinen Bruder Charles dazu zu überreden, ihn nach Amerika zu begleiten, und für ihn bei Oglethorpe eine Stelle als Privatsekretär für indianische Angelegenheiten zu erwirken. Noch bevor das Segelschiff im Oktober 1735 in See stach, war Charles' Ordinierung zum anglikanischen Geistlichen erfolgt.

Das Amerika-Abenteuer sollte für die beiden Wesley-Brüder aus unterschiedlichen Gründen in einem Fiasko enden. Bereits nach wenigen Monaten kehrte Charles frustriert wieder nach England zurück. Sein Bruder John folgte ihm Anfang 1738 mit der ernüchternden Erkenntnis: „Ich, der ich nach Amerika ging, um andere zu bekehren, war selbst gar nicht zu Gott bekehrt." Kurz nach seiner Ankunft in London machten er und sein Bruder Charles nähere Bekanntschaft mit dem deutschen Herrnhuter Peter Böhler, der sich von London aus als Missionar zu den Negersklaven in Südkarolina einschiffen lassen wollte. In den Gesprächen mit den Wesleys erkannte Böhler deutlich die geistliche Krise, in der sich die beiden anglikanischen Geistlichen befanden. Über Charles notierte er, dass dieser „in seinem Denken ganz niedergeschlagen (ist) und gar nicht weiß, wie er es anfangen soll, mit dem Heiland vertraut zu werden". Er riet den beiden unter anderem, dass sie mehr darauf blicken sollten, was Gott für sie tun könne, statt sich ständig zu fragen, was sie für Gott tun könnten. Wenn sie seiner Vergebung vertrauten, dann würde sich auch ihr anhaltendes Schuldbewusstsein verlieren.

Einige Zeit später wurde Charles Wesley, der inzwischen in der Wohnung eines frommen Kupferschmiedes mit einer schweren Rippenfellentzündung krank darniederlag, von einem Bibeltext aus dem neunten Kapitel des Matthäusevangeliums tief berührt. Dieser handelt von dem Gelähmten, den seine Freunde auf seinem Bett zu Jesus bringen und der neben der Heilung seiner Gebrechen von diesem die Zusage erhält: „Sei guten Mutes, Kind, deine Sünden sind vergeben“ (Matthäus 9,2). Nach einem gemeinsamen Gebet mit dem Kupferschmied gelangte Charles endlich zur Gewissheit seiner Erlösung. „Der Geist Gottes“, so berichtet er selbst über diese Erfahrung, „rang mit meinem und dem bösen Geist, bis er nach und nach die Dunkelheit meines Unglaubens verjagte. (…) Ich fand mich im Frieden mit Gott und voll Freude in der Hoffnung, Christus zu lieben.“

Nur drei Tage danach, am 24. Mai 1738, kam es auch bei John Wesley zum Durchbruchserlebnis seines Glaubens. Er besuchte eher unwillig mit einem Freund die Versammlung einer kleinen christlichen Glaubensgemeinschaft in der Nähe der Aldersgate Street in London. Dabei hörte er, wie jemand Luthers Vorrede zum Römerbrief vorlas, in der es um die Rechtfertigung aus Glauben geht.

> „Ungefähr um Viertel vor neun, während er (gemeint ist Luther; M. H.) die Veränderung beschrieb, die Gott im Herzen durch den Glauben an Christus bewirkt“, bemerkt John Wesley in seinem Tagebuch, „fühlte ich, wie mein Herz in ungeahnter Weise erwärmt wurde. Ich spürte, dass ich Christus vertraute, Christus allein für meine Erlösung; und mir wurde die Gewissheit zuteil, dass er meine Sünde hinwegnahm, meine eigenen Sünden, und mich erlöste vom Gesetz der Sünde und des Todes.“

Die Wesley-Brüder waren aus der Sackgasse ihrer krampfhaften Bemühungen, sich die Vergebung und Erlösung durch gute Werke selbst zu verdienen, herausgeführt worden, indem sie dankbar dem vertrauten, was Christus durch sein Erlösungswerk auch für sie getan hatte. Dadurch bekam nun aber auch ihr Streben nach einem „Leben in der Heiligung“ eine ganz andere Basis, Motivation und Antriebskraft, was konsequenterweise große Auswirkungen auf ihre Verkündigung hatte. In dem Bewusstsein, dass jeder Mensch ein vergebungs- und erlösungsbedürftiger Sünder ist, den Christus von seiner Schuld befreien möchte, luden sie die Zuhörer eindringlich ein, zu Christus umzukehren, ihm ihre Sünden zu bekennen und seine Gnade für sich persönlich in Anspruch zu nehmen, um dann als erlöste Kinder Gottes und in der verändernden Kraft des Heiligen Geistes ein Leben nach Gottes Willen und Maßstäben zu führen.

Die Entstehung der methodistischen Erweckungsbewegung

Mit dieser evangelistischen Botschaft fand man Charles und John Wesley sowie George Whitefield – ein ehemaliges Mitglied des Oxforder „Holy Club" und ebenfalls ein ordinierter anglikanischer Geistlicher – nun unermüdlich durchs ganze Land von einem Versammlungsort zum nächsten eilen. Da ihnen allerdings zumeist verboten wurde, ihre Ansprachen in Kirchen zu halten, wichen sie auf Scheunen, Säle oder Werkhallen aus. Oft predigten sie aber auch im Freien vor Hunderten bis Tausenden ihnen gebannt zuhörender Menschen. In diesen Massenversammlungen gewannen die Evangelisten auch das Interesse jener Menschen, die sich bereits der Kirche entfremdet hatten, wie etwa die ausgebeuteten und verelendeten Berg- oder Fabrikarbeiter. Diese erlebten womöglich zum ersten Mal in ihrem Leben Geistliche, die nicht über ihre Köpfe hinwegredeten. Auch merkten sie, dass diesen Predigern ihre sozialen Fragen und Nöte nicht gleichgültig waren.[1] Und sie spürten: Hier standen Männer vor ihnen, die aus eigener Erfahrung davon berichteten, wie man Gott finden kann.

Wie John Wesley und George Whitefield erreichte auch Charles Wesley als Erweckungsprediger durch seine eindringliche und aufrüttelnde Verkündigung die Herzen und Gewissen seiner Zuhörer. Anfangs hatte er noch gezögert, im Freien zu predigen. Denn derartige „Freiluft-Gottesdienste“ galten damals als eine Ungeheuerlichkeit. Von seiner ersten „Open-Air-Predigt“ auf einem Platz in Moorfields, einer übel beleumdeten Gegend in London, berichtet Charles Wesley selbst:

> „Fast zehntausend hilflose Sünder warteten in Moorfields auf das Wort. Ich lud sie mit den Worten unseres Herrn wie auch in seinem Namen ein: ‚Kommt zu mir alle, die ihr mühselig und beladen seid, ich will euch erquicken.‘ Der Herr war mit mir, ja mit mir, seinem geringsten Boten, gemäß seiner Zusage. (…) Die Last war von mir genommen, ebenso meine Zweifel und Skrupel. Gott erleuchtete meinen Weg mit seinem Licht, und ich erkannte: DIES war es, was er von mir wollte.“

In seinen Predigten war Charles Wesley seinen eigenen Worten zufolge bemüht, „Abstand von allen feinsinnigen philosophischen Spekulationen, von allen tief durchdachten und verschlungenen Begründungen und soweit möglich auch von allem Ausbreiten von Wissen“ zu nehmen. Er sprach in einer einfachen, jedermann verständlichen Ausdrucksweise und vermied „besonders die Art von Fachausdrücken, die so oft in den theologischen Schriftstücken vorkommen (…), die aber für das gemeine Volk eine unbekannte Sprache sind“.

Der Dissenter Joseph Williams beschreibt sehr plastisch, wie er Charles Wesley als Prediger erlebte:

> „Ich sah ihn auf einem Tisch stehen, in aufrechter Haltung, seine Hände und seine Augen im Gebet zum Himmel erhoben, umgeben, so schätze ich, von mehr als tausend Leuten; einige wenige von ihnen angesehene Leute, Männer ebenso wie Frauen, die meisten aber aus den niederen

> Schichten der Menschen. (...) Er betete mit ungewöhnlicher Innigkeit, Eloquenz und auch Abwechslung in der geeigneten Ausdrucksweise. Dann predigte er ungefähr eine Stunde lang (...) in einer Art und Weise, wie ich selten, wenn überhaupt jemals einen Pfarrer habe predigen hören (...), um seine Hörer zu überzeugen, dass (...) Gott mit allen versöhnt sein will, auch mit dem schlimmsten Sünder."

Die von Charles Wesley und den anderen methodistischen Erweckungspredigern verkündete Botschaft führte zu vielerlei positiven Auswirkungen und Veränderungen bei den Menschen, die sich dieser Botschaft öffneten. So berichtet Charles Wesley beispielsweise von einem „armen Kerl", der ihm

> „im Beisein seiner Frau (erzählte), dass er 21 Jahre lang ein Leben in Trunkenheit, Ehebruch und allen Werken des Teufels geführt habe; dass er sie jeden Tag geschlagen habe; und dass er nie irgendwelche Reue verspürt habe, bis er uns gehört habe: Jetzt aber geht er regelmäßig zur Kirche, geht liebevoll mit seiner Frau um, verabscheut alles, was böse ist, besonders seine bisherigen Sünden. Dies ist ein Beispiel unter vielen."

Es war ein sehr entbehrungsreicher, aufopferungsvoller und mühseliger Dienst, den Charles Wesley als Erweckungsprediger leistete. Das stunden- und kilometerlange Reiten auf dem Pferd sowie das mehrfache Predigen an verschiedenen Orten an ein und demselben Tag bedeuteten eine große Anstrengung und erforderten ein großes Durchhaltevermögen. Und es war auch nicht ungefährlich, zumal die Wege sich in der Regel in einem schlechten, morastigen Zustand befanden und in der Dunkelheit unbeleuchtet waren. Häufig musste man mit Unterkünften vorliebnehmen, die sich als höchst spartanisch und alles andere als einladend erwiesen. Hinzu kam, dass der Evangelist sich vor Ort aggressiven und hasserfüllten Anfeindungen, Pöbeleien oder gar Tätlichkeiten ausgesetzt sehen konnte, vor denen ihm die Behörden oftmals keinen Schutz gewährten. Und immer wieder eiferten anglikanische Geistliche gegen die Veranstaltungen Charles Wesleys und der anderen methodistischen Evangelisten.

Eine besonders üble Attacke durch den Pöbel erlebte Charles Wesley 1743 in der in West Midlands liegenden Stadt Walsall, wo er im Freien predigte.

> „(Sie) brüllten und schrien und warfen dauernd mit Steinen", beschreibt er den Vorfall. „Viele trafen mich, ohne mich zu verletzen. In ruhiger Freundlichkeit ermahnte ich sie, sich mit Gott in Christus versöhnen zu lassen. Als ich mich dann zum Gehen wandte, drängte mich ein Trupp von Grobianen von den Stufen. Ich stand wieder auf, und nachdem ich den Segen erteilt hatte, wurde ich wieder zu Boden geschlagen. Und so auch noch ein drittes Mal, nach der Danksagung für unsere Erlösung. Noch auf den Stufen stehend, entließ ich sie mit dem Friedensgruß und schritt in aller Ruhe mitten durch die Randalierer, wo sie am dichtesten standen."

Am 8. April 1749 heirate Charles Wesley die um 18 Jahre jüngere Sarah (Sally) Gwynne. In der Folgezeit reduzierte er nach und nach seine auswärtigen Einsätze. Das lag auch an seiner gesundheitlichen Konstitution, die längst nicht so robust war wie etwa die seines Bruders John. Zum Schluss pendelte er hauptsächlich zwischen Bristol und London, deren methodistische Gemeinschaften er vorrangig betreute.

John und Charles Wesley wollten die durch ihre Botschaft angesprochenen und erweckten Menschen nicht alleinlassen. Daher gründeten sie christliche Gemeinschaften, deren Mitglieder sich regelmäßig zu gottesdienstähnlichen Versammlungen trafen.

Auch wurde von den Gläubigen erwartet, dass sie sich nicht nur untereinander beistanden, sondern auch bereit waren – wie es in einem frühen Statut heißt –, „auf jede mögliche Art Gutes zu tun, und soweit möglich allen Menschen". So sollten sie etwa Speisungen und Kleiderverteilungen für die Armen durchführen, Kranke und Gefängnisinsassen besuchen und Sterbenden Trost bringen. Begabte Laien wurden als Reiseprediger eingesetzt. Sie waren für die Betreuung der Gemeinschaften zuständig und führten ebenfalls evangelistische Einsätze durch. John und (vor allem) Charles Wesley wollten sich mit „ihren" Gemeinschaften jedoch nie von der Church of England trennen, da sie den Methodismus als inneranglikanische Erweckungsbewegung verstanden wissen wollten. Erst nach ihrem Tod kam es in England zur Gründung der eigenständigen Methodistischen Kirche.

Ein Liederdichter von Ausnahmeformat

Eine besondere Rolle für den Zusammenhalt und die Spiritualität der Methodisten spielten auch Charles Wesleys christliche Lieddichtungen. Lange Zeit war das Liedgut der Bewegung fast identisch mit den Liedern, die er veröffentlichte. So enthielt z. B. seine 1780 herausgebrachte Liedsammlung *Hymns for the Use of the People Called Methodists* mit ihren insgesamt 525 Liedern allein 480, die aus seiner Feder stammten. Insgesamt geht die Anzahl der von Charles Wesley gedichteten Lieder in die Tausende. Wenn auch nicht alle von gleicher Qualität sein konnten und der größte Teil relativ unbekannt blieb, so besaßen doch nicht wenige von ihnen ein hohes hymnologisches Niveau und erlangten große Popularität. Schon lange werden sie in vielen Ländern nicht nur in den methodistischen Kirchen gesungen, sondern tauchen auch in Gesangbüchern anderer Konfessionen auf. Mit *„Hark! The Herald Angels Sing"* (*„Hört die Engelchöre singen"*) und *„Lo! He Comes*

With Clouds Descending“ zählen allein zwei Lieder Wesleys zu den sogenannten „Great Four Anglican Hymns“ (Die vier großartigsten anglikanischen Hymnen). John Julien, Verfasser des umfangreichen *Dictionary of Hymnology,* spricht davon, dass „Charles Wesley unter Berücksichtigung von Quantität und Qualität vielleicht der größte Hymnenschreiber aller Zeiten war“.

Wesleys Lieder sind auch als „lyrische Theologie“ bezeichnet worden, da ihr Inhalt i. d. R. auf biblischen Texten und Aussagen basiert bzw. darauf Bezug nimmt[2] und die grundlegenden Glaubensinhalte der methodistischen Bewegung widerspiegelt. Viele Lieder sind Dank-, Lob- und Heilslieder und handeln von der rettenden Gnade Gottes. Andere gehen auf die unterschiedlichen Aspekte und Erfahrungen des allgemeinen Lebens ein oder sprechen besondere Herausforderungen bzw. Themenfelder an, die zu einem Leben in der Nachfolge Jesu und der Heiligung gehören.

Erika Mayer stellt in ihrer Untersuchung über die Hymnen Charles Wesleys fest, dass

> „der Methodismus von Anfang an eine Singbewegung (war). Die Verkündigung des Evangeliums wurde durch die Predigt der Evangelisten ins Volk getragen; sie wurde aber durch auswendig gelernte Bibelverse und insbesondere durch die Lieder dem Volk eingeprägt und vertieft. Auf diese Weise hatten die Lieder vor allem in den Anfangszeiten des Methodismus eine überaus große Bedeutung. (…) Zum großen Teil schöpften die Methodisten daraus ihre theologischen Kenntnisse. Das Gesangbuch war, wie einst zu Luthers Zeit, ‚der Laien Biblia‘. (…) So führte der Methodismus, d. h. aber, die Lieder Wesleys, eine neue Epoche in der englischen Hymnologie herauf, deren Wirkung sich weit über die anderen Kirchen und christlichen Gemeinschaften Englands erstreckte.“

„Es ist beachtlich“, bemerkt Mayer an anderer Stelle, „mit welcher Geschicklichkeit Charles Wesley eine große Vielfalt von Versmaßen und Rhythmen in seinen Hymnen verwandte. (…) Charles Wesley beschränkte sich nicht auf die überkommenen Versmaße, sondern durchbrach kühn diese Schranken. Die metrische Vielfalt seiner Lieder ist in der englischen Hymnendichtung unübertroffen.“

Charles und seinem Bruder war natürlich bewusst, wie wichtig eine gute, eingängige Melodie für die Akzeptanz eines Liedtextes ist. Dieser Aufgabe nahm sich vor allem John Wesley an. Er komponierte zwar nicht selbst, war dafür aber ständig auf der Suche nach passenden, ihm geeignet erscheinenden Liedweisen. Und so wurden Charles' Lieder schließlich mit Melodien unterlegt, die verschiedenen Quellen entnommen waren, wie etwa alten, bekannten Psalmweisen, beliebten Volksliedern oder Passagen aus der Vokal- und Instrumentalmusik. Auch aus dem *Geistreichen Gesangbuch* des pietistischen Halleschen Theologen Freylinghausen wurde geschöpft. Für mehrere Liedtexte wurden aber auch eigene Melodien verfasst, z. B. durch John Frederik Lampe oder auch Georg Friedrich Händel, der drei Lieder von Charles Wesley vertonte.

Charles Wesley starb am 29. März 1788. Sein Bruder John überlebte ihn um drei Jahre.

Die bekanntesten Lieder Charles Wesleys sind wohl:

Christ, der Herr, ist auferstanden
Freut euch! Der Herr ist nah
Hört die Engelchöre singen
Ist's wirklich wahr?
Jesus, Heiland meiner Seele
O, hätt ich tausend Zungen nur
Wie groß ist deine Güte, Herr

ANMERKUNGEN

[1] „Wesleys Verkündigung“, urteilt Werner Raupp, „hatte einschneidende Folgen für das soziale Gefüge Englands.“ So gründete John Wesley mit seiner neuen Gemeinschaft nicht nur „Altersheime, Waisenhäuser und Schulen für sozial Schwache“, sondern kämpfte auch „entschieden gegen den Sklavenhandel, der von der anglikanischen Kirche gebilligt wurde, und gegen die Ausbeutung der Arbeiterschaft. (…) Wesley und seine Mitarbeiter (waren) die ersten, die vor allem die unteren Bevölkerungsschichten wieder mit dem Evangelium erreichten.“ Es kommt daher nicht von ungefähr, dass später Führer der Gewerkschaftsbewegung und der Labour Party aus den Reihen des Methodismus kamen.

[2] „In Charles Wesleys Liedern“, so Erika Mayer, „zeigt sich eine Vertrautheit mit der Heiligen Schrift, wie man sie wohl selten sonst findet. (…) Wenngleich Charles Wesley viel gelesen hat und ihm eine umfassende literarische Bildung eigen war, so könnte man ihn doch mit gutem Grund einen ‚homo unius libri‘ nennen. Er lebte mit der Bibel, dachte und sprach in ihren Ausdrücken und Bildern.“

LITERATUR- UND QUELLENNACHWEIS

Best, Gary: *Charles Wesley (1707–1788). Eine Biografie.* Göttingen 2008

Lean, Garth: *John Wesley. Modell einer Revolution ohne Gewalt.* Gießen/Basel 1982 (4. Aufl.)

Mayer, Erika: *Charles Wesleys Hymnen. Eine Untersuchung und literarische Würdigung.* Diss. Universität Tübingen (masch.) 1957

Methodist Church: *My Wesleyan Methodists. Sharing stories, photos, memories and research.* https://www.mywesleyanmethodists.org.uk/

Raupp, Werner: *Werkbuch Kirchengeschichte. 52 Personen aus zwei Jahrtausenden.* Gießen/Basel 1987

Charles Wesley. Greatest hymn writer of all time. https://www.christianitytoday.com/history/people/poets/charles-wesley.html

Charles Wesley. https://en.wikipedia.org/wiki/Charles_Wesley

Matthias Claudius

Matthias Claudius (1740–1815)

„... wie Kinder fromm und fröhlich sein“

Eigengeprägt und unangepasst

Es ist schon sehr erstaunlich, dass ein Mann wie Matthias Claudius sich immer noch eines großen Interesses und einer ungebrochenen Popularität erfreut. Wie anders wäre es sonst zu erklären, dass allein in diesem Jahrhundert bereits neun neue Biografien über den Dichter erschienen sind? Und das, obwohl im Grunde nur einige wenige Gedichte des „Wandsbeker Boten“, wie Claudius sich einmal selbst bezeichnete, wirklich bekannt sind? Allerdings haben diese es in sich und fehlen in keiner guten Gedichtanthologie.

Allen voran steht das mit *„Abendlied“* betitelte Gedicht *„Der Mond ist aufgegangen“*. Es ist wohl das beliebteste deutsche Volkslied, das nach Hermann Hesses Meinung „nie mehr untergehen wird, solange deutsche Lieder gesungen werden“. In seiner Wortwahl und Wortsetzung, in seiner Gemütstiefe und ungekünstelten Schlichtheit ist es nicht nur zeitlos schön, sondern in seiner Aussage und seinem Wahrheitsgehalt auch zeitlos gültig. Wer sich diesem Lied öffnet, es meditiert und auf sich wirken lässt, kann sich seinem Zauber und seiner beruhigenden, besänftigenden Wirkung kaum entziehen. Und man ahnt: Wer solche aus dem Herzen kommenden und zu Herzen gehenden Texte zu ersinnen vermag, muss wohl ein „besonderer“ Mensch, ein weiser und auch ein frommer Mann gewesen sein.

Matthias Claudius entstammte einem alten holsteinischen Pfarrergeschlecht. Am 15. August 1740 wurde er in dem zwischen Bad Oldesloe und Lübeck gelegenen Reinfeld geboren, wo sein Vater Geistlicher war. Dieser hoffte, dass auch sein Sohn einmal Pfarrer werden würde. Und so studierte Matthias Claudius zunächst auch in Jena Theologie. Allerdings gab er diese Disziplin schon bald auf und wandte sich den Rechts- und Kameralwissenschaften zu. Möglicherweise hatte er nach einer kritischen Selbstprüfung Zweifel an der persönlichen Eignung und Berufung zum Pfarramt bekommen. 1762 beendete er sein Studium ohne akademischen Grad (was zu jener Zeit nichts Ungewöhnliches war) und kehrte in sein Elternhaus nach Reinfeld zurück.

Nach einem Intermezzo als Privatsekretär des Grafen Holstein in Kopenhagen und daraufhin als redaktioneller Mitarbeiter bei den Hamburger „Adress-Comptoir-Nachrichten" übernahm Claudius 1771 die Schriftleitung des neu erschienenen „Wandsbeker Boten". Er zog nach Wandsbek, einem kleinen beschaulichen Ort vor Hamburg, der damals noch zum Herzogtum Holstein gehörte, welches wiederum dem dänischen König unterstand. Bereits ein gutes Jahr später heiratete er die ortsansässige siebzehnjährige Rebecca Behn, in die er bis an sein Lebensende verliebt sein sollte.

Für den nur vier kleine Seiten umfassenden *Wandsbeker Boten,* der eine bunt gemischte Leserschaft bediente, durfte Claudius die politischen und anderweitig aktuellen Ereignisse aufbereiten. Besonders am Herzen lag ihm dabei die Schlussseite, die dem Feuilleton vorbehalten war. Hier konnte er die Beiträge so mancher namhafter Autoren veröffentlichen und eigene geistreiche und unterhaltsame Artikel verfassen. Leider musste das Blatt wegen zu geringer Abonnentenzahlen 1775 wieder eingestellt werden.

Der entlassene Matthias Claudius, der mittlerweile mit „Geistesgrößen" wie Klopstock, Hamann, Lessing oder Herder verkehrte, wandte sich in seiner Not an Letzteren, ob dieser ihm vielleicht eine neue Tätigkeit vermitteln könnte. Herder erreichte daraufhin tatsächlich, dass man Claudius die Aufgabe eines Oberlandkommissars in der hessischen Landgrafschaft anbot. Er sollte an einem Reformprojekt „zur Verbesserung des allgemeinen Nahrungsstandes und des Polizeiwesens" mitarbeiten.

Nicht ganz glücklich darüber zog Claudius Anfang April 1776 mit seiner Familie aus der ländlichen Idylle, die er in Wandsbek so geschätzt hatte, nach Darmstadt. Er war ein Mensch, der seine Freiräume und Freiheiten benötigte und dem politische Ränkespiele zuwider waren. Nun wurden von ihm Anpassung und die Beachtung gewisser Etiketten verlangt. So kam es schon früh zu Konflikten mit seinem unmittelbar Vorgesetzten Eymes, mit dessen Ansichten und zum Teil rücksichtslosem Vorgehen gegen andere Claudius nicht einverstanden war. Schließlich kehrte er im Frühjahr 1777 wieder in sein geliebtes Wandsbek zurück. Hier waren seine wirtschaftlichen Verhältnisse jedoch alles andere als gut – zumal sich auch in hoher Regelmäßigkeit immer neuer Nachwuchs einstellte. Am Ende würden es zwölf Kinder sein, die Rebecca zur Welt brachte und von denen drei schon früh starben.

(Über-)Lebenskünstler

Doch Claudius war ein (Über-)Lebenskünstler. So gut es ging, schlug er sich und die Seinen durch. So hatte er bereits 1775 den ersten Band der *Sämtlichen Werke des Wandsbeker Boten* herausgebracht. Bis zum Ende seines Lebens folgten in Abständen von mehreren Jahren weitere Bände. Sie waren alle nur von bescheidenem Umfang. In ihnen äußert sich Claudius unter seinem Pseudonym „Asmus" zu unterschiedlichen Themen und Fragen der Zeit und des christlichen Glaubens, am liebsten in

Brief- oder Dialogform mit einem fiktiven Gesprächspartner. Ferner enthalten die Bände Gedichte, kleinere Prosastücke und Rezensionen. Das eine Mal war die Kreation in einem eher ernsthaften, das andere Mal in einem eher scherzenden oder ironisch-satirischen Ton gehalten. Dabei war dem Autor aber stets die hinter den Beiträgen stehende Botschaft wichtig. Er schrieb unverkennbar von einem christlichen Standort aus. Gleichwohl nicht doktrinär, sondern eher so, als spräche er zu einem guten Freund, dem er während seiner Ratschläge und der Mitteilung seiner Meinung liebevoll die Hand auf die Schulter legt.

Bei dem kärglichen Auskommen des *Wandsbeker Boten* war es gut, dass aus dem Garten Obst und Gemüse geerntet werden konnten. Auch gab eine Ziege (und später eine von einem Gutsherrn gespendete Kuh) Milch. Dennoch war in der sehr gastfreien und immer größer werdenden Familie Schmalhans oft Küchenmeister. Claudius focht das in seiner heiteren Gemütsart und seinem unbeschwerten Naturell jedoch nicht an. In einem Gedicht bittet er:

Gott gebe mir nur jeden Tag,
soviel ich darf zum Leben.
Er gibt's dem Sperling auf dem Dach;
wie sollt' er's mir nicht geben!

Die mit dem Claudius-Ehepaar befreundete Ernestine Voß äußerte einmal in einem Brief: „Wovon Claudius lebt, ist vielen ein Rätsel. Alle Welt bedauert ihn, und er ist immer vergnügt (...) und hat keinen Mangel."

Freilich war Claudius alles andere als ein Kostverächter oder Überzeugungsasket. Hin und wieder erhielt er von Freunden diverse Naturalien, wie etwa ein ansehnliches Stück Wildbret. Aus dem Teich des nahe gelegenen Schlossparks wurde ihm manch schöner, fetter Karpfen herausgeholt. Manchmal wurde er auch mit einer Flasche guten Weines überrascht. Bei solchen Anlässen wurden erst recht Freunde zum gemeinsamen, fröhlichen Schmausen eingeladen, und aus der Mahlzeit wurde ein Fest gemacht.

Überhaupt brauchte es bei Matthias Claudius zum Glück und zum Glücklichsein nicht viel. Die Obstbäume und Blumen im Garten bewundern, abends beim Mondschein selbstversunken durch den Wald spazieren oder auf der Treppe vor dem Haus sitzend zu den Sternen aufblicken und seinen Gedanken nachhängen: Für Claudius gab es kaum etwas Schöneres oder Erhabeneres. Da war er ganz der Romantiker – allerdings ein christlicher, der meditierend über Gott und die Ewigkeit nachsann und dem sein Herz „unterm Himmelszelt" sagte: „Es gibt was Besseres in der Welt / als all ihr Schmerz und Lust."

Und doch: Von der Hand in den Mund zu leben, vermochte auch Matthias Claudius nicht. Schließlich wollte die Familie anständig durchgebracht werden. Immer wieder ließ ihm ein Gönner oder ein guter Freund eine pekuniäre Zuwendung zukommen. Etwas Geld kam auch durch Übersetzungsarbeiten oder die Aufnahme und Erziehung zweier Söhne des Philosophen und Schriftstellers Friedrich Heinrich Jacobi hinein. Dennoch ging es in Claudius' Haushalt viele Male arg eng zu. Zumal er 1781 auch noch ein eigenes Haus (nebst großem Garten, versteht sich) erworben hatte! Da war es eine große Hilfe, dass ihm der dänische Kronprinz ab 1785 eine jährliche Zuwendung von 200 Reichstalern gewährte. Doch auch das reichte auf Dauer nicht aus. Schließlich bot Claudius dem dänischen Regenten in einem Bittbrief, der in der ihm eigenen, typischen Manier verfasst ist, seine Dienste an:

> „Acht Kinder, die doch halbwege erzogen und unterrichtet sein sollen, fangen an, mir meine Zeit zu nehmen und mir meine itzige Lebensart etwas beschwerlich zu machen. Wenn es mir auch erlaubt sein würde, so wüsste ich nicht

> zu sagen, wozu ich eigentlich geschickt bin, und ich muss Ew. Majestät untertänig bitten, ein Machtwort zu sprechen und zu befehlen, wozu ich geschickt sein soll."

Zum Glück wusste man in Kopenhagen Rat. Dem Literaten aus dem Herzogtum Holstein wurde eine Stelle offeriert, die nur wenig Aufwand erforderte, dafür aber eine großzügige Entlohnung von 800 Talern jährlich mit sich brachte. Im Jahr 1788 wurde Claudius zum Ersten Revisor der königlichen Speziesbank in Altona ernannt. Einmal pro Quartal musste er die Bank für mehrere Tage zur Kassenprüfung (und einmal zur Jahresabschlussbilanz) aufsuchen. Mit dieser „Lebensversicherung" im Rücken ging es Claudius wirtschaftlich fortan spürbar besser.

Ein wahrer Christ

Wie schon erwähnt, wollte Claudius als überzeugter Christ auf seine Zeitgenossen einwirken. Doch wo ist der „Wandsbeker Bote" theologisch zu verorten? Zu den Orthodoxen seiner Zeit zählte er jedenfalls nicht unbedingt. Ihre doch recht unduldsame, leicht aggressive Art war ihm eher fremd. Doch auch als Pietist ist er nicht so ohne Weiteres zu bezeichnen. Dafür war er zu „weltoffen". Am besten trifft man es wohl, wenn man Claudius – fernab aller Etikettierung – einfach einen gläubigen, fröhlich-dankbaren Christen nennt, dem die Bibel die selbstverständliche Grundlage seines Glaubens und die verbindliche Anleitung zur Praxis Pietatis war.

Welch hohen Wert Claudius dem Wort Gottes beimaß, wird nicht zuletzt an seinem „Einfältigen Hausvaterbericht über die Christliche Religion" – eine Art Rechenschaftsbericht seines Glaubens an seine Kinder – deutlich:

> „Wir wissen so wenig", schreibt er da, „wo wir herkommen, als wo wir hingehen, noch was wir eigentlich sollen und sind; und wir haben nichts in Händen, darauf wir uns verlassen und damit wir uns trösten und unser Herz stillen könnten. Aber Gott hat uns unser Herz gestillt durch eine Schrift, die er selbst frommen und heiligen Männern eingegeben hat, und die darum die heilige Schrift, die Offenbarung oder die Bibel (…) genannt wird. In diesem Buch finden wir (…) Aufschlüsse über unser Wesen und über unsern Zustand und den ganzen Rat Gottes von unsrer Seligkeit in dieser und jener Welt. (…) Ihr könnt diese Schrift nicht hoch und wert genug haben und halten. Doch ist sie, versteht sich, immer nicht die Sache, sondern nur die Nachricht von der Sache."

An einer anderen Stelle, in einem Brief an seinen fiktiven Gesprächspartner Andres, meint er:

> „Du möchtest gern mehr von unserm Herrn Christus wissen. Andres! Wer möchte das nicht? Aber bei mir kommst Du unrecht. Ich bin kein Freund von neuen Meinungen und halte fest am Wort. (…) Wenn wir ihn nicht selbst sehen können, Andres, so müssen wir denen glauben, die ihn gesehen haben. Mir bleibt anderes nicht übrig. (…) Und was in der Bibel von ihm steht, das hab' ich gelesen mehr als einmal und nehme es, so wie es da steht, ohne zu noch ab zu tun."

Die Verankerung Claudius' im biblischen Zeugnis brachte ihn naturgemäß in einen Widerstreit mit dem offenbarungsfeindlichen Rationalismus der Spätaufklärung seiner Zeit. Dabei bemühte er sich immer wieder, die Grenzen der Vernunft und die Unfruchtbarkeit philosophischer oder auch nur frommer

Spekulation deutlich aufzuzeigen. Für Claudius musste der Glaube eine feste Basis haben, die sich im Lebensalltag des Menschen bewährt und die ihm kompetente Antworten auf seine existenziellen Fragen gibt.

> Zwar „kann es sein, dass andere Leute mit einigen Einsichten über das Sichtbare und mit Vermutungen und Träumen über das Unsichtbare ausreichen können; ich kann das nicht und brauche etwas, darauf ich mich ruhen und verlassen kann. Konkret: Wer nicht an Christus glauben will, der muss sehen, wie er ohne Ihn raten kann. Ich und Du können das nicht. Wir brauchen jemand, der uns hebe und halte, dieweil wir leben, und uns die Hand unter den Kopf lege, wenn wir sterben sollen; und das kann Er überschwänglich."

Dabei bewertet Claudius menschliche „Philosophie" nicht von vornherein negativ, doch im Vergleich zur von Gott herrührenden „Offenbarung" verhält sie sich für ihn noch nicht einmal „wie viel und wenig", sondern geradezu „wie Himmel und Erde, Oben und Unten!" Er ist überzeugt, dass „Gott nur aus Gott erkannt werden kann" und „nichts von ihm einen wahren Begriff geben kann, als er selbst." Die „Religion", d. h. den christlichen Glauben, durch die Vernunft „verbessern" zu wollen, kommt Claudius so vor, „als wenn ich die Sonne nach meiner alten hölzernen Hausuhr stellen wollte". Vom Prediger erwartet er daher, dass dieser nicht nur die christliche Botschaft ohne fremde Anleihen exklusiv verkündet, sondern auch selbst von ihr zutiefst erfasst ist. Das ist für Claudius zugleich die Voraussetzung und der Schlüssel dafür, dass die Gemeinde tatsächlich erreicht und nicht über die Köpfe der Zuhörer hinweggeredet wird.

Claudius' Skepsis gegenüber einem Vernunftglauben, der das Vermögen des Menschen auf verhängnisvolle Weise überschätzt und nur das Sichtbare als die einzige Wirklichkeit anerkennt, drückt sich nicht zuletzt auch in der dritten bis fünften Strophe seines „*Abendlieds*" aus. Diese Verse geben mit nur wenigen Worten den „ganzen Claudius" wieder: sein Rechnen mit der unseren Augen derzeit noch verborgenen Welt Gottes, seine Sicht von dem tragischen Zustand des Menschen einerseits und der ihm durch das Erlösungswerk Christi ermöglichten Neuausrichtung seines Lebens andererseits:

3) Seht ihr den Mond dort stehen?
Er ist nur halb zu sehen,
Und ist doch rund und schön!
So sind wohl manche Sachen,
Die wir getrost belachen,
Weil unsre Augen sie nicht sehn.

4) Wir stolzen Menschenkinder
Sind eitel arme Sünder
Und wissen gar nicht viel;
Wir spinnen Luftgespinste
Und suchen viele Künste
Und kommen weiter von dem Ziel.

5) Gott, lass uns dein Heil schauen
Auf nichts Vergänglichs trauen,
Nicht Eitelkeit uns freun!
Lass uns einfältig werden
Und vor dir hier auf Erden
Wie Kinder fromm und fröhlich sein![1]

Zum Tod hatte der „Lebenskünstler" übrigens eine besondere Beziehung. Ihm war daran gelegen, die Wirklichkeit des Todes – der als Sensenmann „Freund Hain" doch nur einen Auftrag erfüllt – nicht zu verdrängen, sondern sie als dem Leben zugehörig zu bejahen und sich mit ihr auszusöhnen. Mehr noch: Das uns von Gott geschenkte Leben sollte stets von seinem Ende her gesehen und bedacht werden, damit der Mensch sich nicht im Vordergründigen und Vergänglichen verliert. Und so rät Claudius: „Die Zeit wird kommen, Andres, wo sie uns auch in Leinen wickeln und in einen Sarg legen. Lass uns tun, lieber Junge, was wir denn möchten gerne getan haben, und unser Vertrauen auf Gott setzen!"

Seinen eigenen Sterbetag, den 21. Januar 1815, schilderte seine Enkeltochter Agnes Perthes später so:

> „Der Morgen verging unter Gebeten und lautem Hersagen von Bibelsprüchen und Versen. Großpapa betete mehrere Mal das Vaterunser. Die meisten Bibelstellen bezogen sich auf Bestätigung der Vergebung der Sünden durch das Blut Jesu Christi und auf seine Liebe zum Erlöser. – Es mochte 12 Uhr sein, da bat er Großmama, sie solle die Vorhänge seines Bettes zuziehen, er wolle mit Gott allein sein. Dann fragte er viele Male, was die Uhr sei, und wunderte sich, wie die Zeit so langsam schliche. (…) Dann lag er still, die Hände gefaltet, den Blick seiner wunderschönen Augen nach oben gerichtet. Halb drei sprach er die Worte: ‚Helft mir Gottes Güte preisen, Gott seg–', holte dreimal tief Atem und war bei seinem und bei unserm Gott."

ANMERKUNGEN

[1] Weitere bekannte Lieder von Claudius sind das Osterlied *„Das Grab ist leer, das Grab ist leer, erstanden ist der Held!"*, das Danklied *„Ich danke Gott und freue mich, wie's Kind zur Weihnachtsgabe"*, die Motette *„Der Mensch lebet und bestehet nur eine kleine*

Zeit" oder das schöne Erntedanklied *„Wir pflügen und wir streuen den Samen auf das Land, doch Wachstum und Gedeihen steht in des Himmels Hand".*

LITERATUR- UND QUELLENNACHWEIS

Claudius, Matthias: *Sämtliche Werke. Gedichte – Prosa – Briefe in Auswahl.* Berlin/Darmstadt/Wien 1964

Claudius, Matthias: *Wie sollt ich Gott nicht loben.* Wuppertal 1980

Erb, Jörg: *Die Wolke der Zeugen. Lesebuch zu einem evangelischen Namenkalender.* Band 1. Kassel 1951

Feldkirch, Walter: *Fröhlich-frommes Familienleben im Hause des Wandsbeker Boten.* In: *Die Gemeinde. Wochenschrift für Gemeinde und Haus. Organ des Bundes Ev.-Freik. Gemeinden.* Kassel 49–50/1979

Fleischhack, Marianne: *Sein Bauernmädchen. Ein Lebensbild der Ehegefährtin von Matthias Claudius.* Konstanz 1968

Herlyn, Gerrit: *„Die Hand, Freund Hain!" Matthias Claudius und der Tod.* In: *Die Gemeinde. Wochenschrift für Gemeinde und Haus. Organ des Bundes Ev.-Freik. Gemeinden.* Kassel 47/1982; S. 7

Hilbert, Matthias: *Frommer (Über-)Lebenskünstler. Zum 200. Todestag von Matthias Claudius.* In: *Deutsches Pfarrerblatt.* Kassel 1/2015;, S. 33–37.

Kranefuss, Annelen: *Matthias Claudius. Eine Biographie.* Hamburg 2011

Sauerbeck, Klaus: *Der Mond ist aufgegangen. Die Geschichte eines Liedes.* Holzgerlingen 2009

Schurkus, Tanja: *Matthias Claudius. Romanbiografie.* Gießen 2012

Strunk, Reiner: *Matthias Claudius. Der Wandsbecker Bote.* Stuttgart 2014

Wien, Ludwig: *„Gott, laß dein Heil uns schauen". Vor 175 Jahren starb Matthias Claudius.* In: *Die Gemeinde. Wochenschrift für Gemeinde und Haus. Organ des Bundes Ev.-Freik. Gemeinden.* Kassel 3/1990; S. 5f

Johann Christoph Blumhardt

Johann Christoph Blumhardt (1805–1880)

„Dass Jesus siegt, bleibt ewig ausgemacht“

Kampf mit den Mächten der Finsternis und anschließende Erweckung

Johann Christoph Blumhardt, eine der beeindruckendsten Gestalten der württembergischen Kirchengeschichte des 19. Jahrhunderts, wurde am 16. Juli 1805 in Stuttgart geboren. Sein Vater war zu dieser Zeit Bäcker und Mehlhändler, bevor er später – nach Aufgabe des Geschäfts – als amtlicher Holz(ver)messer arbeitete. Er war ein frommer Mann, der seine Kinder schon früh zu Gebet, Bibellektüre und dem Singen geistlicher Lieder anhielt. Eindringlich schärfte er ihnen ein, dass sie sich im Falle einer etwaigen Christenverfolgung „lieber den Kopf abschlagen lassen“ sollten, als Jesus zu verleugnen.

Johann Christoph besuchte das Stuttgarter Gymnasium bis zum Abschluss der Mittelstufe. Nach bestandenem Landexamen erhielt er einen Freiplatz auf dem Evangelisch-theologischen Seminar in Schöntal, der mit einem anschließenden Studium im Tübinger Stift verbunden war. Ein Ausbildungsweg, den viele Pfarrer damals in Württemberg durchliefen.

1829 wurde Blumhardt für ein Jahr Vikar in Dürrmenz bei Mühlacker. Anschließend berief ihn sein Onkel Christian Gottlieb Blumhardt, der erste Inspektor der Basler Mission, als Lehrer an das Missionshaus in Basel. Hier „erlebte er den Umgang mit der großen Missionsgemeinde, sein Blick wurde weit geöffnet für die Anliegen des Reiches Gottes in aller Welt" (Adolf Köberle).

In der Hoffnung, auf eine württembergische Pfarrstelle berufen zu werden und dann auch seine Braut Doris Köllner heiraten zu können, mit der er seit 1836 verlobt war, kehrte Blumhardt 1837 nach Stuttgart zurück. Doch zu seiner Enttäuschung schickte ihn das Konsistorium als Pfarrgehilfen nach Iptingen bei Vaihingen/Enz. Nachdem sich der dortige Pfarrer mit der gesamten Gemeinde heillos zerstritten hatte, erhielt Blumhardt die äußerst anspruchsvolle Aufgabe, für eine Situationsveränderung in der verwahrlosten Gemeinde zu sorgen. Dabei musste der Ortspfarrer in der Zeit, in der ihm Blumhardt zugewiesen war, de facto seine Amtsgeschäfte (etwa die Predigten sowie den Konfirmanden- und Religionsunterricht) ihm, dem Jüngeren, vollständig überlassen! Erstaunlich schnell gewann Blumhardt das Vertrauen und die Herzen der Gemeindeglieder, sowohl der alten als auch der jungen. Die Menschen vertrauten sich ihm in der Seelsorge an, die Gottesdienste waren überfüllt. Sogar die „Separatisten", die sich ansonsten konsequent von der Kirche fernhielten, waren unter den Gottesdienstteilnehmern.

Im August 1838 konnte Blumhardt schließlich die Pfarrstelle der im nördlichen Schwarzwald gelegenen Landgemeinde Möttlingen (heute ein Ortsteil der Stadt Bad Liebenzell) übernehmen und nun auch – am 4. September – seine Braut heiraten. 1842/43 spielten sich in dieser Gemeinde aufsehenerregende Dinge ab. Johann Christoph Blumhardt musste erleben, wie eine junge Frau namens Gottliebin Dittus von qualvollen körperlichen und seelischen Leiden heimgesucht wurde, die irgendwie rätselhaft waren. Noch unheimlicher waren jedoch die Begleitumstände. In ihrem Wohnhaus, in dem die Vorbesitzer Zauberei getrieben hatten, stellten sich Spukphänomene ein. Auch erschien Gottliebin eine verstorbene Frau, die früher in dem Haus gewohnt hatte. Sie trug ein totes Kind auf dem Arm, von dem sie behauptete, es getötet zu haben. Ferner ließen sich fremde Stimmen aus Gottliebins Mund vernehmen, die sich teils als Geister Verstorbener, teils als dämonische Geister ausgaben. Sogar materielle Gegenstände (Nägel u. a.) traten aus dem Körper der Unglückseligen nach außen.

Der anfangs ratlose Blumhardt sah sich zunehmend mit einem geistlichen Kampf konfrontiert. Deshalb traf er sich mit anderen gefestigten Christen aus seiner Gemeinde zum Austausch und Gebet: „Wir durchsuchten miteinander die ganze Heilige Schrift und bestärkten und ermahnten einander, ja nicht weiter zu gehen, als die Schrift uns führe." Später begann er zu fasten und zu beten. Dabei machte er die Erfahrung, dass das Fasten seine Vollmacht verstärkte: „In der Tat wurden dadurch die nachfolgenden Kämpfe außerordentlich erleichtert; (...) ja ich fühlte, dass ich, ohne dazusein, wesentlich einwirken konnte. Und wenn ich kam, gewahrte ich oft in wenigen Augenblicken bedeutende Resultate." Auch wurden ihm bei der Auseinandersetzung mit den Mächten der Finsternis die Realität und Einzigartigkeit Jesu besonders bewusst. Einen Briefpartner lässt er wissen: „Sooft ich den Namen Jesu schreibe, durchdringt mich ein heiliger Schauer, mit freudiger Inbrunst des Dankes, diesen Jesum mein zu wissen. Was wir an ihm haben, weiß ich jetzt erst recht." Schließlich darf Blumhardt nicht nur die endgültige Befreiung der Gottliebin Dittus erleben, sondern auch eine geistliche Erweckung in seiner Gemeinde.

Geheiligte Natürlichkeit und natürliche Heiligkeit

Bei all dem war Blumhardt, der 1852 mithilfe vermögender Freunde das leer stehende Kurhaus in Bad Boll erworben hatte und es seitdem als Erholungs- und Seelsorgezentrum nutzte, stets frei von Schwärmerei. So meinte er einmal:

„Wir müssen, auch wenn wir noch so fest glauben, immer auch unter dem Willen Gottes uns so unterwerfen, dass wir keinen Schlag bekommen, wenn Gottes und nicht unser Wille geschieht. Zum rechten Glauben gehört, dass wir Gott es zutrauen, er mache es recht, wenn's auch gegen unser Hoffen wird."

Auch äußerte er: „Ich habe noch keinen mir wehtuenderen Satz gehört als den: Wer nicht gesund wird, der glaubet eben nicht recht."

Diese Aussagen illustrieren, wie „natürlich" und unspektakulär alles bei Blumhardt zuging. Er war sogar der Ansicht, dass der Mensch sich zweimal bekehren müsse: „Einmal vom natürlichen Menschen zum geistlichen und dann wieder vom geistlichen zum natürlichen." Diese Sichtweise hob selbstverständlich die „erste", grundlegende Bekehrung nicht auf, führte aber bei Blumhardt dazu, dass Geistlichkeit und Natürlichkeit, Heiligkeit und Menschlichkeit eine geglückte Einheit bildeten.

Otto Funcke (1836–1910), der selbst Pfarrer und daneben ein bekannter Volksschriftsteller war, urteilte einmal:

„Ich fand selten einen Mann, dessen Christentum so freudig war und der selbst, im besten Sinne des Wortes, so kindlich und einfaltsvoll war, wie der alte Blumhardt. Alle, die dem Mann jemals nähergetreten sind, werden mich verstehen, wenn ich sage: Es ging eine Kraft von ihm aus, etwas, was einem Mut machte zum Glauben, zur Freudigkeit im Kampf oder zum Ausharren in der Trübsal."

Der Kirchenhistoriker Karl von Hase (1800–1890) schildert seine Eindrücke von einem Besuch in Bad Boll so:

> „Ein frischer, fröhlicher Geist, von dem man den lebhaften Eindruck bekommt, was es ist um den Frieden Gottes, der höher als alle Vernunft ist, weht in diesem Hause und durchzieht gleichmäßig das Äußerliche wie das Innerliche, geht durch das Kleinste und Größte; eine Atmosphäre, die auf die Seele wirkt, wie freie Bergesluft auf den Leib. Alles Heilige ist so menschlich und alles Menschliche so verklärt, und das alles ohne Zwang, so ganz natürlich, dass man, solange man drin lebt, meint, es könne ja gar nicht anders sein, und nicht begreift, warum es nicht in den anderen Christenhäusern auch so sei."

Der Maler Ludwig Richter (1803–1884) wiederum, der sich des Öfteren „in dem lieben Boll" aufhielt, spricht davon, dass er allein durch die Art und Weise, wie Blumhardt das biblische Wort vortrug – „einfach, langsam und Bedeutsames besonders betonend (…), hie und da ein paar Worte beifügend" –, die Schrift besser als sonst verstanden habe. Auch hatte er den Eindruck: „Ich verstehe auch besser und kann besser schauen den Heiland und sein Wesen und Tun, auch das der Apostel." Und er urteilt: „Blumhardts Kraft scheint, außer in tiefer Erfahrung, in dem einfachen Glauben an das Bibelwort – sich eng und bestimmt daran haltend – zu liegen."

Blumhardt, der in seiner friedfertigen und von Liebe durchdrungenen Art konfessionell weitherzig war, war es sehr wichtig, dass der gläubige Christ in einer lebendigen, unmittelbaren Beziehung zu Jesus steht. Eine besondere Schlüsselfunktion für den vertrauensvollen Umgang mit Gott maß er dabei dem Gebet zu. So riet er etwa: „Wer ein gottseliges Leben führen will, muss täglich Gebetsumgang mit dem Herrn suchen und so stehen, dass er nichts denkt, redet und tut, ohne gleichsam mit seinem Gott es betend zu besprechen oder in einer betenden Stimmung vor dem Herrn zu stehen."

Es ging Blumhardt nicht bloß um „Rechtgläubigkeit“, sondern um eine glaubwürdig gelebte Nachfolge und existenzielle Veränderungen im Leben des Christen. Auch hier konnte er ganz konkret werden:

> „Wenn du weiter nichts hast als das Dogma“, so seine Ansicht, „und sonst in vielem, fast in allem, nichts anderes bist als jedermann, wenn du (…) nicht von Herzen Gott vertrauen kannst, nicht mit Ernst auf das Ablegen deiner Untugenden es abhebst, nicht der Sanftmut, Barmherzigkeit und Friedferigkeit und der Heiligung nachjagst, so nennst du dich mit Unrecht einen Gläubigen; und tust du's, so kann der Heiland sagen: Ja, ein Gläubiger, aber was für einer!“

Was im Übrigen die Wirklichkeit der „außergewöhnlichen“ Geschehnisse um Blumhardt betrifft, so sind diese gut dokumentiert.

Blumhardt selbst jedenfalls sah sich in seinem biblischen Realismus mit einer existenten, ja personalen Macht der Finsternis konfrontiert. Die konkrete Erfahrung, dass „Jesus Sieger ist“, prägte sein Wirklichkeits- und Seelsorgeverständnis und seine Verkündigung nachhaltig und ließ ihn hoffen auf den „Tag des Herrn (…), an dem das Reich der Finsternis endgültig überwunden sein wird, und alle Knie im Himmel und auf Erden sich Gott beugen im Namen Jesu Christi“.

Blumhardts glaubensstarke Triumph- und Hoffnungslieder *„Jesus ist der Siegesheld“* und *„Dass Jesus siegt, bleibt ewig ausgemacht“* drücken nicht nur seine auf dem biblischen Zeugnis beruhende Überzeugung vom Sieg Jesu aus, sondern haben auch mit dem besonderen Erfahrungshintergrund ihres Autors zu tun.

Die erste und fünfte Strophe des Liedes *„Jesus ist der Siegesheld“* – die Verse zwei bis vier stammen von Theophil Spörri – lauten:

1) Jesus ist der Siegesheld,
der all seine Feind besieget;
Jesus ist's, dem alle Welt
bald zu seinen Füßen lieget;
Jesus ist's, der kommt mit Pracht
und zum Licht führt aus der Nacht.

5) „Sieh, ich mache alles neu!"
Jesus kommt – die Zeiten schwinden.
Not und Tod, Schmerz und Geschrei
wir in diesem Leben finden.
Glaubt es und verkündet's frei:
Jesus macht doch alles neu!

Noch bekannter als *„Jesus ist der Siegesheld"* ist Blumhardts Lied *„Dass Jesus siegt, bleibt ewig ausgemacht"*. An dieser Stelle sollen die erste, die vierte und die fünfte Strophe wiedergegeben werden:

1) Dass Jesus siegt, bleibt ewig ausgemacht,
sein wird die ganze Welt.
Denn alles ist nach seines Todes Nacht
in seine Hand gestellt.
Nachdem am Kreuz er ausgerungen,
hat er zum Thron sich aufgeschwungen.
Ja, Jesus siegt, ja, Jesus siegt!

4) Ja, Jesus siegt! Seufzt eine große Schar
noch unter Satans Joch,
die sehnend harrt auf das Erlösungsjahr,
das zögert immer noch,
so wird zuletzt aus allen Ketten
der Herr die Kreatur erretten.
Ja, Jesus siegt, ja, Jesus siegt!

5) Ja, Jesus siegt! Wir glauben es gewiss,
und glaubend kämpfen wir.
Wie du uns führst durch alle Finsternis,
wir folgen, Jesu, dir.
Denn alles muss vor dir sich beugen,
bis auch der letzte Feind wird schweigen.
Ja, Jesus siegt, ja, Jesus siegt!

Johann Christoph Blumhardt verstarb am 25. Februar 1880.

LITERATUR- UND QUELLENNACHWEIS

Haug, Richard: *Johann Christoph Blumhardt. Gestalt und Botschaft.* Metzingen 1984

Hauss, Friedrich: *Die uns das Wort gesagt haben. Lebensbilder und Glaubenszeugnisse aus dem schwäbischen Pietismus.* Neuhausen-Stuttgart 1978

Ising, Dieter: *Johann Christoph Blumhardt. Leben und Werk.* St. Goar 2018 (2., erw. Auflage)

Ising, Dieter: *Johann Christoph Blumhardt (1805–1880).* In: *Kirchengeschichte Württembergs in Porträts. Pietismus und Erweckungsbewegung* (Hg. Hermle, Siegfried). Holzgerlingen 2001; S. 330–354

Köberle, Adolf: *Johann Christoph Blumhardt – Ein Leben in der Glaubenszuversicht.* In: *Leben in Gang halten. Pietismus und Kirche in Württemberg* (Hg. Theo Sorg). Metzingen 1980; S. 142–156

Münch, Alo: *Johann Christoph Blumhardt. „Jesus ist Sieger!“* Gießen/Basel 1986 (7., bearb. Auflage)

Nigg, Walter: *Rebellen eigener Art. Eine Blumhardt-Deutung.* Stuttgart 1988

Roessle, Julius: *Von Bengel bis Blumhardt. Gestalten und Bilder aus der Geschichte des schwäbischen Pietismus.* Metzingen 1981 (6. Aufl.)

Zündel, Friedrich: *Johann Christoph Blumhardt.* Gießen 1969 (18., gekürzte und überarbeitete Auflage)

Fanny Crosby

Fanny Crosby (1820–1915)
Eine außergewöhnlich produktive blinde Liederdichterin

Blind und hochbegabt

Am 24. März 1820 wurde dem Ehepaar John und Mercy Crosby das erste Kind geboren: Frances Jane, später allgemein Fanny genannt. Die Familie wohnte im ländlichen Ort Southeast, der in das Gebiet des Bundesstaats New York fällt. John Crosby arbeitete hier als einfacher Landarbeiter. Etwa fünf Wochen nach seiner Geburt zog sich das Kind eine heftige Augenentzündung zu. Ein Fremder, der sich seit einiger Zeit im Ort aufhielt und sich als Arzt ausgab, versprach zu helfen. Er legte dem Säugling einen heißen Breiumschlag auf die Augen. Zwar ging dadurch die Entzündung nach und nach zurück, doch verblieben auf den Augen infolge von Hornhautverbrennungen weiße, hässliche Narben. Schließlich mussten die entsetzten Eltern realisieren, dass ihre Tochter durch die Behandlung des Pfuschers ihr Augenlicht verloren hatte …

Nur etwa ein Jahr später ereilte die Familie ein weiteres Unglück: Nachdem sich John Crosby an einem kalten, regnerischen Novembertag bei der Arbeit unterkühlt hatte, lag er am nächsten Tag krank darnieder und verstarb nur wenig später. Der jungen Witwe blieb daraufhin nichts anderes übrig, als eine Stelle als Dienstmädchen bei einer wohlhabenden Familie anzunehmen.

Um die kleine Fanny, die ein fröhliches Wesen und ein ausgelassenes Temperament besaß, kümmerte sich voller Liebe ihre Großmutter Eunice. Sie war bestrebt, ihr blindes Enkelkind zu einer selbständigen Persönlichkeit zu machen. Mit großem pädagogischen Geschick leitete sie es an, ihre Umwelt, die Tiere und die Pflanzen, ohne die Hilfe ihrer Augen kennenzulernen und intensiv wahrzunehmen. Großen Wert legte sie aber auch auf die religiöse Entwicklung.[1]

> „Wenn die Abenddämmerung hereinkam", erinnerte sich später Fanny Crosby, „pflegte Großmutter mich beiseitezunehmen und mit mir in ihrem großen Stuhl zu schaukeln. Dabei erzählte sie mir von Gott, dem himmlischen Vater, der seinen einzigen Sohn, Jesus Christus, in diese Welt gesandt hat, damit er unser Heiland und Erlöser wurde. Sie lehrte mich beten, d. h. mit Gott reden."

Natürlich las Eunice dem Mädchen auch viele biblische Geschichten vor, die sie ihr dann auf verständliche, anschauliche Weise erklärte. Als Fanny etwas älter war, wies die Großmutter sie an, die vorgelesenen Kapitel zu wiederholen und sich fest einzuprägen. Bei seinem phänomenalen Gedächtnis kannte das Kind mit der Zeit viele biblische Bücher auswendig, alt- wie neutestamentliche.

An Gottes Güte nicht zu zweifeln und ihm in allen Dingen zu vertrauen: Auch das lehrte Eunice ihr Enkelkind. Sie ließ die Kleine wissen, dass Gott ihre Gebete erhöre, „wenn es gut für sie sei". Wenn Gott unsere Bitten nicht erhöre, dann habe er etwas anderes, Besseres mit einem vor. Auch war ihre Maxime: „Was nicht geändert werden kann, muss ertragen werden." Diese Aussagen waren Haltungen und Glaubensweisheiten, die Fanny Crosby für ihr ganzes Leben prägten. Außerdem hatte sie schon früh gelernt, ihre Blindheit zu akzeptieren und ihre

Behinderung weitestgehend zu ignorieren. In einem Gedicht, das sie mit etwa acht Jahren verfasste, erklärt sie ausdrücklich, auch ohne ihr Augenlicht ein glückliches Kind sein zu wollen, das nicht gewillt ist, wegen seines Mankos zu seufzen oder zu weinen. Und doch: Wie sehnte sie sich in ihrer wissbegierigen Art danach, Schulunterricht zu erhalten und ihr geistiges Potenzial zu entfalten.

Da eröffnete sich für sie unerwartet die Möglichkeit, ab März 1835 das unlängst gegründete Blindeninstitut in New York zu besuchen. Es war erst die zweite Blindenschule, die es in den USA gab. Fanny erhielt einen anspruchsvollen Unterricht. Zu den Fächern gehörten Englisch, Musik, Geschichte und Philosophie genauso wie Mathematik, Astronomie und Volkswirtschaft. Das Lernen fiel ihr auffallend leicht. Als die Schulleitung ihr großes poetisches Talent wahrnahm, bekam sie sogar Sonderunterricht in Poetischer Dichtung. Auch entwickelte sie sich zu einer guten Klavier- und Orgelspielerin und zu einer erstklassigen Harfenspielerin.

Fanny Crosby wurde zu einer echten „Vorzeigeschülerin" – und das im wahrsten Sinne des Wortes. Wenn das Institut mit seinen begabtesten Schülern und Schülerinnen auf „Werbetour" ging, um das Blindeninstitut der breiten Öffentlichkeit bekannt zu machen und die Möglichkeiten der Bildung von blinden Schülern zu demonstrieren, so verstand Fanny es mit ihren Beiträgen als Klavier- und Harfenspielerin und dem Vortragen ihrer eigenen Gedichte ausgezeichnet, das Publikum besonders zu beeindrucken.

Seit Herbst 1843 unterrichtete die zierliche, nur 1,45 m große Fanny Crosby selbst als Lehrerin am New Yorker Blindeninstitut. Im Jahr darauf veröffentlichte sie ihren ersten Gedichtband. Mehr und mehr wurde sie als „blinde Dichterin" bekannt, deren Gedichte im Feuilleton verschiedener New Yorker Zeitungen erschienen.

„Königin der Evangeliumsliederdichter“

In der zweiten Hälfte des 19. Jahrhunderts setzte sich in den Vereinigten Staaten ein besonders gefühlvoller, geistlicher Liedtypus mit beschwingten, volkstümlichen Melodien durch: die Heils- und Erweckungslieder (oder auch Evangeliums- und Evangelisationslieder). Dieses neue Liedgut stand in Verbindung mit einem Erweckungsaufbruch, der damals das Land erfasste und durch den sich viele Menschen für den Glauben öffneten und sich zu Jesus Christus bekehrten – auch solche, die vorher nicht viel bis gar nichts mit der Kirche zu tun gehabt hatten. Vor allem der Evangelist Dwight L. Moody erreichte gemeinsam mit seinem Sänger Ira Sankey bei seinen riesigen Evangelisationskampagnen die Massen. In diesen Veranstaltungen wie auch bei Evangelisationen anderer Evangelisten, in den kirchlichen Gottesdiensten sowie im Alltag der Menschen kam immer mehr jener neue, populäre Liedtypus in Gebrauch. Zu einer seiner Hauptvertreterinnen gehörte ohne Frage Fanny Crosby, die nun in erster Linie Erweckungslieder dichtete. Dabei schrieb sie nach eigenem Bekunden „für ganz normale, einfache Leute, so wie sie uns im Leben begegnen“.

Über diese Art von Liedgut die Nase zu rümpfen, wäre borniert. Denn diese Lieder erreichten tatsächlich die Menschen: ihre Seele, ihr Gewissen, ihr Gemüt. Durch die Gesangsstücke wurden Glaubenswahrheiten und -erfahrungen in einer Weise ausgedrückt, dass sie persönliche Betroffenheit auslösten. Dabei waren die Lieder nicht nur auf den sakralen Raum beschränkt, sondern begleiteten die Menschen wie moderne Schlager auch in ihrem alltäglichen Leben. Sie spiegelten deren eigene Gefühle und Empfindungen wider und waren Ausdruck einer intensiven, persönlichen Beziehung zu Gott. So vergewisserten und stärkten sie den Glauben. Und die (noch) Ungläubigen luden sie eindringlich zu Jesus ein.

Fanny Crosby dichtete 8000 bis 9000 geistliche Lieder. „Hätte es in den letzten beiden Jahrzehnten des 19. Jahrhunderts eine ‚Hitparade' der populärsten Lieder gegeben", vermutet Bernard Ruffin in seiner Crosby-Biografie, „wären sicherlich mehrere von Fannys Erweckungsliedern unter den zehn Spitzentiteln gewesen." Mit der Zeit wurde die blinde Dichterin dann auch als die „Queen of Gospel Song Writers" bezeichnet. Viele ihrer Lieder wurden in andere Sprachen übersetzt. „Spitzenreiter" sollte hierbei „*Sicher in Jesu Armen*" werden, das es auf über 200 Übersetzungen brachte. Als weitere, auch in Deutschland sehr beliebte Fanny-Crosby-Lieder sind u. a. zu nennen:

Einzig dich, mein Herzensheiland
Gehe nicht vorbei, o Heiland
Gott wird dich tragen, drum sei nicht verzagt
Komm doch zur Quelle des Lebens
O Gott, dir sei Ehre, der Großes getan
Selig(st)es Wissen: Jesus ist mein

Fanny Crosby konnte problemlos zwei oder drei Liedtexte pro Tag verfassen. Viele entstanden in der Nacht, wenn sie Zeit zum Dichten hatte und ihr, nachdem sie sich längere Zeit ins Gebet versenkt hatte, die Verse zufielen. Aber es war ihr auch möglich, spontan nach einer Aufforderung zu dichten. Etliche Lieder stellten sich auch aufgrund eines bestimmten Ereignisses oder Erlebnisses ein. So geschah es etwa, als sie in einem Gefängnis in Manhattan in einem Gottesdienst sprach und vernahm, wie plötzlich einer der Gefangenen herzzerreißend ausrief: „Guter Gott! Geh nicht an mir vorbei!" Daraufhin schrieb sie noch am selben Abend das Lied: „*Gehe nicht vorbei, o Heiland, hör des Herzens Schrei! Der du andern Gnad erweisest, gehe nicht vorbei!*" Sie schickte es an einen der Komponisten, die ihre christlichen Songtexte vertonten. Als das Lied nur wenig später in Crosbys

Gegenwart im Gefängnisgottesdienst gesungen wurde, fühlten sich gleich mehrere Insassen derart angesprochen, dass sie sich spontan bekehrten.

Mit 38 Jahren heiratete Fanny Crosby ihren blinden Kollegen, den Musiker Alexander Van Alstyne. Sie behielt aber ihren Mädchennamen bei. Kurz zuvor war sie aus dem Schuldienst ausgeschieden. Etwa ein Jahr nach ihrer Heirat starb zu ihrem großen Kummer ihr einziges Kind kurz nach seiner Geburt.

Fanny Crosby lebte in einfachen, bescheidenen Verhältnissen. Das lag auch daran, dass sie gern spendete und Notleidenden beistand.[2] Dabei schlug ihr Herz besonders für die sozial Schwachen und die Randsiedler der Gesellschaft. Daher engagierte sie sich auch stark in der christlichen Wohlfahrtsarbeit und war bemüht, Sträflinge, Trinker und Obdachlose mit dem Evangelium zu erreichen. „Man kann niemanden retten", war ihre Meinung, „indem man ihm von seinen Sünden erzählt. Er kennt sie doch selbst. Erzählt ihm, dass Vergebung und Liebe auf ihn warten. Gewinnt sein Vertrauen und gebt ihm zu verstehen, dass ihr an ihn glaubt und ihn niemals aufgebt!"

Trotz ihrer Blindheit war Crosby bis an ihr Lebensende äußerst aktiv und viel unterwegs, hielt Vorträge und legte in Versammlungen Zeugnis ab von ihrem Glauben. Sie war eine nationale Berühmtheit, die von jedermann respektiert und verehrt wurde. Unzähligen Menschen wurde sie durch ihre Lieder zu einem großen Segen. Dass sie blind war, war für sie nie ein Grund zu hadern. So sagte sie einmal im hohen Alter:

> „Ich habe nicht einen Augenblick in mehr als 85 Jahren einen Funken von Groll dagegen gefühlt; denn ich habe allezeit geglaubt, dass der gütige Herr in seiner unendlichen Gnade durch diese Wege mich zubereitete, das Werk zu tun, das er mir anvertraut hat. Wenn ich überlege, wie ich gesegnet wurde, wie kann ich unzufrieden sein?"

Fanny Crosby starb am 12. Februar 1915 im Alter von fast 95 Jahren.

ANMERKUNGEN

[1] Die Crosbys gehörten zur presbyterianischen Kirche des Ortes und waren als Nachkommen englischer Einwanderer calvinistisch-puritanisch geprägt. Ihre Kirche legte damals großen Wert auf die Erfahrung einer persönlichen Bekehrung ihrer Mitglieder. Fanny Crosby selbst schloss sich in den Achtzigerjahren offiziell einer Methodistenkirche an.

[2] Bezeichnend für Crosby ist auch, dass sie sich 1849, als in New York und anderen Teilen des Landes die Cholera ausbrach, als freiwillige Pflegerin in einem Hospital für Cholerakranke zur Verfügung stellte.

LITERATUR- UND QUELLENNACHWEIS

Heiner, Wolfgang: *Bekannte Lieder – wie sie entstanden.* Neuhausen-Stuttgart 1985 (3. Aufl.)

Ruffin, Bernard: *O Gott, Dir sei Ehre! Das Leben der blinden Liederdichterin Fanny Crosby.* Lahr 1999

Scheffbuch, Beate und Winrich: *Dennoch fröhlich singen. So entstanden bekannte Lieder. Band 2.* Holzgerlingen 2000

Scheffbuch, Beate und Winrich: *Weil mich festhält deine starke Hand. Frauen singen von Jesus.* Holzgerlingen 2009

Schulz, Walter: *Reichssänger. Schlüssel zum deutschen Reichsliederbuch.* Gotha 1930

Julie Hausmann

Julie Hausmann (1826–1901) „Lass ruhn zu deinen Füßen dein armes Kind …“

Kein leichtes Lebensschicksal, aber in Gott geborgen

Die Deutschbaltin Julie Hausmann wurde Zeit ihres Lebens von schweren, chronischen Kopfschmerzen und Schlafstörungen heimgesucht. Außerdem besaß sie ein sehr menschenscheues Wesen. Letzteres hing möglicherweise auch mit ihrem wenig attraktiven Äußeren zusammen. Sie selbst soll einmal gemeint haben, dass Gott ihr weder Reichtum noch ein liebliches Aussehen, dafür aber Kränklichkeit habe zuteilwerden lassen, sodass die weltlichen Freuden für sie keine Anziehungskraft besessen hätten. Dennoch könne sie Gottes Weisheit und barmherzige Führung mit ihr nur preisen, da sie reich entschädigt worden sei durch ihr inneres Leben und die Gabe des Liederdichtens.

Geboren wurde Julie Hausmann am 7. März 1826 in Riga. Ihre Kindheit und Jugend verbrachte sie im etwa 50 Kilometer entfernten Mitau (heute Jelgava), wo ihr Vater Johannes Michael von Hausmann[1] Oberlehrer am örtlichen Gymnasium war. Von sechs Töchtern war sie die zweitjüngste. In der Zeit ihrer Konfirmation erhielt sie durch ihren Gemeindepfarrer Theodor Neander die entscheidenden Anstöße, ihr Leben ganz bewusst Jesus Christus anzuvertrauen und ihm nachzufolgen. Später würde sie einmal dichten:

Das soll meine Freude sein,
Dein zu bleiben, Dein allein,
Dich zu preisen, zu erheben,
Völlig Dir mich zu ergeben,
Fest zu trauen allezeit
Deiner Gnad', in Lust und Leid.

Jesus, ihren Herrn, zu lieben, mit ihm und für ihn zu leben, sich von ihm leiten zu lassen und alles an Freude und Leid vertrauensvoll aus seiner Hand zu nehmen: Das waren Julie Hausmanns Wunsch und ihr lebenslanges Bestreben. Sie stand damit ganz in der Tradition des Pietismus und der Erweckungsbewegung. Bei ihrer lyrischen Begabung und Empfindsamkeit musste sie ihrer tiefen Gläubigkeit und innigen Gottesbeziehung durch das Verfassen von Gedichten Ausdruck verleihen. Dabei legte sie es in ihrer bescheidenen Art und bei ihrer stillen, schüchternen Veranlagung keineswegs darauf an, dass ihre Dichtungen anderen Menschen bekannt würden oder dass sie selbst als Autorin Berühmtheit erlangte.

Aber ihrer sehr guten Freundin Olga von Karp vertraute sie ihre Gedichte an. Diese war es dann auch, die den in Berlin an der Bethlehemskirche (auch Böhmische Kirche genannt) wirkenden Erweckungsprediger Gustav Knak auf die Werke Julie Hausmanns hinwies. Knak war selbst Verfasser von geistlichen Liedern und hatte die Liedersammlungen *Geistlicher Liederschatz* (1832) und *Zionsharfe* (1843) herausgebracht. Ihm gefielen die Gedichte Hausmanns so gut, dass er die Dichterin brieflich bat, ihm doch ihre Verse zur Veröffentlichung freizugeben. Diese zögerte zunächst noch. Schließlich teilte sie Knak nach einem inneren Ringen mit, dass Gott ihr klargemacht habe, „dass wir einander dienen sollen mit den Gaben, die wir empfangen haben". Weiter führt sie aus:

„Da mir nun klar ist, was Er von mir fordert, darf ich mich ja nicht weigern, ihm zu gehorchen, wenngleich es dem natürlichen Zagen und Bangen des Herzens schwer ist, an die Öffentlichkeit treten zu lassen, was so lange fast nur mein Eigentum gewesen. (...) Dass Sie meinen Namen verschweigen, brauche ich Sie wohl nicht zu bitten. Olga schreibt mir, Sie hätten mich eine ‚Jüngerin des Herrn' nennen wollen. Obgleich mir nun kein Name lieber wäre, als dieser, so fühle ich doch zu tief, wie wenig ich ihn verdiene, um ihn ohne Zagen und Beschämung anzunehmen."

1862 erschienen die Gedichte Hausmanns dann unter dem Titel *Maiblumen.* Als Untertitel bzw. Verfassername war angegeben: „Lieder einer Stillen im Lande, dargereicht von G. Knak". Der Verkaufserlös sollte den beiden sozialen Einrichtungen „Haus Bethesda" in Berlin und dem „Bethesda"-Waisenhaus in Hongkong zugutekommen. Auch ein weiterer Gedichtband von Julie Hausmann *(Bilder aus dem Leben der Nacht)* wurde unter diesem Pseudonym veröffentlicht. In ihren späten Lebensjahren brachte sie noch mit *Hausbrot. Schlichte Morgen- und Abendandachten* ein 700 Seiten starkes Andachtsbuch für Dienstboten heraus.

Ein Trost- und Hingabelied wird zu einem Dauerbrenner

Ein Lied aus dem *Maiblumen*-Band sollte sehr schnell eine große Popularität erlangen und geradezu zu einem Klassiker des christlichen Liedguts werden. Gemeint ist das Lied

1) So nimm denn meine Hände und führe mich
bis an mein selig Ende und ewiglich!
Ich mag allein nicht gehen, nicht einen Schritt;
wo du wirst gehn und stehen, da nimm mich mit!

2) In dein Erbarmen hülle mein schwaches Herz
und mach es gänzlich stille in Freud und Schmerz!
Lass ruhn zu deinen Füßen dein armes Kind;
es will die Augen schließen und glauben blind.

3) Wenn ich auch gleich nichts fühle von deiner Macht,
du führst mich doch zum Ziele auch durch die Nacht.
So nimm denn meine Hände und führe mich
bis an mein selig Ende und ewiglich!

Überschrieben hatte Hausmann das Lied mit *„Ich will dir nachfolgen, wo du hingehst!"*. Seine leicht singbare, volkstümliche Melodie ist einer Weise des schwäbischen „Sängervaters" Friedrich Silcher entnommen. Von manchen Theologen wurde das Lied allerdings verschmäht. Wahrscheinlich war es ihnen zu sentimental. Doch viele Menschen liebten das Lied und fühlten sich von ihm stark angesprochen. Und so trat es seinen Siegeszug an – allen kritischen Stirnrunzlern zum Trotz. Beate und Winrich Scheffbuch erwähnen beispielhaft, dass es

> „etwa die badische Großherzogin Luise von Baden bei einem Gottesdienst in St. Moritz singen (ließ). Auf Einwand des Predigers: ‚Das steht nicht im Gesangbuch!', sagte sie nur: ‚Dann sagen Sie den Text vor!' Und dann erinnerte sie daran, wie 1888 innerhalb eines Vierteljahres ihr Vater Kaiser Wilhelm I., ihr Bruder Kaiser Friedrich III. und ihr Sohn, der Erbprinz von Baden, gestorben seien. ‚Ich habe mich damals beinahe blind geweint, aber dieses Lied wurde mir zum Trost', sagte sie."

Dass Julie Hausmann auch Phasen von Glaubensanfechtungen kannte, in denen ihr der eigene Lebenslauf als besonders schwer vorgekommen und Gott ihr „fern" erschienen sein mochte, macht nicht zuletzt der Schlussvers dieses Liedes deutlich, in dem es heißt: „Wenn ich auch gleich nichts fühle von deiner Macht, / du führst mich doch zum Ziele auch durch die Nacht." Zugleich lässt dieser Vers aber auch erkennen, dass Hausmann nicht gewillt war, sich von ihren negativen Gefühlen und Stimmungen bestimmen zu lassen, sondern bewusst daran festhielt, dass Gott sie „zum Ziele" bringen würde. Und so ist letztlich der Tenor des gesamten Liedes von nichts anderem als von einem starken, getrosten Grundvertrauen gegenüber Gott, unserem himmlischen Vater, erfüllt. Das wird auch besonders schön und anschaulich in dem Verlangen ausgedrückt: „Lass ruhn zu deinen Füßen dein armes Kind; / es will die Augen schließen und glauben blind." Ein solches Gottvertrauen führt auch zu der Bereitschaft, das eigene Leben in Gottes Hand zu legen und sich willig seiner Führung zu überlassen. Daher dann auch die Bitte: „So nimm denn meine Hände …"

Lebensabend im Kreis der Familie

Julie Hausmann hatte sich mehrere Jahre lang als Erzieherin und Hauslehrerin in verschiedenen Orten in Kurland und Russland versucht, musste die Stellen aber wegen ihrer gesundheitlichen Probleme immer wieder aufgeben.[2] Drei Jahre lang pflegte sie gemeinsam mit einer Schwester ihren erblindeten verwitweten Vater bis zu seinem Tod 1864. In den folgenden Jahren hielt sie sich häufig bei ihrer jüngsten Schwester Johanna auf, die in der anglikanischen Gemeinde im südfranzösischen Seebad Biarritz eine Stelle als Organistin erhalten hatte. 1870 gingen beide nach Petersburg, wo ihre älteste Schwester Direktorin der deutschen evangelischen St. Annenschule war. Julie bemühte sich, das „innere Hauswesen" ihrer berufstätigen Schwester zu führen, und gab nebenher noch einige Klavierstunden. Als 1896 ihre geliebte jüngste Schwester an der Influenza starb, war das ein sehr schwerer Schlag für sie. Zwei Jahre später verlor sie dann auch noch ihre älteste Schwester. Trotz ihres Alters und eines hinzugekommenen Augenleidens soll sie noch in der Armenpflege tätig gewesen sein.

Im Sommer 1901 kamen alle Mitglieder der Familie Hausmann zu einem gemeinsamen Urlaub im russischen Seebad Wösso am estnischen Strand zusammen. Hier erlitt Julie Hausmann wieder dieselbe schwere Krankheit, die sie bereits unmittelbar nach dem Tod Johannas befallen hatte. Doch diesmal sollte sie tödlich verlaufen. Julie Hausmanns Todestag war der 15. August 1901. Einst hatte sie Pfarrer Gustav Knak in Hinblick auf ihre Gedichte wissen lassen: „Sollte auch nur ein Herz durch diese schwachen, unvollkommenen Lieder erfreut werden, so wäre es ja eine Gnade, deren ich nimmer wert bin, für die ich immer wieder singen und loben wollte mein Leben lang." Allein schon durch die Erfolgs- und Wirkungsgeschichte ihres Liedes *„So nimm denn meine Hände"* ist dieser Wunsch mehr als in Erfüllung gegangen.

ANMERKUNGEN

[1] Im Wikipedia-Beitrag zu Julie Hausmann wird darauf hingewiesen, dass ihr Nachname oftmals mit von Hausmann angegeben wird. Dies sei jedoch falsch, da das Adelsprädikat ihrem Vater als „Kollegienrat" lediglich persönlich zuerkannt worden und insofern nicht erblich gewesen sei.

[2] Verschiedentlich wird berichtet, dass Julie Hausmann mit einem Missionar verlobt gewesen sein soll. Als sie ihm in das Missionsland nachreiste, in dem sie gemeinsam wirken wollten, erfuhr sie bei ihrer Ankunft, dass ihr Bräutigam kurz zuvor einer heimtückischen Krankheit erlegen sei. Die Wahrheit dieser

biografischen Version wird jedoch von Beate und Winrich Scheffbuch mit der Begründung bestritten, dass es „dafür überhaupt keinen Anhaltspunkt im Leben von Julie Hausmann (gibt). Auch wird in der immer wieder eindrücklich vorgetragenen Geschichte weder ein Jahr noch der Name des Bräutigams, des Ankunftslands in Afrika, eines Hafens noch der Name einer Mission oder des Schiffes genannt, dafür aber belanglose ausschmückende Details wie die am Himmel ziehenden Wolken, wedelnde Palmen oder Einzelheiten der Überbringung der Todesnachricht."

LITERATUR- UND QUELLENNACHWEIS

Heiner, Wolfgang: *Bekannte Lieder – wie sie entstanden.* Neuhausen-Stuttgart 1985 (3. Aufl.)

Scheffbuch, Beate und Winrich: *Den Kummer sich vom Herzen singen. So entstanden bekannte Lieder.* Neuhausen/Stuttgart 1998 (3. Aufl.)

Scheffbuch, Beate und Winrich: *Weil mich festhält deine starke Hand. Frauen singen von Jesus.* Holzgerlingen 2009

Schneider-Böklen, Elisabeth: *Der Herr hat Großes mir getan. Frauen im Gesangbuch.* Stuttgart 1997 (2. Aufl.)

Schneider-Böklen, Elisabeth: *Julie Hermann.* In: *Wer ist wer im Gesangbuch?* (Hg. Wolfgang Herbst) Göttingen 2001 (2. akt. Aufl.)

Schulz, Walter: *Reichssänger. Schlüssel zum deutschen Reichsliederbuch.* Gotha 1930

Ernst Heinrich Gebhardt

Ernst Heinrich Gebhardt (1832–1899)

„Sängervater" und „deutscher Sankey"

Nach halbherzigen Bekehrungen völlige Lebensübergabe an Christus

Die Sonntagsschul' ist unsre Lust
Kommt, stimmet alle jubelnd ein: Gott hat uns lieb! (Ü)[1]
Solang mein Jesus lebt und Seine Kraft mich hebt (Ü)
Welchen Jubel, welche Freude bringt die liebe Weihnachtszeit!
Wenn der Heiland, wenn der Heiland als König erscheint

Manch Erwachsener mag sich noch daran erinnern, dass er einst als Kind in der Sonntagsschule diese Lieder fröhlich „geschmettert" hat. Später mag er Lieder wie die folgenden lieb gewonnen und im Gottesdienst oder bei Evangelisationsveranstaltungen gesungen haben:

Beleb dein Werk, o Herr (Ü)
Einzig Dich, mein Herzensheiland (Ü)
Es ist ein Born, draus heil'ges Blut (Ü)
Fels des Heils, geöffnet mir (Ü)
Hört es, ihr Lieben, und lernet ein Wort
Ich weiß einen Strom (Ü)
Ich weiß, mein Heiland liebet mich
Komm heim, Komm heim (Ü)

O Gott, sei gelobt für die Liebe im Sohn (Ü)
Welch ein Freund ist unser Jesus (Ü)
Welch Glück ist's erlöst zu sein (Ü)

Alle diese leicht einprägsamen Lieder zeichnen sich durch teils schwungvolle, teils gefühlvolle Melodien aus. Es handelt sich um erweckliche Heils- und Glaubenslieder aus dem 19. Jahrhundert, die bis weit über die Mitte des darauffolgenden Jahrhunderts hinaus bei vielen Christen – vor allem aus dem Bereich der Gemeinschaftsbewegung und der Freikirchen – äußerst beliebt waren. Die meisten Lieder stammen von Dichtern und Dichterinnen aus dem angloamerikanischen Raum und wurden von dem methodistischen Pastor Ernst Gebhardt geradezu kongenial ins Deutsche übertragen (Ü), einige wurden aber auch von ihm selbst gedichtet. Dabei gibt die vorangestellte Auswahl nur einen kleinen Teil der von ihm getexteten bzw. übersetzten Lieder wieder.

Dass Ernst Heinrich Gebhardt überhaupt einmal als Pastor und bedeutsamer christlicher Liederdichter hervortreten würde, war nicht unbedingt zu erwarten. Denn der am 12. Juli 1832 in Ludwigsburg geborene und in einem pietistisch geprägten Elternhaus aufgewachsene Lehrersohn hatte ursprünglich eine Lehre als Apotheker begonnen, diese dann aber vorzeitig abgebrochen und sich in der Land- und Forstwirtschaft weitergebildet. Anschließend war er mit Verwandten nach Valdivia in Chile ausgewandert, um hier als Kolonist zu leben.

Das war 1852. Vier Jahre später begab sich Ernst Gebhardt auf die Rückfahrt in die alte Heimat, um sich hier eine Frau zu suchen. Gleichzeitig spielte er mit dem Gedanken, künftig als Missionar unter den Indios in Chile zu arbeiten. Das erscheint angesichts des Umstands, dass er sich selbst bislang nur halbherzig für ein Leben mit Jesus entschieden hatte, verwunderlich. Zwar hatte er schon manches Mal gute Vorsätze für ein konsequentes Leben in der Nachfolge Jesu gefasst, sie dann aber nie lange einhalten können und sich wieder, wie er später bekannte, „willig leichtsinnig dem Strudel der Welt und ihrer Lust“ ergeben.

Bei Kap Hoorn nun geriet das Segelschiff, mit dem Gebhardt Chile verlassen hatte, in einen fürchterlichen Sturm. Passagiere und Mannschaft rechneten mit dem Schlimmsten. In seiner Todesangst und gepeinigt von seiner Sündenschuld sank der junge Mann in seiner Koje auf die Knie, nahm seine Zuflucht „zum Heiland der Sünder“ und fing an, „aus tiefstem Herzensgrund zu beten um Gnade und Vergebung“. So gelangte er dahin, „an Jesus (zu) glauben als den, der auch für mich sein Blut am Kreuz vergossen hat“.

Nachdem das Schiff wieder in ruhiges Fahrwasser gekommen war, kam Ernst Gebhardt wohlbehalten in seiner Heimat an. Dennoch musste er schon bald erneut wahrnehmen, dass sein *Glaube* an Jesus nicht mit seinem *Leben* als Christ übereinstimmte. Das lag auch daran, dass er – musikbegabt wie er war – nach den Worten seines Biografen Theophil Funk „als guter Gesellschafter, Tänzer, Klavierspieler und Solosänger ‚Hahn im Korb‘ unter der Jugend“ war. Schließlich kam es dann während eines Silvestergottesdienstes 1858 in einer Methodistengemeinde in Ludwigsburg aber doch zu einer radikalen Wende in seinem Leben. Nachdem verschiedene Gottesdienstbesucher zeugnishaft davon erzählt hatten, „wie der Herr sie gesucht und gefunden hatte“, ergriff auch Ernst Gebhardt ein großes Verlangen, sich vorbehaltlos Christus auszuliefern und ebenso wie die anderen Heilsgewissheit zu erlangen.

> „In tiefer Ergriffenheit erzählte ich von meinen bisherigen Erlebnissen, die sich auf mein inneres Leben bezogen, und bat die Anwesenden um ihre Fürbitte. Da tat dann der Herr über Bitten und Verstehen an mir und kehrte noch in derselben Nacht in meinem Herzen ein mit süßem Frieden (...), so dass ich durch das Zeugnis des Heiligen Geistes der Vergebung aller meiner Sünden gewiss wurde und mich freuen konnte mit (...) herzlicher Freude.“

Und diesmal sollte sich Gebhardts Lebenswende als dauerhaft und nachhaltig erweisen. Auch stand für ihn jetzt definitiv fest: Er wollte unbedingt wieder zurück nach Chile – doch dieses Mal tatsählich als Missionar. Daher besuchte er zunächst das methodistische Predigerseminar in Bremen.

Als Ernst Gebhardt 1860 sein kurzes Theologiestudium beendet hatte, ging es allerdings nicht – wie eigentlich von ihm gedacht und erhofft – zurück nach Südamerika. Sein Seminarlehrer, der methodistische Superintendent Ludwig S. Jacoby, machte ihm nämlich klar, dass er künftig als „Reiseprediger" im deutschsprachigen Raum benötigt würde. Da nach damaligem methodistischem Brauch die Prediger regelmäßig in einem Zeitrhythmus von nur drei Jahren versetzt wurden, waren Gebhardts künftige Dienstorte sehr zahlreich. Sie reichten von Bremen, Karlsruhe, Pforzheim, Heilbronn, Ludwigsburg und Stuttgart bis nach Straßburg, Zürich, Biel (Kanton Bern) und Zwickau. Regelmäßig kam es zu Zuwächsen und geistlichen Aufbrüchen in den Gemeinden. Gleich zu Beginn seiner Predigertätigkeit hatte Gebhardt geheiratet. In Christiane Beate Paulus fand er die für ihn ideale Ehepartnerin, die ihm vorbehaltlos und opferbereit in seinem aufreibenden, rastlosen Dienst zur Seite stand. Aus ihrer Ehe sollten acht Kinder hervorgehen, zu denen noch vier Pflegekinder kamen.

Die Durchsetzung der neuen „Heils- und Glaubenslieder" in Deutschland

In den Siebzigerjahren kam Ernst Gebhardt mit der angloamerikanischen Heiligungs-[2] und Evangelisationsbewegung in Berührung, von der er – wie auch zahlreiche andere führende Vertreter der Deutschen Evangelischen Allianz – viele Impulse für das eigene Glaubensleben und die Verkündigung erhielt. Im März 1875 besuchte er eine Großevangelisation, die der amerikanische

Evangelist Moody in London hielt. Moody zur Seite stand der bekannte Evangeliumssänger Ira David Sankey, der durch seine Gesangsbeiträge nicht nur die verkündigte Heilsbotschaft unterstrich, sondern geradezu in die Herzen der vielen Zuhörer sang. Sankey hatte bereits zwei Jahre zuvor unter dem Titel *Sacred Songs and Solos* eine Sammlung von englischsprachigen Heils- und Evangeliumsliedern herausgebracht. Welch große Popularität und Verbreitung diese Liedsammlung fand, lässt sich daraus ersehen, dass allein bis 1930 80 Millionen Exemplare erschienen und dass sie in 20 Sprachen übersetzt wurde.

Gebhardt, der über eine außerordentlich wohlklingende, zwischen hohem Bariton und Heldentenor liegende Stimme verfügte, nahm sich Sankey zum Vorbild, indem er nicht nur auf christlichen Veranstaltungen als Sänger auftrat, sondern auch Liederbücher mit Evangeliumsliedern für den deutschsprachigen Raum herausgab. „Man kann ihn“, so Funk, „den ‚deutschen Sankey‘ nennen, weil auch er Tausenden durch seinen Sologesang und durch seine Chorlieder zur Lebensentscheidung für Christus verholfen hat.“

Während seiner Teilnahme an der oben erwähnten Großevangelisation in London hatte Gebhardt auch den führenden Vertreter der Heiligungsbewegung, den amerikanischen Fabrikanten und Evangelisten Robert Pearsall Smith, kennengelernt. Auf Gebhardts Einladung hin hielt dieser bereits einen Monat später in der Tonhalle in Zürich, wo Gebhardt damals wohnte, Heiligungsvorträge ab. Dabei trug Gebhardt die Heilslieder, die er eben erst in England gehört hatte, in deutscher Übertragung vor, wobei er sich auf dem Harmonium selbst begleitete. Das bewerkstelligte er so gut, dass Smith ihn bedrängte, ihn auf seiner geplanten Vortragstour in Deutschland als Sänger zu begleiten.

Bei der nur wenige Tage später in Karlsruhe stattfindenden Veranstaltung ließ Gebhardt, wie er seinem Tagebuch am 17.4.1875 anvertraute, die Zuhörer wissen:

„Gestern Abend erlaubte ich mir am Schluss der Versammlung noch die Bemerkung, dass wir alle es sehr bedauern, dass unser verehrter Freund und Bruder Pearsall Smith nicht in unserer Muttersprache zu uns reden konnte. Umso mehr müsse uns deshalb das eine Wort, das er in deutscher Sprache zu uns redete, wert sein, das Wort: ‚Jesus errettet mich jetzt.'"

Weiter führt Gebhardt aus, dass „ein singender Pilgrim" (womit er sich selbst meinte) hierzu einige Verse gemacht habe, die er nun vorzutragen sich erlaubte. Anschließend sang er jenes Lied, das schon bald zu *dem Lied* der Heiligungsbewegung werden sollte und dessen erste Strophe lautet:

Hört es, ihr Lieben, und lernet ein Wort,
das euch zum Segen gesetzt;
sprecht es mir nach und dann sagt's weiter fort:
„Jesus errettet mich jetzt!"

In der Folgezeit setzte sich Gebhardt mit seiner ganzen Kraft für die Verbreitung der Heilslieder in Deutschland ein. Er gab über 20 Liedersammlungen in immer neuen Auflagen heraus. Dabei avancierte sein Liederbuch *Frohe Botschaft in Liedern* Stephan Holthaus zufolge zum erfolgreichsten Liederbuch der Erweckungs- und Heiligungsbewegung in Deutschland. Es soll am Ende eine Gesamtauflage von rund 900 000 Exemplaren erreicht haben. 1880 erschien der Folgeband *Evangeliumslieder*, dessen Lieder vor allem für den Einsatz bei Evangelisationsveranstaltungen gedacht waren. Weitere von Gebhardt herausgebrachte Liederbücher waren u. a. *Zionspsalter*, *Zions Perlenchöre* oder *Jugendpsalter*. In dem erstmalig 1892 erschienenen und schon bald zu einem Longseller gewordenen Liederbuch der deutschen Gemeinschaftsbewegung, dem *Reichs-Sänger*, war

Gebhardt allein mit 66 Liedern vertreten (55 Übersetzungen, 11 Originalschöpfungen).

1879 entstand unter seiner Initiative der überkonfessionelle „Christliche Sängerbund". Gebhardt diente dieser Vereinigung christlicher Sänger zunächst als zweiter Vorsitzender und später als Präsident. Gleichzeitig wurde er Schriftleiter des „Sängergrußes". Seine 1888 herausgegebene Liedersammlung für Männerchöre („Männer Perlenchöre") „darf als Initialzündung für die Ausbreitung von Männerchören im deutschsprachigen Raum gelten" (Stephan Holthaus).

Ein besonderes Herz hatte Ernst Heinrich Gebhardt auch für die Kinder, bei denen er als „Onkel Immerfröhlich" oder auch als „Onkel Tuesgern" bekannt war. Er war nicht nur Redakteur der Zeitschrift *Der Kinderfreund,* sondern schrieb auch viele christliche Kinderlieder. In den von ihm durchgeführten Gesangsgottesdiensten scheute er sich nicht, die Kinder nach vorne aufs Podium zu rufen und mit ihnen ein Lied einzuüben.

Und auch in der Arbeit des Blauen Kreuzes engagierte sich Ernst Gebhardt. Er unterstützte die Herausgabe des *Mäßigkeitsfreunds* und brachte sogar eigens ein Liederbuch mit „Mäßigkeitsliedern" heraus. Bezeichnend für Gebhardt ist auch, dass er in mindestens zwei Fällen einen alkoholkranken Mann für mehrere Monate in sein Haus aufnahm, um ihm innerhalb seiner Familie zu einem konsequent abstinenten Leben zu verhelfen.

Der durch Ernst Gebhardt im deutschsprachigen Raum propagierte und vermittelte Typus der „Glaubens- und Heilslieder" stieß bei vielen evangelikalen Christen auf eine überaus positive Resonanz. Walter Schulz attestiert diesem neuen Liedgut „eine zentrale Orientierung an der Bibel, Ergänzung des deutschen Liederschatzes durch Einführung der Narrative Hymns (Zeugnislieder) und Work-Hymns, die zur Arbeit für den Herrn auffordern, und Volkstümlichkeit nach poetischer und melodischer Gestaltung".

Es blieb allerdings nicht aus, dass diese Lieder auch auf Kritik und Ablehnung stießen. So bemängelte man etwa, dass sie überwiegend nicht deutschen Ursprungs, zu anspruchslos und schlicht in der Aussage und zu volksliedhaft in der Melodie seien. Demgegenüber weist Theophil Funk darauf hin, dass

> „wir heute mehr denn je (wissen), dass Menschen verschiedener Geschmacksstufe, Veranlagung und Bildung auch verschiedene Musik lieben und zum Ausdruck ihres Empfindens brauchen. Und das Evangelium will den Menschen nicht erst von einem bestimmten Niveau an ansprechen; es sucht ihn dort auf, wo er geistig zu finden und zu Hause ist."
>
> Und: „Viele Menschen wurden vor allem von den schlichten Kehrreimen nicht losgelassen. ‚Komm heim!' und ‚Jesus errettet mich jetzt!', so summten sie noch am Arbeitsplatz und wurden vom vergessenen oder verachteten Evangelium neu erfasst. Gebhardt hat wie Luther ‚den Leuten aufs Maul geschaut'. Er scheute sich nicht, Schlager der damaligen Zeit in ein Heilslied umzudichten. (…) Zudem wurden damals die Choräle auf eine ganz schleppende und einschläfernde Art gesungen. (…) Gebhardt forderte neben dem alten Choral grundsätzlich auch dem Liedchen, der Volksmelodie und auch der klassisch-romantischen Komposition ein Recht im Liedschatz der Gemeinde ein."

Auch der frühere Pastor L. Thimme meinte, dass den Heilsliedern

> „Unrecht geschieht, wenn man sie mit hochschulmeisterlicher Gebärde als leichte Ware abtut. Es muss im Gegenteil festgestellt werden, dass in ihnen eine Gewissheit und Freude am inneren Besitz – basierend auf echter reformatorischer Glaubensgrundlage – zum Ausdruck kommt, deren

hinreißende Kraft in nicht geringem Grade die Ausbreitungs- und Anziehungsfähigkeit der Gemeinschaftskreise erklärt."

Die Arbeitsleistung Gebhardts war erstaunlich. Doch am Ende waren seine schier unerschöpflich scheinenden Kräfte aufgezehrt. In seinen letzten Lebensjahren musste er sich mehrmals zu Kuraufenthalten in die Schweiz begeben. Schließlich ereilte ihn ein schwerer Schlaganfall, von dem er sich nicht mehr zu erholen vermochte. Am 9. Juni 1899 wurde er schließlich von seinem Herrn heimgerufen.

ANMERKUNGEN

[1] (Ü) meint hier und im Folgenden Übersetzung.
[2] Die sogenannte Heiligungsbewegung betonte nicht nur, dass Christus zur Vergebung für die Sünden der Menschen gestorben ist („Christus für uns"), sondern sie wies außerdem darauf hin, dass Christus den Gläubigen auch von der Macht der Sünde befreien kann und möchte („Christus in uns"). Bei dieser Betonung kam es allerdings verschiedentlich zu lehrmäßigen Einseitigkeiten und missverständlichen Aussagen.

LITERATUR- UND QUELLENNACHWEIS

Funk, Theophil: *Ernst Gebhardt. Der Evangeliumsänger.* Berlin 1964

Heiner, Wolfgang: *Bekannte Lieder – wie sie entstanden.* Neuhausen-Stuttgart 1985 (3. Aufl.)

Holthaus, Stephan: *Heil – Heilung – Heiligung. Die Geschichte der deutschen Heiligungs- und Evangelisationsbewegung (1874–1909).* Gießen 2016 (2. Aufl.)

Schulz, Walter: *Ernst Heinrich Gebhardt.* In: *Neue Deutsche Biographie. Band 6.* 1964; S. 121; URL: https://www.deutsche-biographie.de/ pnd118689886.html

Schulz, Walter: *Reichssänger. Schlüssel zum deutschen Reichsliederbuch.* Gotha 1930

Eleonore Fürstin von Reuß

Eleonore Fürstin von Reuß (1835–1903)

„... und doch ziehet mein Verlangen mich weit von der Erde los"

Novellenhafte Partnerfindung

Eleonore Fürstin von Reuß, die am 20. Februar 1835 in Gedern/Hessen zur Welt kam, war die Tochter des Grafen Hermann zu Stolberg-Wernigerode und seiner Frau Emma, einer geborenen zu Erbach-Fürstenau. Ihr jüngerer Bruder Otto zu Stolberg-Wernigerode wurde später unter Otto von Bismarck Vizekanzler und spielte beim Aufstieg Preußens und des Deutschen Reiches eine nicht unbedeutende Rolle.

Als Eleonore drei Jahre alt war, siedelte die Familie nach Ilsenburg in die Grafschaft Wernigerode über. 1841, nochmals drei Jahre später, musste das Kind zwei schwere Verluste verkraften. Zuerst starb ihr älterer Bruder Albrecht und wenig später dann auch noch ihr geliebter Vater. Eleonore war damit nun Halbwaise. In den folgenden Jahren waren es vor allem drei Frauen, die einen großen Einfluss auf ihre geistige und geistliche Entwicklung hatten: zunächst einmal naturgemäß die Mutter; dann aber auch ihre Erzieherin Fräulein von Möllendorf, die sie von ihrem fünften bis zu ihrem 15. Lebensjahr unterrichtete und begleitete; und schließlich Marie Nathusius, die im 30 km entfernten

Neinstedt wohnte und zu der Eleonore bereits im jugendlichen Alter in einem freundschaftlichen Vertrauensverhältnis stand.

Marie Nathusius war knapp 18 Jahre älter als Eleonore und eine bereits bekannte, vielgelesene christliche Schriftstellerin. Um 1854 herum veröffentlichte sie die kleine Erzählung *Das Barègekleid,* deren Hauptfigur Theodora in ihrem gesamten Wesen wie auch in ihrer Sicht- und Lebensweise Eleonore nachgebildet ist. In der Geschichte lernt Theodora einen sehr viel älteren Mann, den Grafen Walther, kennen, der sie lieb gewinnt, um sie wirbt und schließlich heiratet.

Es ist fast nicht zu glauben, dass diese Story schon bald von der Wirklichkeit eingeholt werden sollte.[1] Denn nicht lange nach dem Erscheinen des Büchleins machte Eleonore die Bekanntschaft mit einem schon in die Jahre gekommenen Mann, der sich in sie verliebte: der verwitwete Graf Heinrich LXXIV. Prinz Reuß zu Köstritz. Und da auch Eleonore ihm sehr zugetan war, fand am 13. September 1855 die Heirat zwischen der 20-jährigen Braut und ihrem bald 57-jährigen Bräutigam statt. Die Ehe, die immerhin noch dreißig Jahre währen und aus der fünf Kinder hervorgehen sollten, war eine durchaus glückliche. Nur in den letzten Jahren scheint sich der große Altersunterschied bei der Erziehung der Kinder als nicht unproblematisch erwiesen zu haben.

Eleonore, nunmehr Fürstin von Reuß, zog nach ihrer Heirat nach Jänkendorf, einem der Güter, die zum Besitztum ihres Mann gehörten. Jänkendorf lag in Niederschlesien (heute im Landkreis Görlitz). Ganz in der Nähe des Guts, nur fünf Kilometer nördlich, befindet sich der Ort Niesky, in dem es bis heute eine große Herrnhuter Brüdergemeine gibt. Zu dieser stand das Fürstenehepaar in sehr guter Beziehung. Denn beide waren überzeugte Christen.

Eleonore scheint in den pietistischen Glauben ihrer Eltern ohne größeren Bruch hineingewachsen zu sein. Wie sehr sie in dieser Frömmigkeit lebte und verwurzelt war, drückt sich nicht nur in ihren selbst gedichteten geistlichen Liedern aus, sondern lässt sich auch daran erkennen, dass in dem Jänkendorfer Barockschloss, in dem sie mit ihrem Mann und den Kindern wohnte, jeder Tag mit einer Morgenandacht begann und mit einer Abendandacht endete und außerdem regelmäßig Bibelstunden abgehalten wurden.

Am 29. März 1876 starb zu Eleonores großem Kummer ihre 11-jährige Tochter Helene. Hatte ihr schon zuvor die Unterstützung der Armen und Bedürftigen am Herzen gelegen, so stiftete die Fürstin nach dem Tod ihres Kindes ihrer Kirchengemeinde ein ehemaliges Knechtshaus mit der Auflage, es in eine Kleinkinderschule umzuwandeln. Auch eine Schwesternstation wurde in dem „Helenenhaus" genannten Gebäude eingerichtet. Nach Andreas Holzhey wurden „sowohl die Kinder als auch die Kranken von Diakonissen aus Frankenstein (betreut) und Gehalt und Verpflegung durch die Herrschaft getragen".

Glaubensstarke Lieder und schwere Anfechtungen im Alter

Von den vielen Liedern, die Eleonore in Jänkendorf gedichtet hat, sind besonders das Trost- und Jahreswechsellied *„Das Jahr geht still zu Ende"* und das Erweckungs- und Evangelisationslied: *„Ich bin durch die Welt gegangen"* bekannt geworden.

Das erste Lied entstand zwischen Weihnachten und Neujahr 1857, nachdem die Fürstin wenige Tage zuvor die Nachricht vom frühen Tod ihrer Freundin Marie Nathusius erhalten hatte und nachdem bereits wenige Wochen vorher ihre langjährige Erzieherin, an der sie ebenfalls sehr gehangen hatte, gestorben war. An dieser Stelle werden lediglich die ersten drei Liedstrophen und die letzte wiedergegeben:

1) Das Jahr geht still zu Ende, nun sei auch still, mein Herz!
In Gottes treue Hände leg ich nun Freud und Schmerz
und was dies Jahr umschlossen, was Gott, der Herr, nur weiß,
die Tränen, die geflossen, die Wunden brennend heiß.

2) Warum es so viel Leiden, so kurzes Glück nur gibt?
Warum denn immer scheiden, wo wir so sehr geliebt?
So manches Aug gebrochen und mancher Mund nun stumm,
der erst noch hold gesprochen: du armes Herz, warum?

3) Dass nicht vergessen werde, was man so gern vergisst:
dass diese arme Erde nicht unsre Heimat ist.
Es hat der Herr uns allen, die wir auf ihn getauft,
in Zions goldnen Hallen ein Heimatrecht erkauft.

6) Hilf du uns durch die Zeiten und mache fest das Herz,
geh selber uns zur Seiten und führ uns heimatwärts.
Und ist es uns hienieden so öde, so allein,
o lass in deinem Frieden uns hier schon selig sein!

Der Text des zweiten Lieds lautet:

1) Ich bin durch die Welt gegangen,
und die Welt ist schön und groß,
und doch ziehet mein Verlangen
mich weit von der Erde los.

2) Ich habe die Menschen gesehen,
und sie suchen spät und früh,
sie schaffen, sie kommen und gehen,
und ihr Leben ist Arbeit und Müh.

3) Sie suchen, was sie nicht finden,
in Liebe und Ehre und Glück,
und sie kommen belastet mit Sünden
und unbefriedigt zurück.

5) Es ist eine Ruh gefunden
für alle fern und nah:
In des Gotteslammes Wunden,
am Kreuze auf Golgatha.

Am Ende ihres Lebens musste Eleonore von Reuß, die 1886 nach dem Tod ihres Mannes wieder nach Ilsenburg gezogen war, das durchmachen, was schon so mancher tiefgläubige Christ vor und nach ihr ebenfalls temporär durchleiden musste: das Gefühl der Ferne und des Schweigens Gottes, das Schwinden von Glaubensfreude und Glaubensgewissheit. Hervorgerufen wurden diese Nöte und Anfechtungen offensichtlich durch das Auftreten einer schweren Depression. Esther von Kirchbach schreibt, dass

> „1898 die Fürstin eine schwere Operation zu bestehen (hatte), in die sie getrost hineinging und von der sie sich auch erstaunlich schnell erholte. Aber trotzdem wurden die darauffolgenden Jahre eine Leidenszeit, nicht nur für den Körper; die Müdigkeit und die Niedergeschlagenheit griffen auf alles über, was ihr bisher lieb und wichtig gewesen war. Sie, die so oft das selige Sterben besungen hatte, hatte nicht mehr die Kraft, diese Freude so festzuhalten, wie sie wohl selbst gewollt hätte. Ja, sogar die Nähe Gottes, die sie so kindlich glaubend ihr Leben hindurch mit Dankbarkeit hingenommen hatte, war ihr nicht mehr so froh bewusst.“[2]

Am 18. September 1903 ist Eleonore von Reuß heimgegangen. Nach ihrem Tod wurde, wie sie es sich gewünscht hatte, auf ihren Grabstein der aus einem Paul-Gerhardt-Lied (vgl. S. 20f) stammende Versteil gesetzt: „Die Sonne, die mir lachet, ist mein Herr Jesus Christ; das, was mich singen machet, ist, was im Himmel ist."

ANMERKUNGEN

[1] Esther von Kirchbach zitiert (leider ohne nähere Datums- und Quellenangabe) in ihrem Lebensbild zu Eleonore Fürstin von Reuß aus einem vermutlich im Frühjahr 1855 verfassten Brief Eleonores an ihre ältere Freundin Marie Nathusius, der Autorin von *Das Barègekleid*, folgende Passage: „O, was habe ich Ihnen heute zu sagen! Zuerst will ich einen Auftrag ausrichten: ‚Graf Walther' ließe Sie herzlich grüßen und Ihnen danken, dass Sie ihn zuerst auf seine ‚Theodora' (‚Gottesgeschenk') aufmerksam gemacht hätten. Werden Sie mir glauben, dass ich Braut bin? Es verhält sich damit so: Mein geliebter jetziger Bräutigam las im letzten Winter ‚Das Barègekleid'; Theodora gefiel ihm und interessierte ihn sehr, und es stieg der Gedanke in ihm auf, dass er wohl eine solche finden möchte. Kurz darauf im Januar reiste er mit meiner Cousine nach Berlin, und diese erzählte ihm, diese Theodora wäre ich. Am selben Abend lernte er mich kennen."

[2] Wie es damals in Eleonore von Reuß ausgesehen haben mag, lässt ein Brief, den sie in jener Zeit an einen guten Freund richtete, nur erahnen. „Mich drückt", schreibt sie, „zu sehr die eigene Armut und der eigene Mangel an Glauben. Ich kann nicht durch, und es fehlt mir jede Freudigkeit, jede bewusste Gemeinschaft mit Ihm, der uns Alles sein will. (...) Dass körperliche Zustände einem so alles verdunkeln können, ist doch sehr demütigend. (...) Das Wort, dass weder Trübsal noch Angst uns scheiden kann von

Gottes Liebe, ist mir besonders viel wert gewesen, ich kann es mir doch immer wieder vorhalten." Wie Esther von Kirchbach mitteilt, ist „auch der Tod schwer und langsam bei Eleonore gekommen. Zuletzt kann sie keinen Besuch mehr vorlassen, sie verlangt nur noch nach dem Pfarrer, der ihr die Sprüche vorsagt, die sie sich selbst nicht mehr herbeiholen konnte. Denen, die sie lieb hatten, mag es bitter schwer gewesen sein, die lieben alten Züge so gequält zu sehen. Aber als die Atemzüge immer stiller wurden und dann leise aufhörten, änderte sich mit einem Mal der Ausdruck, die Qual verschwand, das Gesicht bekam etwas Triumphierendes."

LITERATUR- UND QUELLENNACHWEIS

Heiner, Wolfgang: *Bekannte Lieder – wie sie entstanden.* Neuhausen-Stuttgart 1985 (3. Aufl.)

Holzhey, Andreas: *Auf der Suche nach El. Das Leben der Fürstin Eleonore Reuß geb. Gräfin zu Stollberg-Wernigerode. Zum 100. Todestag am 18. September 2003* (Hg. Heimatverein Jänkendorf-Ullersdorf e. V.). Jänkendorf 2003.

Kirchbach, Esther von: *Eleonore Fürstin Reuß. Die Dichterin unseres Silvesterliedes.* Stuttgart 1940

Scheffbuch, Beate und Winrich: *Dennoch fröhlich singen. So entstanden bekannte Lieder.* Band 2. Holzgerlingen 2000

Scheffbuch, Beate und Winrich: *Weil mich festhält deine starke Hand. Frauen singen von Jesus.* Holzgerlingen 2009

Schott, Christian-Erdmann: *Eleonore Fürstin von Reuß.* https://kulturstiftung.org/biographien/reuss-eleonore-furstin-von

Hedwig von Redern

Hedwig von Redern (1866–1935)
Sich vertrauensvoll dem Willen Gottes überlassen

„Weiß ich den Weg auch nicht …“

Als sich nach dem Ende des Ersten Weltkriegs (1914–1918) die deutschen Truppen aus weiten Teilen des Baltikums zurückzogen, konnten in Riga vorübergehend die Bolschewiki die Macht übernehmen. Sie verhafteten leitende Beamte, Pastoren, Gutsbesitzer und Adlige – darunter sehr viele Deutschbalten –, die von ihnen als die Hauptfeinde des Kommunismus angesehen wurden. Deren Unterbringung im örtlichen Zentralgefängnis erfolgte unter unmenschlichen Bedingungen. Zu den Inhaftierten zählte auch die erst 22-jährige Sängerin Marion von Klot. Sie saß in einer engen, mit etwa 30 Insassen völlig überfüllten Gefängniszelle, in der sie Abend um Abend ihren Leidensgenossen ihr eigenes Lieblingslied vorsang, das auch in den Nachbarzellen gehört werden konnte:

1) Weiß ich den Weg auch nicht, du weißt ihn wohl;
das macht die Seele still und friedevoll.
Ist's doch umsonst, dass ich mich sorgend müh,
dass ängstlich schlägt mein Herz, sei's spät, sei's früh.

2) Du weißt den Weg für mich, du weißt die Zeit,
dein Plan ist fertig schon und liegt bereit.
Ich preise dich für deiner Liebe Macht,
ich rühm die Gnade, die mir Heil gebracht.

3) Du weißt, woher der Wind so stürmisch weht,
und du gebietest ihm, kommst nie zu spät,
drum wart ich still, dein Wort ist ohne Trug,
du weißt den Weg für mich, das ist genug.

Auch am Abend des 22. Mai 1919 sang Marion von Klot sich und ihren Mitgefangenen dieses Lied ins Herz. Am darauffolgenden Tag wurden sie und über 30 weitere Gefangene aus ihren Zellen geführt und auf dem Gefängnishof erschossen – unmittelbar bevor die „Baltische Landwehr" Riga zurückerobern und die übrigen Gefangenen befreien konnte. Dass aber in den sechs Wochen, in denen Marion von Klot einsaß, das von ihr vorgetragene Lied den Gefängnisinsassen damals einen großen Trost vermittelte, ist später bezeugt worden. Und auch heute noch spricht dieser Text mit seiner schönen, getragenen Melodie viele Christen an und stärkt ihren Glauben und ihre Zuversicht – gerade auch in Zeiten der Not, der Anfechtung und der Trauer.

Gedichtet hatte das Lied die aus einem alten märkischen Adelsgeschlecht stammende Hedwig von Redern. Sie wurde am 23. April 1866 als erstes von insgesamt fünf Kindern des preußischen Regimentskommandeurs und späteren Brigadegenerals Hermann von Redern und seiner Frau Anna in Berlin geboren. Nach Hermann von Rederns Abschied vom militärischen Dienst zog die Familie auf ihr landwirtschaftliches Gut in Wansdorf, das im Havelland liegt. Am 10. April 1881 wurde Hedwig hier in der Dorfkirche konfirmiert – ein bewegender Moment für sie. Kurz zuvor hatte sie sich von ihrer Mutter sagen lassen müssen, dass sie „selbstgerecht, selbstsüchtig und hochmütig dazu" sei. Das hatte sie tief getroffen. Als sie nun bei der Einsegnung vor der Gemeinde versprach, Gott die Treue halten zu wollen, war es ihr mit ihrem Konfirmationsgelübde und dem Wunsch nach einer Wesensveränderung ernst. In ihrer Selbstbiografie *Knotenpunkte* schreibt sie, von sich selbst in der dritten Person redend, über diesen Moment: „Kein Zweifel kommt ihr daran, dass man kann, was man wirklich will. Sie ist ein Soldatenkind, in straffer Disziplin erzogen. (…) Sie weiß es nicht genug, nur ahnt sie die Feindesmacht, vor der alles menschliche gute Wollen und edle Streben zerbricht; sie soll's erst später erleben."

So sollte Hedwig von Redern auch in der Erkenntnis, dass unsere eigene Kraft und Willensstärke in der Nachfolge Jesu und im Kampf gegen die Sünde nicht ausreichen, zunehmend eine völlig andere Blickrichtung gewinnen. Sehr schön drückte sie das in einem Lied aus, das elf Jahre nach ihrer Konfirmation entstand und von dem an dieser Stelle die erste Strophe wiedergegeben sein soll:

1) Hier hast du meine beiden Hände,
ich kann ja nichts aus eigner Kraft.
Du weißt den Weg, du weißt das Ende.
Bring du mich durch die Fremdlingschaft!

Bis Hedwig von Redern zu der in dem Lied ausgedrückten Erkenntnis und zu der Bereitschaft, ihr Leben vertrauensvoll in die Hände Gottes zu legen, gelangte, war es aber noch ein längerer Weg, der nicht ohne Schmerz und Leid verlief. So überlebte sie mit 19 Jahren nur knapp eine Scharlacherkrankung. Im Jahr darauf wurde sie von dem plötzlichen Tod ihres über alles geliebten Vaters heftig erschüttert. Quälende Fragen nach dem Warum dieses unerwartet vorgefallenen Geschehens bedrängten sie. Und wieder nur ein Jahr später, am 2. September 1887, fielen große Teile des elterlichen Gutshofes, der seit 500 Jahren im Familienbesitz war, einem fürchterlichen Brand zum Opfer. Hedwig von Redern haderte mit Gott: „Dass er gerecht ist, muss sie glauben; dass das Liebe ist, will sie nicht annehmen; sie sagt's laut und trotzig hinaus."

Ihrer Mutter fehlten die Mittel, um alles wieder aufzubauen und das Gut zu halten. So zog sie mit ihren Kindern in eine Stadtwohnung in Berlin. Eines Tages fand in der Metropole eine Evangelisationsveranstaltung mit dem bekannten Evangelisten Elias Schrenk statt. Unter den vielen Besuchern war auch Hedwig von Redern. Die Verkündigung sprach sie sehr an. Bald schon kam sie in näheren Kontakt mit führenden Vertretern der innerkirchlichen Gemeinschaftsbewegung, die damals aufzublühen begann und zu der auch auffallend viele Adlige gehörten. Wie etwa der ungestüme Graf Pückler, der eben erst die Michaelsgemeinschaft gegründet hatte, oder der fröhliche Forstmeister Eduard von Rothkirch, Vorsitzender des Berliner CVJM. Oder auch Curt von Knobelsdorff, Pionier des Blauen Kreuzes in Deutschland. Und nicht zu vergessen Andreas von Bernstorff, der schon bald Hedwig von Rederns väterlicher Freund und geistlicher Berater wurde.

Die junge Frau fühlte sich unter den von der Erweckungsbewegung geprägten Menschen ausgesprochen wohl und in den frommen Versammlungen und Teeabenden wie zu Hause.

> „Sie lernt Menschen kennen“, schreibt sie, „wirkliche Menschen, die Leben haben, von denen Leben ausgeht. Erweckungsluft weht. (…) Musste Gott sie aus dem Heimatparadies vertreiben, damit ihre Sehnsucht gestillt würde und sie den Weg in die enge Stadt fände? (…) Wie tief schämt sie sich, dass sie Gott anklagte, dass sie an seiner Liebe zweifelte! (…) Langsam, langsam öffnet sich das Herz und gibt den selbstsüchtig gepflegten Schmerz, die unberechtigte Verkapselung im Eigenen auf. (…) Es ist keine plötzliche Bekehrung mit der Uhr in der Hand (…); es ist ein Sich-Erschließen dem Strahl der ewigen Liebe. Sie kann in Wahrheit singen: Gott ist die Liebe, Er liebt auch mich.“

Nach diesem Glaubensvollzug durfte sich Hedwig von Redern auch selbst in mancherlei Dienste der „Reichsgottesarbeit" einbringen. So beteiligte sie sich schon früh an der Sonntagsschularbeit, die Graf Bernstorff in einem umgebauten Saal im Kellergeschoss seines Hauses eingerichtet hatte. Von 1893 bis 1896 besuchte sie regelmäßig mit ihrer geistesverwandten Freundin Margarete von Oertzen Kranke in den Krankhausbaracken des Berliner Stadtteils Moabit. Zu den vielen weiteren Diensten, die Hedwig von Redern wahrnahm, gehörte auch ihr unermüdlicher Einsatz im Deutschen Frauen-Missions-Gebetsbund (DFMGB), dessen Mitbegründerin sie war. Daneben übte sie an vielen Menschen Seelsorge, sei es brieflich oder im vertraulichen persönlichen Gespräch. Es war ihr immer wichtig, dass sie gehorsam den Platz einnahm und ausfüllte, der ihr ihrer Meinung nach von Gott zugewiesen worden war. In einem ihrer bekanntesten Gedichte, dem *Platzgedicht,* heißt es dann auch u. a.:

1) Du stehst am Platz, den Gott dir gab,
dem Platz, den er dir zugedacht;
dort nur bleibt er dein Schild und Stab,
dort gibt er Frucht, dort wirkt er Macht.

2) Will er dich segnen, sucht er dich
Nicht in der ganzen weiten Welt:
Er sucht dich nur an deinem Platz,
dem Platz, wo er dich hingestellt.

Dass Hedwig von Redern überhaupt bereit war, mit ihren Gedichten und ihrer Schriftstellerei an die Öffentlichkeit zu gehen, kam so: Bereits im jugendlichen Alter hatte sie den Drang verspürt, das, was sie bewegte, in Worte zu fassen und niederzuschreiben. Jahre später las sie dann in Berlin ihren Freundinnen Gräfin Elisabeth Waldersee und Jenny von Plotho ihre neuesten geistlichen Gedichte vor. Die beiden waren so begeistert, dass sie von der Autorin kategorisch verlangten, ihre Gedichte unbedingt drucken zu lassen: „Sie gehören dir nicht. (…) Wenn wir Gott gehören, gehört ihm alles, was wir sind und haben. Gott hat dir diese Gedichte gegeben mit einem Zweck!“ Verzweifelt wehrte sich Hedwig von Redern gegen die Forderungen der beiden Frauen: „Was mit meinem Herzblut geschrieben ist, sollen Fremde begaffen? Niemals!“ In der darauffolgenden Nacht aber war ihr, als ob Gott zu ihr spräche: „Was hast du, das du nicht empfangen hast? Was du hast, ist Gnadengabe; nicht im Festhalten, sondern im Hergeben liegt dein Segen.“ Schließlich gab sie sich geschlagen und war zur Publikation ihrer Texte bereit.

Zunächst erschien 1894 der Band *Schlichte Lieder für schlichte Leute,* dem bald weitere Veröffentlichungen folgen sollten. Aber Hedwig von Redern schrieb nicht nur Gedichte und Erzählungen, sie gab auch gemeinsam mit Graf Bernstorff den Kalender *Zeit und Ewigkeit* heraus oder verfasste das Kinderblatt *Wehr und Waffen*, das bald 30 000 Abonnenten hatte. Daneben veröffentlichte sie mit Vorliebe Lebensbilder bekannter Christinnen und Christen, deren Gott hingegebenes Leben sie beeindruckte. Zu ihnen zählten nebst anderen Bernhard von Clairvaux oder auch Gerhard Tersteegen.

Um die Jahreswende 1934/35 notierte Hedwig von Redern: „Ja, und dann kam er doch noch, der große Knotenpunkt der leiblichen Leiden, der nun ein Jahr dauert und viele Proben, Qualen und Schmerzen mit sich brachte.“ Zuvor, am 19. Oktober 1933, hatte sie sich einer schweren Operation unterziehen müssen. Danach setzte jene von ihr beschriebene Leidensphase ein, von der sie schließlich am 22. Mai 1935 erlöst wurde.

Weitere bekannte Lieder von Hedwig von Redern sind u. a.:

Wenn nach der Erde Leid, Arbeit und Pein (Ü)
Wir haben einen Felsen, der unbeweglich steht

Hauff, Adelheid von: *Hedwig von Redern. Seelsorge im Rahmen der Gemeinschaftsbewegung.* In: *Evangelische Seelsorgerinnen. Biografische Skizzen, Texte und Programme* (Hg. Peter Zimmerling). Göttingen 2005; S. 212–232

Pagel, Arno: *Hedwig von Redern.* In: *Er weiß den Weg.* Marburg 1978; S. 106–113

Redern, Hedwig von: *Knotenpunkte. Selbstbiographie.* Lahr-Dinglingen 1938.

Roth, Alfred: *Hedwig von Redern. Eine Zeugin durch Lied und Leid.* Gießen 1960 (3. Aufl.)

Scheffbuch, Beate und Winrich: *Den Kummer sich vom Herzen singen. So entstanden bekannte Lieder.* Neuhausen/Stuttgart 1998 (3. Aufl.); S. 44–50

Scherer, Kurt: *Hedwig von Redern. Ihr Leben und ihre Lieder.* Lahr 1995

Thomson, Erik: *Marion von Klot. Trösterin der Gefangenen.* In: *Gotteszeugen.* Stuttgart 1957 (Heft 49)

Marion von Klot. https://de.wikipedia.org/wiki/Marion_von_Klot

Neuzeitliche „Liedermacher“

Theo Lehmann
(*1934)

Peter Strauch
(*1943)

Siegfried Fietz
(*1946)

Jörg Swoboda
(*1947)

Manfred Siebald
(*1948)

Arno Backhaus
(*1950)

Jürgen Werth
(*1951)

Christoph Zehendner
(*1961)

Theo Lehmann

*Theo Lehmann (*1934)*
„... bereit sein, aufs Schafott zu gehen“

Groß geworden in Nazideutschland

Der Stasi war er ein Dorn im Auge – und vielen Pfarrkollegen zu bibeltreu und zu fromm: der notorisch unangepasste Pfarrer, Jugendevangelist und Liedermacher Theo Lehmann, zu dessen legendären Jugendgottesdiensten in Karl-Marx-Stadt (dem heutigen und vormaligen Chemnitz) Tausende junger Leute strömten. Theo Lehmann: ein Mann der klaren Worte, ein Mann mit einer kompromisslosen christlichen Botschaft. Sein Freund, der baptistische Theologe und Liedermacher Jörg Swoboda, mit dem Lehmann viele christliche Lieder gemeinsam verfasste, beschrieb ihn einmal treffend so:

> „Bibelfest und wortgewaltig wie Spurgeon, spröde wie Johannes der Täufer, zu den Angeschlagenen liebevoll wie eine Mutter, zu theologischen Überfliegern und Angebern bissig wie ein Wachhund, akkurat wie eine Oberschwester, gegenüber gottlosen Selbstgöttern absolut respektlos, humorvoll bis satirisch wie ein Kabarettist.“

Es hätte nicht viel gefehlt und Theo Lehmann hätte einst in Indien das Licht der Welt erblickt. Denn die Eltern, Arno und Gertrud Lehmann, arbeiteten in Shiali bei Tranquebar (Südindien) im Dienst der Leipziger Mission als Auslandsmissionare. Doch die mörderische Hitze des Tropenklimas forderte ihren Tribut, zumindest bei Gertrud Lehman. Sie büßte ihre Gesundheit ein und wurde herzkrank. Als dann 1934 nach sieben entbehrungsreichen Jahren der erste Heimaturlaub anstand, stellte sich in Deutschland heraus, dass sie deshalb auf keinen Fall wieder zurück in die Tropen durfte. Und so blieb das Missionsehepaar in seinem Herkunftsland. Es zog in den Dresdner Stadtteil Leubnitz-Neuostra, wo es die folgenden Jahre in einem kleinen Häuschen wohnte, das der Leipziger Mission gehörte, bei der Arno Lehmann nun als Missionsinspektor tätig war. Schon bald nachdem die Lehmanns aus Indien zurückgekehrt waren, kam am 29. Mai 1934 im Dresdner Diakonissenkrankenhaus ihr Sohn Theodor (später nur „Theo" genannt) zur Welt.

Das Kind wuchs in der Nazidiktatur auf. Eines Tages beobachtete es, wie auf dem Schulhof des Vitzthum-Gymnasiums, das es seit Ostern 1944 besuchte, wieder einmal „stumpfsinniges Marschierüben" praktiziert wurde. Als der Gymnasiast unter den Teilnehmern auch einen von ihm verehrten älteren Klassenkameraden, der für ihn „die Verkörperung des Edlen, Intellektuellen" darstellte, entdeckte und wahrnahm, wie dieses in seinen Augen „höhere Wesen in Reih und Glied wie ein Hampelmann die Arme anwinkelt und die Beine hochwirft", da löste dieser entwürdigende Vorgang in ihm eine Aversionsreaktion aus, die für sein ganzes Leben prägend werden sollte.

> „Diese Szene", analysiert Lehmann in seiner Autobiografie *Freiheit wird dann sein*, „verdichtete sich mir zum Symbol für die Erniedrigung des Edlen durch das Gemeine, die Unterdrückung und Vergewaltigung des Geistes durch die dumpfe Macht. Ich habe von dieser Sekunde an nicht nur die Uniform, die Hitlerjugend, die Nazis und alles Militärische gehasst, sondern überhaupt alles, was nach Gleichförmigkeit und Gleichschaltung des Individuellen aussah."

Noch nicht einmal elf Jahre war Theo Lehmann alt, als er die furchtbare Bombennacht des 13. Februar 1945 miterleben musste. Während des alliierten Luftangriffs, der alle bisher auf Dresden erfolgten Luftangriffe an Zerstörungskraft und Grauen überbieten sollte, flüchtete sich der Junge gemeinsam mit seiner Mutter und den beiden Brüdern in den Keller. Hier lag er, als das Inferno über ihnen losbrach, platt ausgestreckt auf dem eisig kalten Steinfußboden: zitternd vor Kälte und Todesangst, schreiend und betend, wie noch nie in seinem Leben. Am Ende hatten alle überlebt – auch der Vater, der dienstlich unterwegs gewesen war. Und auch das Haus stand noch – wenn auch lädiert und ramponiert. Doch welch ein Anblick bot sich ihnen, als sie von Leubnitz-Neuostra aus, das leicht erhöht am Stadtrand liegt, über Dresden blickten: Die Stadt, die ihrer Schönheit und Kulturgüter wegen auch „Elbflorenz“ genannt wurde, war ein einziges Rauch- und Flammenmeer! „Nicht zu fassen, nicht zu beschreiben, nicht zu verkraften“ (Theo Lehmann).

Als dann im Mai 1945 der Zweite Weltkrieg in Europa endlich sein Ende gefunden hatte, wachten die Lehmanns wie in einer anderen Zeit und Wirklichkeit auf. Sie erlebten zwar einerseits den ersehnten Frieden, andererseits aber befanden sie sich nun in der Sowjetischen Besatzungszone, aus der später die DDR hervorging. Das eine totalitäre Regime hatte das andere abgelöst.

Jugend im Sozialismus

Im Jahr 1948 wurde Theo Lehmann von seinem Vater konfirmiert.

> „Ich habe“, so Theo Lehmann, „mein Konfirmationsversprechen, das Ja zu Jesus, zur Taufe, die Treuezusage zu seiner Kirche sehr ernst genommen. Die Konfirmation war sozusagen meine Bekehrung. (…) Ich bin eine

> christliche Normalgeburt mit Spätzündung. Im Pfarrhaus aufgewachsen (stocknüchternes, kräftiges Luthertum, bester Pastorenhumus) bin ich Schritt für Schritt in alles reingewachsen und habe meistens erst hinterher gemerkt, dass ich wieder einen Schritt weiter bin."

1950 wurde Vater Arno Lehmann, der zwei Jahre zuvor mit einer Arbeit über *Die sivaitische Frömmigkeit der tamulischen Erbauungsliteratur* an der Leipziger Universität promoviert hatte, an die Theologische Fakultät der Martin-Luther-Universität in Halle an der Saale als Professor für Missions- und Religionswissenschaft berufen. Außerdem übernahm er die Studienfächer Südindische Geschichte und Dravidologie.

So besuchte Theo Lehmann nun in Halle die August-Hermann-Francke-Oberschule. Gleich am Anfang seiner dortigen Schulzeit bekam er Stress mit der Schulleiterin. Denn die war alles andere als amüsiert, dass er als Mitglied der Jungen Gemeinde deren Bekenntniszeichen, ein Kreuz auf einer Weltkugel, am Jackenaufschlag trug. Sie verlangte von ihm die Entfernung dieses christlichen Emblems. Das sah der bekenntnisfreudige Schüler aber nicht ein und widersetzte sich. Es versteht sich von selbst, dass er sich mit seiner Aufmüpfigkeit die Sympathien der Schulleiterin verscherzte.

Und dann kam der Tag der Abiturprüfung. Ausschlaggebend für sein Nichtbestehen war wohl die späte „Rache" der Schulleiterin, die dafür sorgte, dass Lehmannn in der Gegenwartskunde über Fangfragen stolperte. Außerdem dürfte sein von ihm schon lange angegebener Studienfachwunsch „Theologie" nicht unbedingt positiv aufgefasst worden sein.

Theo Lehmann studierte daraufhin am Seminar des Leipziger Missionshauses Theologie. Wer diesen Weg einschlug, musste kein Abitur haben und wurde dennoch nach erfolgreichem Studium von der Evangelisch-Lutherischen Landeskirche Sachsen übernommen.

Zwei Jahre nach der verkorksten Abiturprüfung gelang es Lehmanns Vater, der inzwischen Dekan der Theologischen Fakultät in Halle war, endlich, durch sein beharrliches Nachhaken und Beschweren zu erreichen, dass sein Sohn die Prüfung im Fach Gegenwartskunde wiederholen durfte. (Die Schulleiterin war inzwischen wegen mangelnder Kompetenz in Ungnade gefallen.) Diesmal bestand Theo Lehmann die Prüfung und erhielt sein Abitur nachträglich.

Daraufhin setzte er sein Theologiestudium an der Karl-Marx-Universität Leipzig fort. Von den dortigen Theologieprofessoren schätzte er ganz besonders den Systematische Theologie lehrenden Ernst Sommerlath. Diese „vornehme Gelehrtengestalt" war dem Studenten ein besonderes Vorbild, vor allem auch wegen ihres „überall deutlich vertretenen Luthertums". Wer Theo Lehmann theologisch aber am meisten geprägt hat, war der Hamburger Theologe Helmut Thielicke.

> „Die Bände seiner Ethik", schreibt Lehmann in seiner Autobiografie, „las und kannte ich vorwärts und rückwärts, erst recht seine Predigtbände. (…) So wie er wollte ich werden. Bei ihm las ich die Bemerkung, dass man nicht nur für die predigen soll, die schon da sind, sondern auch für die, die noch nicht da sind. Dieser Satz hat später meine Predigtweise bestimmt."

Am Ende bestand Lehmann sein Erstes Theologisches Examen mit einer Eins.

Wider Erwarten und ohne nähere Begründung wurde er danach jedoch für eine von ihm beantragte wissenschaftliche Assistentenstelle nicht zugelassen[1] und war nun etwa ein Jahr lang arbeitslos. In dieser Zeit führte sein Vater wiederum einen Kampf für ihn um „Wiedergutmachung geschehenen Unrechts" und erreichte am Ende die Rehabilitierung seines Sohnes. Doch inzwischen war die ihm einst zugesagte Assistenzstelle besetzt. Da war es sein Glück, dass bei seinem Vater eine Assistentenstelle im Fachbereich Missions- und Religionswissenschaft offen war, die er nun ab 1960 für vier Jahre besetzen konnte.

„Dr. Blues“

In Dresden hatte Theo Lehmann als Heranwachsender einen Freund gehabt, dessen wohlhabende Eltern einen modernen Telefunken-Plattenspieler nebst einer ganzen Reihe von Schellackplatten besaßen. Unter diesen befanden sich auch Aufnahmen von Django Reinhardt, der als Begründer des „europäischen“ Jazz gilt. Der Pastorenjunge konnte sich nicht genug dieser Platten von seinem Freund abspielen lassen, da ihn die Swingmusik von Anfang an ansprach. Doch als sich dann im Sommer 1949 seine Eltern ein Radio anschafften und er auf Sender stieß, die den „echten“ US-amerikanischen Jazz brachten, da war es endgültig um ihn geschehen. Er war geradezu süchtig nach dieser Musik. Besonders eine Sendung, die weit nach Mitternacht lief und die unterschiedlichen Stilrichtungen des Jazz erklärte, tat es ihm an. Eifrig notierte er sich alles, was er an Neuem erfuhr.

Später machte Lehmann durch die Sendung „Blues for Monday“ nähere Bekanntschaft mit dem Blues, in dem der Jazz seine Wurzeln hat. Wiederum war er tief beeindruckt. Diese Faszination verstärkte sich noch, als er in einem illegalen Jazz-Club, dem er angehörte, von einer Schallplatte das von der schwarzen Sängerin Mahalia Jackson vorgetragene Lied *„Go Tell It On The Mountain“* hörte. Es war seine erste Begegnung mit einem echten Negrospiritual, der ja mit dem Blues verwandt ist und ebenfalls als Urzelle des Jazz gilt. Zwar hatte er „schon einiges erfahren über diese Musik, die als Aufschrei geboren wurde von Sklaven, die von Menschen geknechtet wurden und Befreiung von Gott erhofften". Doch den Tönen und dem Gesang selbst zu lauschen, war noch einmal etwas ganz anderes als nur davon zu wissen. Und so wurde ihm das Klangerlebnis dieses Spirituals zu „einem der nachhaltigsten musikalischen Eindrücke" seines Lebens.

In den folgenden Jahren beschäftigte Theo Lehmann sich intensiv mit der von ihm heiß geliebten Musik des Jazz, des Blues und des Negrospirituals. Der Ertrag seiner Studien waren gleich mehrere Bücher – und sogar eine Doktorarbeit. Sein erstes Buch kam 1961 heraus und heißt *Nobody knows …: Negro spirituals.* Es enthält eine Einführung über die Geschichte und die Besonderheit des Spirituals sowie den Abdruck zahlreicher Spirituals in Text- und Notenform. Es war das erste Buch in der DDR, das dieses Thema behandelte.

Im Jahr 1966 erschien Theo Lehmanns Buch *Blues and Trouble.* Ein Jahr zuvor war bereits sein umfangreiches Werk *Negro Spirituals. Geschichte und Theologie* herausgegeben worden. Es handelt sich dabei um seine Doktorarbeit, die er 1963 an der Theologischen Fakultät der Universität Halle-Wittenberg vorgelegt hatte. 1974 veröffentlichte Lehmann schließlich ein Buch über Mahalia Jackson – über jene Sängerin also, die er so sehr verehrte: *Mahalia Jackson. Gospels sind mein Leben.*

Bei alldem darf man nicht übersehen, dass Lehmanns intensive Beschäftigung mit dem Spiritual und seine Publikationen darüber vor einem ganz bestimmten politischen Hintergrund geschahen, durch den sie – neben dem starken Eigeninteresse – eine zusätzliche Note und Motivation erhielten. In diesem Zusammenhang erwähnt Lehmann einen bezeichnenden Passus, den er später in seiner viele Ordner umfassenden Stasi-Akte entdeckte, und in dem es in Bezug auf seine Veröffentlichungen heißt: „Sie behandeln die Geschichte der Negerspirituals (sic!) abgeleitet von der Unterdrückung der Neger in Amerika und lässt (sic!) vermuten, dass Lehmann mit diesen Werken auch Vergleiche zur sozialistischen DDR zieht." Lehmanns Kommentar an dieser Stelle:

„Das hat die Stasi richtig erkannt. Das war tatsächlich einer der Gründe, warum ich mich mit dieser Musik befasst und sie propagiert habe: Wie haben die afroamerikanischen Christen in ihren Liedern auf die Unterdrückung reagiert? Was hat die in ihren Liedern ausgedrückte Freiheitssehnsucht praktisch bewirkt? Das alles habe ich in der Geschichte dieser Christen untersucht und in meinen Büchern dargestellt. Bis hin zur Rolle der Spirituals in der amerikanischen Bürgerrechtsbewegung unter Führung des Baptistenpredigers Dr. Martin Luther King jr."

Verhasst bei der Stasi – und auch bei manchen Amtskollegen

Im Jahr 1964 trat Theo Lehmann seinen Dienst als Pfarrer in der Schlossgemeinde in Karl-Marx-Stadt an, das seit der Wiedervereinigung wieder Chemnitz heißt. Da die Gemeinde schrumpfte und nur schwer junge Menschen erreichte, beschloss Theo Lehmann, einmal im Monat einen speziellen Gottesdienst für Jugendliche anzubieten. Hier wollte und konnte er das vermeiden und verändern, was ihn selbst an den traditionellen Gottesdiensten störte – wie etwa die altertümliche Sprache in Gebeten und Liedern, in Predigt und Liturgie oder das Auftreten des Pfarrers in Talar und Beffchen. Stattdessen sollten Musik und Lieder dem Stil der Zeit entsprechen und die Verkündigung in der gängigen Umgangssprache, die jeder sofort verstehen und nachvollziehen konnte, erfolgen. Alle Veränderungen und Neuheiten waren aber stets dem einen großen Ziel untergeordnet: „Der Missionsbefehl ist wichtiger als kirchliches Traditionsdenken und musikalische Geschmacksfrage. Junge Menschen müssen Jesus kennenlernen. Durch den werden sie gerettet."

Theo Lehmann scharte einen Mitarbeiterkreis aus der Jungen Gemeinde um sich und konnte junge, musikbegabte Leute gewinnen, die als „Senfkorn"-Band – mit Waschbrett, Gitarre, Banjo oder Bass – in den Jugendgottesdiensten die gemeinsam gesungenen Lieder begleiteten. Auch sorgte er für die Einführung eines modernen Liedguts mit ansprechenden Texten und eingängigem Sound, indem er zu den Melodien von Spirituals, Blues oder auch aktuellen Popsongs deutsche Texte schrieb, die den Originaltexten zwar angelehnt waren, aber einen neuen Inhalt erhielten. Gleichzeitig lud Lehmann immer wieder christliche Liedermacher zu den Jugendgottesdiensten ein, die so ihre Lieder vorstellen konnten.

Die ab 1971 jeweils am zweiten Sonntag des Monats angebotenen Jugendgottesdienste waren von Anfang an ein Erfolgsmodell. An diesen Sonntagen war die Schlosskirche immer überfüllt. Theo Lehmann beschreibt:

> „Wer sitzen wollte, musste eine Stunde eher kommen. Das waren die ersten Tausend. Der Rest, ebenfalls etwa tausend, musste stehen. Der Mittelgang von der Tür bis zu den Altarstufen war zugestopft. Ich musste mir meinen Weg aus der Sakristei zur Kanzel suchen, indem ich wie ein Storch zwischen den überall hockenden Jugendlichen entlangstapfte."[2]

Wegen der großen, weiter zunehmenden Teilnehmerzahl ging man später dazu über, den Jugendgottesdienst zweimal hintereinander – um 17 und dann noch einmal um 19 Uhr – durchzuführen.

1976 berief die Evangelisch-Lutherische Kirche Sachsen Theo Lehmann zu ihrem überregionalen Jugendevangelisten. Diesen Dienst nahm er bis zu seiner Pensionierung im Jahr 1998 wahr. Auf seinen Evangelisationen inner- und auch außerhalb Sachsens trat er gern als „Tandem" mit den Sängern und Liedermachern Jörg Swoboda, Peter Krause oder Wolfgang Tost auf. Auch die „Senfkorn"-Band war nicht selten dabei.

In seiner Verkündigung war Theo Lehmann kompromisslos. Er machte keine Abstriche an der Autorität des göttlichen Wortes oder Zugeständnisse an den Zeitgeist. Eindringlich rief er die Zuhörer zu Umkehr und Bekehrung und einer lebendigen Glaubensbeziehung zu Jesus Christus, dem gekreuzigten und auferstandenem Herrn und Erlöser, auf. Gleichzeitig würzte er seine Predigten mit Witz und Humor – und immer wieder auch mit Spitzen gegen das politische System. In seiner Autobiografie bemerkt Lehmann:

> „Ich hatte mal von einem Prediger die Äußerung gelesen: ‚Ein Prediger muss bereit sein, für seine Predigt sofort aufs Schafott zu gehen.' Das war meine Einstellung. Es gab Wahrheiten, die musste ich ohne jede Umkleidung klar und direkt aussprechen und habe mit eventuellen Folgen, auch einer Verhaftung, immer gerechnet."[3]

Die Stasi setzte Spitzel auf Lehmann an und versuchte immer wieder durch verschiedene Aktionen, den unerschrockenen und bei der Jugend so beliebten Gottesmann einzuschüchtern, zu schikanieren oder zu verleumden. Sie hätte es gern gesehen, wenn er in den Westen ausgereist und nie wieder zurückgekommen wäre. Den Gefallen tat Lehmann ihr jedoch nicht.

Nebst diesen Herausforderungen war es für ihn nicht leicht zu ertragen, dass sich verschiedentlich Pfarrer (und zum Teil auch Theologiedozenten und -studenten) offen gegen ihn und seine Evangelisationen stellten. Das betraf nicht nur die Kollegen, die der Stasi als inoffizielle Mitarbeiter dienten. Seine Gegner störten sich daran, dass er von Sünde und Gericht sprach und die Notwendigkeit einer Bekehrung betonte. Ganz besonders aber verärgerte es sie, dass er nicht bereit war, die biblischen Gebote und Aussagen zu sexualethischen Fragen zu relativieren oder dem jeweils geltenden gesellschaftlichen oder theologischen

Trend anzupassen. Es gab Behinderungen, Störmanöver und erregte Auseinandersetzungen. Teilweise schlug dem Evangelisten neben offenem Widerstand oder demonstrativem Ignorieren seiner Person regelrechter Hass entgegen.

Wendezeit

In der Leipziger Nikolaikirche fanden ab 1982 jeden Montag Friedensgebete statt. Sie entwickelten sich spätestens seit September 1989 im Verlauf der „Friedlichen Revolution" zu einem Massenereignis mit anschließenden Montagsdemonstrationen. In Karl-Marx-Stadt gehörte auch Theo Lehmann zu den Demonstranten, die hier zu Tausenden vor dem mächtigen Karl-Marx-Monument Montag für Montag bürgerliche Freiheiten einforderten. Für viele der gegen das Unterdrückungsregime aufbegehrenden Jugendlichen war der Jugendpastor mit seinen Klartextpredigten ein Orientierungsgeber. So war es auch in dem Jugendgottesdienst am 8. Oktober 1989, einem Monat vor dem Mauerfall. Wenige Tage zuvor war das Regime mit Wasserwerfern gegen friedliche Demonstranten vorgegangen. Von seinem Podest im Altarraum aus bekam Lehmann mit, wie an diesem Tag auf dem Platz vor der Kirche, deren Türen offenstanden, Mannschaftswagen vorfuhren und Uniformierte sich postierten. Doch unbeirrt hielt er seine Predigt, wenn auch mit schlotternden Knien. Unter anderem führte er aus:

> „Wir weinen über unser Land, und wir fragen uns: Wo sind wir hingekommen, dass der Dialog verweigert und Wasserwerfer eingesetzt werden?" Und: „Wir brauchen einen Neuanfang, und die Bibel sagt uns, wie es dazu kommen kann: Missstände benennen, Schuld bekennen. Nur so kommt es zu einer Veränderung. (…) Wo keine

> Veränderung mehr stattfindet, kann nur noch der Tod festgestellt werden."

An diesem Tag ragte aus der Tasche von Lehmanns Jackett eine Zahnbürste – als Zeichen dafür, dass er notfalls bereit ist, ins Gefängnis zu gehen. Doch auch diesmal ging es für den Prediger gut aus.

In dieser Zeit wurden die beiden aus seiner Feder stammenden Lieder „*Und wir stehen wieder auf*" (Melodie: Reiner Schöne) und „*Freiheit wird dann sein*" (Melodie: Freedom After a While) fast schon zu Hymnen der „Friedlichen Revolution", die von Tausenden – stets stehend – gesungen wurden. Theo Lehmann sagt darüber:

> „Noch heute kriege ich eine Gänsehaut, wenn ich mich erinnere, wie in meinem Karl-Marx-Städter Jugendgottesdienst 3000 junge Leute Monat für Monat dieses Lied (gemeint ist *Freiheit wird dann sein;* M. H.) sangen, brüllten, den Mauerfall in der Hoffnung des Glaubens vorwegnehmend."

An dieser Stelle soll noch auf ein anderes Lied näher eingegangen werden. Es ist ein Lied, das fast schon prophetischen Charakter hatte, wie Jahre später die unerwarteten politischen Ereignisse 1989/90 zeigen sollten. Gemeinsam mit seinem Weggefährten Jörg Swoboda hatte Lehmann im November 1981 zur Jahreslosung des darauffolgenden Jahres, „Verlasst euch auf den Herrn immerdar, denn Gott, der Herr, ist ein Fels ewiglich" (Jesaja 26,4), ein Lied geschrieben, das sich dann – versehen mit einer Melodie von Swoboda – erstaunlich schnell bei vielen Christen in der DDR und in der Bundesrepublik verbreitete und von Manfred Siebald auf einer Langspielplatte herausgebracht wurde. Nach Theo Lehmann

„war es gedacht als ein Mutmacher- und Trostlied für alle, besonders für Jugendliche, die in dem Riesengefängnis DDR Gott folgen wollten und dabei wie die ersten Christen die bittere Erfahrung machen mussten, dass Nachfolge auch Nachteile mit sich bringt. Jede Strophe war ein offener Angriff auf die herrschende Weltanschauung, das ganze Lied eine einzige Provokation und ein Zeugnis des christlichen Glaubens."

Die einzelnen Strophen dieses Liedes lauten:

1) Wer Gott folgt riskiert seine Träume,
setzt eigene Pläne aufs Spiel.
Auch als Verlierer kommt ihr nicht zu kurz.
Gott bringt euch an sein gutes Ziel.

Refr. Vertraut auf den Herrn für immer,
denn er ist der ewige Fels.

2) Auch mit Gott gerät man in Krisen,
Probleme, die unfassbar sind.
Trotz aller Zweifel seid dennoch gewiss:
Er schläft nicht und sorgt für sein Kind.

3) Wo feststeht, dass alles im Fluss ist,
schwimmt vielen der Glaube mit fort.
Gott ist unwandelbar, denn er ist Gott.
Seid sicher, der Herr hält sein Wort.

4) Die Mächtigen kommen und gehen,
und auch jedes Denkmal mal fällt.
Bleiben wird nur, wer auf Gottes Wort steht,
dem sichersten Standpunkt der Welt.

5) Und lehrt eure Kinder das eine,
dass über Gott keiner mehr steht,
dass auch der Größte klein beigeben muss,
wenn Gott kommt und alles vergeht.

6) Wer stirbt, der wird nicht nur zur Erde.
Gott ruft ihn zum Jüngsten Gericht.
Finsternis bleibt für die einen zuletzt,
die anderen dürfen ins Licht.

Lehmanns Mitautor Jörg Swoboda merkt zu dem Lied bescheiden an:

> „Dass auch die Mächtigen in Ostdeutschland noch zu unseren Lebzeiten gehen würden, haben wir 1988 nicht so richtig geglaubt. (…) Immer wieder sind wir für unseren Mut und prophetischen Weitblick gelobt worden. Doch genauso oft wiegelte ich ab und erinnerte daran, dass wir ja nur die Worte aus dem Lobgesang der Maria in Strophen gefasst hätten."

Im Jahr 2003 erhielt Lehmann als „Wegbereiter der friedlichen Revolution" die Sächsische Verfassungsmedaille und empfing 2006 von der Kirchlichen Sammlung um Bibel und Bekenntnis in Bayern den Walter-Künneth-Preis.

Heute lebt Theo Lehmann, der sich 2019 im Alter von 85 Jahren vom Predigtdienst zurückgezogen hat und schon seit vielen Jahren verwitwet ist, in einem Altenpflegeheim in Radebeul.

ANMERKUNGEN

[1] Erst nach der Wende erfuhr Theo Lehmann, dass es in einem „Gutachten" über ihn hieß: „Lehmann war nicht Mitglied der FDJ. Während seines Studiums in Leipzig zeigte er keinerlei gesellschaftliche oder politische Aktivität. (…) Er muss auch nach dem besonderen Maßstab für die Beurteilung eines Theologen in politischer Hinsicht als völlig ungeeignet für eine etwaige Assistententätigkeit angesehen werden."

[2] Vor Beginn der Jugendgottesdienste traf sich Lehmann mit den Mitarbeitern in der Sakristei zum gemeinsamen Gebet und zur Einnahme des Abendmahls.

[3] In einem Interview meinte Lehmann: „Ich war nie so naiv zu denken, ich könnte als Prediger der Wahrheit ohne Widerstand leben. Im Gegenteil. Als Prediger der Wahrheit in einem System der Lüge – das konnte nicht gut gehen und musste zu Konflikten führen. (…) Hier prallten zwei Totalansprüche aufeinander. Der totalitäre DDR-Staat verlangte die totale Hingabe seiner Bürger an das sozialistische System, und da trat ein junger Pfarrer auf, der die Jugendlichen zur totalen Hingabe an Gott aufforderte, zur sofortigen Bekehrung und Nachfolge ohne Rücksicht auf andere Meinungen, Menschen und Mächte. Damit war der Krach vorprogrammiert. Ich habe immer mit Gegenwind gerechnet."

LITERATUR- UND QUELLENNACHWEIS

Cochlovius, Dr. Joachim: *Im Gespräch: Pfr. Dr. Theo Lehmann.* In: *Aufbruch – Informationen des Gemeindehilfsbundes.* Walsrode 10/2018. URL: https://www.gemeindenetzwerk.de/?p=15939

Deman, Daniel: *Theo Lehmann.* Interview mit Theo Lehmann. In: *Lauf des Lebens* (Serie). Bibel TV Folge 72/Staffel 1 2017. https://www.bibeltv.de/mediathek/videos/313610-theo-lehmann

Huhn, Karsten: *Vergebung funktioniert nicht auf die schnelle Tour.* In: *IDEA*. Wetzlar 29.10.2019. URL: https://www.idea.de/spektrum/vergebung-funktioniert-nicht-auf-die-schnelle-tour-1

Kaeseler, Claas: *Vom Freund verraten. Die Stasi wandte jedes Mittel an, um Pfarrer Theo Lehmann zu bespitzeln.* https://www.erf.de/lesen/themen/gesellschaft/vom-freund-verraten/2270-542-4845

Lehmann, Theo: *Damals?* In: *Gemeindenetzwerk.* 25.11.2020. https://www.gemeindenetzwerk.de/?p=17672

Lehmann, Theo / Swoboda, Jörg: *Flügel der Freude statt Kraftlos-Blues. Liedtexte – Lebensgeschichten – Lesebuch.* Muldenhammer 2021

Lehmann, Theo: *Freiheit wird dann sein. Aus meinem Leben.* Neukirchen-Vluyn 2005

Lehmann, Theo: *Mutter war eine große Beterin.* In: *Mütter von Männern. 25 Söhne erinnern sich* (Hg. Jörg Swoboda). Neukirchen-Vluyn 2011 (2. Aufl.); S. 112–118

Lehmann, Theo: *Wieder.* In: *Mauer.Frei. 30 Jahre danach* (Hg. Ralf Kaemper). Dillenburg 2019; S. 50–53. URL: https://www.gemeindenetzwerk.de/?p=16784

Richter, Thomas: *Zu Tisch mit Theo Lehmann: Freude auf Jesus.* In: *IDEA*. Wetzlar 31.8.2021. https://www.idea.de/artikel/zu-tisch-mit-theo-lehmann-freude-auf-jesus

Steinert, Jonathan: *Mit der Freiheit kam die Flaute.* In: *PRO – Das christliche Medienmagazin.* Wetzlar 5/2014; S. 7–9

Weyandt, Katharina: *Doch wir steh'n wieder auf: Erinnerung an 1989.* Interview vom 9.10.2009. https://www.evangelisch.de/inhalte/96327/09-10-2009/doch-wir-stehn-wieder-auf-erinnerung-1989

Theo Lehmann (Pfarrer). https://de.wikipedia.org/wiki/Theo_Lehmann_(Pfarrer)

Peter Strauch

*Peter Strauch (*1943)*
Vom Werkzeugmacher zum bekannten Liedermacher und Theologen

Beeindruckender Lebenslauf

Der freikirchliche Pastor Peter Strauch gilt nicht nur als ein erfolgreicher christlicher Liederdichter und Buchautor, sondern er hat in seinem Leben auch viele überregionale und übergemeindliche Leitungsämter wahrgenommen. So übernahm er nach seinem frühen Pastorendienst in der Freien evangelischen Gemeinde Hamburg-Sasel (1966–1973) für zehn Jahre die Leitung der Jugendarbeit im Bund Freier evangelischer Gemeinden (BFeG). Anschließend hatte er in dem freikirchlichen Gemeindeverband von 1983 bis 1991 das Amt des Bundespflegers und von 1991 bis 2008 das des Präses inne. Daneben gehörte Strauch seit 1986 dem Hauptvorstand der Deutschen Evangelischen Allianz (DEA) an, dessen Vorsitzender er schließlich von 2000 bis 2006 wurde. Auch war er von 1994 bis 1997 Präsident der Vereinigung Evangelischer Freikirchen (VEF) und lange Zeit Mitglied des Leitungskreises der Lausanner Bewegung sowie des ProChrist-Kuratoriums. Auf vielen Kongressen und Konferenzen trat er als Redner auf und verkündigte in unzähligen Gottesdiensten und evangelistischen Veranstaltungen Gottes Wort und lud dabei Menschen ein, ihr Leben Jesus Christus anzuvertrauen und ein konsequentes Leben in der Nachfolge Christi zu führen.

Doch trotz seiner vielen Aktivitäten – ein „Hansdampf (bzw. Peterdampf) in allen Gassen“ war Strauch nicht. Schon von seinem Naturell her ging es ihm nie um einen Zuwachs an Macht, Einfluss oder Ehre im „Reich Gottes“. Nicht karriereorientiert, sondern christus- und gabenzentriert leben: Das war vielmehr sein Wunsch. Da aber andere Christen seine geistliche und biblische Grundausrichtung, seine persönliche Integrität sowie seine kommunikativen und kooperativen Fähigkeiten schätzten, geschah es immer wieder, dass man an ihn herantrat und ihn um die Übernahme leitender Funktionen bat. Und wenn Strauch dann diese Rufe als von Gott kommend empfand, war er auch bereit, die ihm angetragenen Dienste und Aufgaben zu übernehmen.

Peter Strauch wurde am 10. Januar 1943 in Wetter an der Ruhr geboren. Damals tobte noch der Zweite Weltkrieg, und so war Karl Strauch, der Vater, zu diesem Zeitpunkt gar nicht zu Hause, sondern als Soldat an der Ostfront eingesetzt. Nach dem Kriegsende 1945 wohnte die junge Familie dann für kurze Zeit in Wuppertal-Cronenberg, bevor sie 1948 nach Wuppertal-Ronsdorf übersiedelte. Hier bezog sie in der Blombachstraße 9 eine Wohnung, die direkt über dem Gemeindesaal der dortigen Freien evangelischen Gemeinde lag. Karl Strauch, der von Beruf eigentlich Bäcker war, sein Geld jedoch als LKW-Fahrer verdiente, gehörte wie seine Frau Ruth dieser Freikirche an. Beide nahmen nicht nur Kastellansdienste in ihrer Gemeinde wahr, sondern galten auch als engagierte Mitarbeiter. Ihre Wohnung entwickelte sich schnell zu einem beliebten Treffpunkt vieler Gemeindeglieder.

Karl Strauch leitete über viele Jahre die Jungschar- und Sonntagsschularbeit, die sich auch bei „gemeindefremden“ Kindern eines großen Zuspruchs erfreute. Gleiches galt für die regelmäßigen Freizeiten, die er und seine Mitarbeiter mit den Kindern durchführten.

Dass auch Peter Strauch sich schon früh aktiv hieran beteiligte, war für ihn eine Selbstverständlichkeit. Er fühlte sich nicht nur von klein auf in der kleinen, überschaubaren Ronsdorfer Gemeinde ausgesprochen wohl, sondern hatte sich auch bereits im Alter von sieben oder acht Jahren bekehrt. Damals war er gemeinsam mit seinem älteren Freund und Cousin Hansel auf einer Jungscharfreizeit gewesen. Dabei war Hansel zum Glauben an Jesus gekommen. Das machte einen solch großen Eindruck auf den Jüngeren, dass dieser nur wenige Tage später vor dem Einschlafen seiner Mutter von seiner Sehnsucht berichtete, auch zu Jesus gehören zu wollen. „Sag ihm einfach, dass du sein Eigentum sein willst, und öffne dein Herz für ihn", war der schlichte Rat seiner Mutter. „In dieser Nacht", so bekennt Strauch später, „fand ich zum Glauben an Jesus Christus und wurde ein Christ, und ich war überglücklich darüber." Er habe bei seiner „Kinderbekehrung" keinen Druck gespürt, vielmehr sei sein Ersteindruck von Gott gewesen: „Das ist einer, der mich bedingungslos liebt, von dem ich angenommen bin."

Als Peter ein junger Teenager war, sollte jener erste kindliche Glaubensschritt noch eine besondere Vertiefung erfahren. In seinem Heimatort führten in den 50er-Jahren drei kanadische Missionare eine mehrtägige evangelistische Veranstaltungsreihe durch, die mit ihrer Kernbotschaft „Jesus hat sich für dich entschieden, jetzt entscheide du dich für ihn und folge ihm nach" viele junge Zuhörer erreichte und sie zur Ganzhingabe ihres Lebens an Jesus veranlasste. Auch Peter Strauch wurde die Bedeutung und Notwendigkeit eines solchen Schrittes bewusst. Und so betete er nach einem dieser Abende in seinem Dachzimmer: „Jesus, was immer du mit mir vorhast, ich will dir folgen! Nimm mein Leben – mit allem, was dazugehört – in deine Hände!"

„Wenn mich heute jemand fragt", führt Strauch in seiner Autobiografie *Meine Zeit steht in deinen Händen* weiter

> aus, „wann ich Christ geworden sei, dann sage ich: Das war damals als Sieben- oder Achtjähriger nach jenem Abendgespräch mit meiner Mutter. Aber jetzt (...) bekam mein Leben einen neuen Schub. Ich wollte Jesus folgen, wohin auch immer. Natürlich ahnte ich nicht, wohin mein Weg einmal führen sollte. Und doch denke ich rückblickend, dass damals bereits meine Berufung als Prediger des Evangeliums begann. (...) Diese radikale Botschaft der Kanadier war damals genau das Richtige für mich und wurde prägend für mein weiteres Leben."

Doch zunächst einmal absolvierte Peter Strauch nach dem Ende seiner Volkschulzeit eine ihm eher wesensfremde Lehre zum Werkzeugmacher für Kleinstwerkzeuge. Der Wunsch nach einer theologischen Ausbildung ließ ihn allerdings nicht los. Daher bewarb er sich 1962 an dem Predigerseminar (heute: Theologische Hochschule) des BFeG in Ewersbach, das im mittelhessischen Lahn-Dill-Kreis liegt. Und obwohl er weder die Mittlere Reife noch das Abitur besaß, wurde seine Bewerbung positiv beschieden. Vier Studienjahre lagen nun vor ihm, in denen er auch die biblischen Ursprachen Hebräisch und Griechisch erlernen musste.

Musikbegeistert und Fan von christlichen Liedern

Peter Strauch war etwa acht Jahre alt, als eine Nachbarsfamilie den Strauchs ein altes Harmonium schenkte. Die Familie zählte damals drei Kinder, von denen Peter das älteste war. Also wurde kurzerhand entschieden, dass er Harmoniumunterricht von einer mit dem Tasteninstrument und der Notenlehre vertrauten Frau aus der Gemeinde erhalten sollte. Peter war auch durchaus fasziniert von dem Gerät und klimperte gern auf ihm herum. Doch die Übungsstunden mit der strengen „Tante Else", die unnachgiebig darauf bestand, dass er akkurat nach Noten spielte, wurden ihm derart lästig, dass er die ungeliebten Lernstunden schließlich ganz aufgab.

Doch als der Junge 14 oder 15 Jahre alt war, wagten die beiden einen neuen Versuch. Diesmal war Peter auch bereit, sich durch die Dur- und Moll-Tonarten zu quälen und nicht nur auf seine ausgeprägte Improvisationsgabe zu vertrauen. Später übte der Jugendliche sich außerdem im Klavierspielen. Gitarre, Akkordeon und Orgel waren ihm ebenfalls geliebte Instrumente. In der musikalischen Praxis begeisterte er sich fast schon exzessiv für das christliche Liedgut. Ganze Liederbücher spielte er in seiner Freizeit auf dem Harmonium oder der Orgel durch – alte Choräle ebenso wie Heils- und Erweckungslieder aus dem 19. und 20. Jahrhundert. Immer wieder versuchte er sich außerdem an Improvisationen. Auch liebte er es, die christlichen Sender zu hören, die damals auf Radio Luxemburg liefen und viel Musikalisches boten: Hermann Schulte etwa mit seiner beliebten Sendereihe „Frohe Botschaft im Lied“ oder das Janz-Team.

In den 60er-Jahren entstand (auch) in Deutschland eine neue christliche Musikszene. Eine Art Initialzündung erfolgte dabei wohl durch eine Konzerttournee der schottischen Band „The Heralds“. Sie verwendete Verstärker und E-Gitarren und sang christliche Lieder im Dixieland-Stil. Mit ihrer Musik erreichte die Band auch kirchenfremde junge Menschen. Nach dem Auftreten der „Heralds“ in Deutschland „sprossen die christlichen Bands“, so Peter Strauch, „wie nach einem warmen Frühlingsregen aus dem Boden. Schallplatten wurden produziert, neue Liederbücher gedruckt. Es waren die Anfänge einer kreativen Musikbewegung, die über Jahre fortdauerte und bis heute kein Ende gefunden hat.“ Die christlichen Bands und Jugendchöre bestimmten mehr und mehr den Musikstil auf christlichen Jugendtagen und -treffen und zunehmend auch in den gewöhnlichen Gottesdiensten.

Im Zusammenhang mit der jungen christlichen Musikbewegung steht auch das Auftreten der modernen christlichen „Liedermacher“. Zu ihren populären und erfolgreichen Vertretern gehören u. a. Siegfried Fietz (S. 183–194), Manfred Siebald (S. 213–224), Jürgen Werth (S. 245–254) – und eben auch Peter Strauch. Nicht wenige der von ihnen verfassten bzw. vertonten Texte mit ihren schönen, einprägsamen Melodien gehören inzwischen zum allgemeinen christlichen Liedgut und sind nicht nur bei der jungen, sondern auch bei der älteren Generation sehr beliebt. Dennoch plädiert Peter Strauch dafür, auch das alte, traditionelle Liedgut wertzuschätzen und in den Gemeinden nicht auf eine einseitige Liedauswahl zu setzen. Zwar habe das Gemeindesingen in den letzten Jahrzehnten einen tiefgreifenden Wandel erfahren. Dabei sei eine große Kreativität freigesetzt worden, die manche gute Lieder habe entstehen lassen. Doch Strauch gibt auch zu bedenken:

> „Wir beginnen nicht im Jahr ‚Null‘, sondern sind immer auch Teil einer langen Geschichte. Das gilt auch für die Kirchenmusik bzw. den Gemeindegesang. Wer das nicht sieht oder nicht sehen will, schneidet sich damit von einer Segensgeschichte ab.“ Und: „Wir verlieren viel, wenn wir auf die Liedschätze verzichten, die im Laufe einer langen Kirchengeschichte entstanden sind. Aber diese Schätze dürfen nicht nur gesungen werden, man muss sie ausgraben und heben.“

Produktiver und erfolgreicher christlicher Liedermacher

Peter Strauch selbst begann mit dem Texten und Vertonen eigener christlicher Lieder in seinen letzten beiden Jahren auf dem Predigerseminar in Ewersbach. Die ersten Gesangsstücke schrieb er für die Hollandfreizeiten seiner Ronsdorfer Gemeinde und für den Bundesjungschartag 1965. Für dieses Jungscharevent hatte er eigens den Auftrag erhalten, ein passendes, flottes Lied zu schreiben. Sein Lied *„Wir sind eine Mannschaft, die zu Jesus steht, die mit festen Schritten folgt ihm unentwegt"* wurde von den Jungscharlern begeistert geschmettert. Doch stellte Peter Strauchs Bruder Diethelm nur trocken fest, dass ihn die Melodie eher an das Lied *„Da sprach der alte Häuptling der Indianer: Wild ist der Westen, schwer ist der Beruf"* erinnert habe …

Strauch wiederum blieb als „Liedermacher" natürlich nicht auf seinem anfänglichen Niveau stehen. Vielmehr entwickelten sich seine Lieder mit ihrem anfänglichen „Mix aus frommen Redewendungen, persönlichem Erleben und oft sehr erzwungenen Reimen" (Peter Strauch) schnell weiter zu gehaltvollen, aussagestarken Texten mit originären, unverwechselbaren Melodien. Manche von ihnen wurden schon früh in Gesangbücher aufgenommen und haben sich inzwischen zu modernen Liedklassikern entwickelt.

Dazu gehört auch das Lied *„Jesus Christus starb für mich, / Jesus Christus starb für dich. / Für die ganze Welt starb er am Kreuz"*. Es entstand 1971, als Strauch noch Pastor der FeG Hamburg-Sasel war. Um vermehrt gemeindefremde Menschen zum Besuch der Gottesdienste in das Gemeindehaus zu bewegen, führte die Gemeinde immer wieder sogenannte „Besondere Gottesdienste" durch. Typisch für diese Art von Gottesdienst waren ein aktuelles Gesamtthema, ein abwechslungsreiches Vorprogramm, eine kurze, prägnante 15-Minuten-Predigt und der Einsatz von moderner geistlicher Musik. Hierzu gehörten auch Lieder, die der junge Gemeindepastor für diese „Besonderen Gottesdienste" selbst getextet und komponiert hatte, wie eben auch das oben genannte Lied. Strauchs Anspruch an seine Lieder war, dass ihr Inhalt verständlich und ansprechend und ihre Melodie leicht einprägsam war und beides bei den Leuten auch noch am nächsten Morgen haften blieb.

Weitere bekannte und beliebte Lieder von Strauch sind u. a.

Das ist unsre Botschaft
Hell strahlt die Sonne, der Tag ist erwacht
Herr, wir bitten: Komm und segne uns
Herr, ich sehe deine Welt
Unser Vater in dem Himmel, dir allein sei Lob und Ehre
Meine Zeit steht in deinen Händen
Die Gott lieben werden sein wie die Sonne
Herr, wir wissen, dass du lebst
Kommt, atmet auf, ihr sollt leben

Die Lieder von Peter Strauch sind von einem froh und Mut machenden (und zuweilen auch leicht meditativen) „Klang". Ihre Aussagen sind nie platt, nichtssagend oder oberflächlich, sondern sie lassen stets den von der biblischen Wahrheit geprägten und bestimmten Background erkennen und sind im besten Sinne des Wortes nachdenkens- und beherzigenswert. Einige zeigen bewusst einen zum Glauben einladenden Charakter. Andere wollen die an Jesus Glaubenden in ihrem Gottvertrauen stärken und vergewissern. Und wieder andere kann man als Lob- und Anbetungslieder bezeichnen.

Insgesamt hat Peter Strauch rund 150 Lieder getextet und komponiert. Inzwischen aber hat er die „Liedproduktion" aufgegeben. In seiner 2015 erschienenen Autobiografie schreibt er:

> „Heute habe ich den Eindruck, dass Gott mir diese Gabe nur für eine begrenzte Zeit gegeben hat. Es entstehen bei mir kaum noch neue Lieder, und wenn ich versuche, eines zu schreiben, wird nichts Rechtes daraus. Auch der allgemeine Musikstil hat sich geändert und ist mir heute eher fremd. So denke ich dankbar an vergangene Zeiten zurück und widme mich fröhlich dem, was jetzt für mich dran ist."

Ein Burnout führt zu „Entdeckungen in der Einsamkeit"

In den letzten Monaten des Jahres 1980 fühlte sich Peter Strauch – er leitete zu diesem Zeitpunkt bereits seit rund sieben Jahren die Bundesjugendarbeit – zunehmend ausgelaugt. Schlaflosigkeit, Kopf- und Herzschmerzen setzten ihm zu. Er war oft nervös. Es wollte ihm nicht mehr gelingen, sich zu entspannen. Selbstzweifel an seiner Arbeit bedrängten ihn. Wenn er an seinen Terminkalender dachte, bekam er ebenso Schweißausbrüche wie beim Klingeln des Telefons. All diese Zustände waren Symptome eines klassischen Burnouts. Um seine körperlichen, seelischen und geistlichen Ressourcen wieder aufzutanken, beschloss Strauch Anfang Februar 1981, sich für mehrere Wochen in der Nähe von Nordwijk einzuquartieren, um hier in der Einsamkeit der winterlichen holländischen Küste wieder zu neuen Kräften zu kommen. Dabei wollte er sich besonders viel Zeit nehmen, um die Gemeinschaft und das Gespräch mit seinem himmlischen Vater zu suchen und darauf zu achten, was Gott ihm an Korrektur, Wegweisung und neuen geistlichen Erkenntnissen und Impulsen würde mitteilen wollen.

So las er viel in der Bibel, spazierte stundenlang am Strand entlang und durch die herrliche Dünenlandschaft und genoss die Natur ebenso wie das Alleinsein mit Gott. Er meditierte über Bibelworte und sprach vor Gott aus, was ihn bedrängte. Bei all dem wollte er offen und hörbereit für das Reden des Heiligen Geistes sein. Nach seinen eigenen Aussagen erlebte er keine „spektakulären Offenbarungen"; dafür aber erhielt er „Grundeinsichten des geistlichen Lebens" und realisierte, dass sie ihm persönlich galten.

Die Auszeit an der holländischen Küste tat Peter Strauch überaus gut – äußerlich wie innerlich. Aus den dort gewonnenen Erkenntnissen und Lernprozessen entstand später sein Buch *Entdeckungen in der Einsamkeit,* das zu einem christlichen Besteller werden sollte. In ihm resümiert der Verfasser:

> „Gott öffnete mir die Augen für seine Wirklichkeit. Mir wurde klar, dass mein Leben nicht mehr mir, sondern ihm gehört. Das bedeutete, dass ich mich ganz und gar auf seine Kraft verlassen konnte und durch ihn zu einer wirklich fruchtbaren Aktivität geführt wurde. Er machte mich auf meinen Unglauben und meine Ehrsucht aufmerksam. Er zeigte mir, (…) wo verborgene Fesseln mein geistliches Leben lähmten. Durch Jesus entdeckte ich Gott neu als meinen Vater. Ebenso bekam ich einen neuen Blick für die Menschen um mich herum. (…) Während dieser Zeit entdeckte ich die Bibel neu als Gottes verlässliches Wort, und ich machte konkrete Erfahrungen mit seiner Führung."

Folgende Lieder sind damals in Holland entstanden – ungeplant und wie von selbst: *„Die Möwen, sie fliegen und treiben im Wind"* und *„Jesus, wir sehen auf dich"*.

Die Erkenntnisse, die Strauch in Holland gewann, und die Schlüsse, die er aus ihnen zog, waren manchmal schmerzhaft – doch am Ende immer auch befreiend und entlastend. Diese befreiende Wirkung zeigte sich auch darin, dass er unabhängiger von der Meinung anderer Menschen und ihren Vorstellungen, wie er zu sein und sich zu verhalten habe, wurde:

> „Ich durfte ich selbst sein: ein Mensch, den Jesus unvorstellbar liebt. Langsam lernte ich, dass er mich nicht in ein Bild oder in eine Rolle pressen will. Er schafft sich eine Persönlichkeit, die sich nicht an Terminanfragen und den Erwartungen ihrer Umwelt orientiert, sondern allein an ihm."

Konkret führte das zum Beispiel dazu, dass er bei Terminanfragen keine Spontanzusagen mehr geben, sondern erst nach Gebet und persönlichem Überdenken zu- oder absagen wollte.

Schriftgebunden und zugleich weitherzig

Eine weitere Frucht war für Peter Strauch, dass ihm das Wort Gottes noch lieber und wichtiger wurde, als es ihm ohnehin schon gewesen war. So berichtet er auch, dass alle seine geistlichen Erfahrungen, die er damals in Holland machte, eng mit der Bibel zusammenhingen. Er habe sehr intensiv erlebt, wie Gott durch dieses Buch zu ihm sprach. Manchmal habe ihn ein Bibelvers „wie ein Blitz“ getroffen. Dabei drang der Text tief in sein Bewusstsein ein und setzte sich in ihm fest. Und ihm wurde neu wichtig, „dass die Bibel nicht nur Gottes Wort enthält, sondern Gottes Wort ist“.

Diese Thematik ist ihm so wichtig, dass Strauch in dem genannten Buch unter der Überschrift „Sollte Gott gesagt haben…“ der Glaubwürdigkeit der Bibel und unserem Verhältnis zu ihr ein eigenes Kapitel widmet. Er ist überzeugt, dass „unser Vertrauen und Gehorsam der Bibel gegenüber sich ganz entscheidend bei der Verwirklichung unseres Christseins (auswirken)“. Dabei weist er eindringlich darauf hin, dass es für ihn „keine Theorie, sondern eine praktische Erfahrung (ist), die ich aus meinem persönlichen Leben und aus seelsorgerlichen Gesprächen gewonnen habe: *Misstrauen gegenüber der Bibel behindert geistliches Leben. Vertrauen zur Bibel fördert geistliches Leben.*“ Und: „Wir stehen immer unter der Bibel und nicht darüber. Sie stellt *uns* ins Licht (Psalm 119,105) und zeigt uns die wunden Stellen unseres Lebens und nicht umgekehrt.“

Für die christliche Verkündigung bedeute dies: „Wir haben das Wort Gottes so klar und verständlich weiterzusagen wie nur eben möglich. Aber es muss *sein* Wort sein und nicht irgendeine humanistische Philosophie. Vertrauen zur Bibel und der Mut, ihre Botschaft ernst zu nehmen – das ist alles, was wir brauchen.“

Die Bibel ist für Strauch also die richtungsweisende und normative Instanz in den Fragen des Glaubens und des Lebens. Gleichzeitig ist er sich bewusst – nicht zuletzt durch seine vielen

Kontakte mit Christen unterschiedlicher Denominationen, die er auf seinen Reisen im In- und Ausland und auf zahlreichen Konferenzen persönlich kennen- und schätzen gelernt hat –, dass sich die Ausdrucksformen des Glaubens je nach traditionellem und kulturellem Hintergrund durchaus verschieden manifestieren können. Peter Strauch bejaht diese Vielfalt und akzeptiert auch unterschiedliche theologische Überzeugungen, solange sie nicht das Zentrum des Glaubens betreffen und für andere als verbindlich erklärt werden. Auf dieser Grundlage ist ihm die Pflege der geschwisterlichen Gemeinschaft mit all den Christen, die Jesus als ihren persönlichen Herrn und Erlöser bekennen, ein starkes Bedürfnis.

Beides – seine Bibeltreue und seine Weitherzigkeit gegenüber Christen anderer Konfessionen – prädestinierte Strauch auch für seinen Leitungsdienst in der Deutschen Evangelischen Allianz (DEA), deren Vorsitz er bis 2006 innehatte. Die DEA ist ein loses Netzwerk von einzelnen, zumeist „evangelikal" gesinnten Christen aus verschiedenen Kirchen und Gemeinschaften. Von ihren Anhängern wird erwartet, dass sie sich zu den Kernwahrheiten und -aussagen des christlichen Glaubens (der sogenannten Glaubensbasis der DEA) bekennen, dem Einheitsgebot Christi Ausdruck geben möchten und sich bei der Bezeugung des Evangeliums gegenseitig unterstützen. (Peter Strauch: „Wir betonen in der Evangelischen Allianz beides: geistliche Einheit untereinander, aber einzig und allein in der Bindung an Jesus Christus. Je näher wir ihm sind, desto näher sind wir auch beieinander.")

Ein authentisches Leben „in der Bindung an Jesus Christus" zu führen, ist Strauch immer ein großes Anliegen gewesen. „Sein, wer man ist" – darum geht es ihm. Er wünscht sich für sich selbst und andere Christen, dass sie nicht als fromme Rollenspieler agieren, sondern sich als solche erweisen, die verbindlich Jesus nachfolgen möchten. Sie sollen hör- und lernbereit gegenüber

Gottes Wort und Geist sein und auch eigene Fehler und eigenes Versagen zugeben können. Und er wünscht sich Christen, die sowohl missionarisch als auch sozial engagiert sind.

Peter Strauch wohnt heute mit seiner Frau Edelgard in Wetter an der Ruhr und befindet sich in seinem Ruhestand.

LITERATUR- UND QUELLENNACHWEIS

Evangelische Nachrichtenagentur IDEA: *Evangelikale Bewegung mitgeprägt: Peter Strauch wird 70.* In: *IDEA*. Wetzlar 10.1.2013. https://www.idea.de/Gesellschaft/detail/evangelikale-bewegung-mitgepraegt-peter-strauch-wird-70-89521

Kubitschek, Judith: *Es gibt keinen Grund für geheuchelte Moral.* Interview mit Peter Strauch. In: *AKZENTE* 1/15; S. 22–24

Matthies, Helmut: *Wie sollen Menschen Gott vertrauen, wenn Christen sich bekriegen?* Interview. In: *IDEA*. Wetzlar 19.04.2004. https://www.idea.de/Interview/detail/wie-sollen-menschen-gott-vertrauen-wenn-christen-sich-bekriegen-58399

Strauch, Peter: *Entdeckungen in der Einsamkeit.* Witten 1982

Strauch, Peter: *Meine Zeit steht in deinen Händen. Biografie.* Holzgerlingen 2015 (2. Aufl.)

Strauch, Peter: *Stille Begegnung. Entdeckungen in der Einsamkeit.* Witten 2001

Wendel, Kerstin: *Was macht eigentlich Peter Strauch?* In: *LebensLauf.* Witten 6/2020

Siegfried Fietz

*Siegfried Fietz (*1946)*
Wegbereiter der modernen christlichen Musik in Deutschland

Wie alles begann

Siegfried Fietz gilt als Pionier und Bahnbrecher der modernen christlichen Popmusik im deutschsprachigen Raum. Durch die gesangliche Interpretation von Liedtexten bekannter zeitgenössischer christlicher Autoren, deren Inhalte er gekonnt und einfühlsam zu vertonen und arrangieren versteht, hat er ein breites, interkonfessionelles Publikum mit dem „Neuen Geistlichen Lied“ bekannt gemacht. Dabei umfasst sein kompositorisches Werk ein weites Spektrum: von eingängigen Melodien bis hin zu anspruchsvollen Oratorien und Musicals. Aber auch Hörspiele mit Musik für Kinder, darunter viele für die Weihnachtszeit – wie z. B. *Der König im Stall* oder *Vater Martin* nach der Geschichte von Leo Tolstoi – gehören zu seinem Repertoire. Am bekanntesten und populärsten ist wohl seine Vertonung des Bonhoeffer-Gedichtes *„Von guten Mächten wunderbar geborgen“*.

Am 25. Mai 1946 kam Siegfried Fietz in dem kleinen Ort Aue, der heute ein Stadtteil von Bad Berleburg ist, zur Welt. 1951 zogen die Eltern mit ihm und seinen drei Schwestern nach Hilchenbach, das ebenfalls im Kreis Siegen-Wittgenstein liegt. Seine Eltern waren Flüchtlinge aus Ostpreußen, wo sie als Bauern gelebt hatten. In Hilchenbach war der schwer kriegsbeschädigte

Vater nun als Maschinenarbeiter in der Metallindustrie tätig. Außerdem betrieb er mit seiner Frau eine kleine, nebenerwerbliche Landwirtschaft mit ein paar Nutztieren und etwas Ackerland.

Siegfried Fietz' Eltern waren im fernen Ostpreußen Mitglieder einer Baptistengemeinde gewesen. Im Siegerland schlossen sie sich nun einer Gemeinde an, die zum Bund Freier evangelischer Gemeinden (FeG) gehörte. In ihr herrschte eine warmherzige Atmosphäre, in der die Flüchtlingsfamilie vorbehaltlos akzeptiert und integriert war, wofür Siegfried Fietz seiner Heimatgemeinde bis heute sehr dankbar ist.

In der Familie Fietz wurde gern und viel gesungen. Dabei wurde in der Regel auf die Lieder zurückgegriffen, die man noch aus der Zeit in Ostpreußen in der Baptistengemeinde kannte und die man lieben gelernt hatte – darunter viele erweckliche „Heilslieder".

Außerdem verstand sich Siegfrieds Vater auf das Geigenspiel. Wenn er musizierte, saß sein Sprössling wie gebannt auf einem kleinen Hocker zu seinen Füßen und schaute sich ganz genau an, wie der Vater das Instrument handhabte. Schon bald übte er selbst fleißig auf einer zweiten Geige. Als dann aber eine ältere Schwester eine Gitarre geschenkt bekam, galt seine große Liebe fortan diesem Musikinstrument, das er wie selbstverständlich für sich in Beschlag nahm und dessen rhythmische Ausdrucksmöglichkeiten ihn faszinierten. Stundenlang konnte er – seine Umwelt und seine häuslichen Pflichten vergessend – sich dem Spielen auf diesem neuen Instrument hingeben. Dabei orientierte er sich zunächst an dem Liedgut, das in der Familie gesungen wurde.

Nach seiner Volksschulzeit schloss Siegfried Fietz zwei Ausbildungen ab: eine zum Maschinenschlosser und danach noch eine zum technischen Kaufmann. Doch die Leidenschaft zur Musik blieb; er verfolgte mit Begeisterung seinen Wunsch, sich auf diesem Terrain weiterzuentwickeln. So nahm er im Alter von 15 Jahren privaten Gesangsunterricht, den er von seinem kargen Lehrlingsgehalt bezahlte. Ab seinem 17. Lebensjahr erhielt er Klavierunterricht. Doch damit nicht genug: Als sich für den Jugendlichen durch den Siegener Kirchenkreis die Möglichkeit eröffnete, den C-Schein als Kirchenmusiker zu machen (und auf diese Weise das Orgelspiel zu lernen), ließ er sich diese Chance nicht entgehen. Zur weiteren Fortbildung belegte er noch einen Englischkurs in einer Sprachenschule in Siegen.

Doch was steckte hinter all den Fort- und Weiterbildungsmaßnahmen, die Siegfried Fietz in seinen jungen Jahren so konsequent ergriff? Gegenüber dem Musiker und Buchautor Jan Vering meinte er:

> „Ich wusste nur eines ganz genau: Ich musste lernen, was immer ich lernen konnte, wenn ich im Leben etwas erreichen wollte. Und ich wollte auf Biegen und Brechen Musiker werden. Dabei habe ich damals überhaupt nicht in Kategorien wie ‚Karriere' oder ‚Profi' gedacht. Für mich war Musik einfach nur der Kontakt mit einer wunderbaren Welt, in der ich mich wohler fühlte als sonst irgendwo. Das war meine Heimat, in dieser Welt wollte ich leben. Unbedingt!"

Und auch sein Entschluss, eine zweite Berufsausbildung zu absolvieren, hatte einen ähnlichen Hintergrund. Fietz' Begründung zu diesem Schritt lautet nämlich schlicht und einfach: „Durch die Arbeit als Schlosser hatte ich immer wieder Verletzungen von Metallspänen an den Fingern. Für einen Musiker, der Gitarre spielte und Klavier lernte, also heile Finger brauchte, war das einfach der total falsche Beruf."

Siegfried Fietz war 15 Jahre alt, als ihn während einer Evangelisationswoche das Bibelwort aus Jesaja 53,4 – „Fürwahr, er trug unsre Krankheit und lud auf sich unsre Schmerzen“ (Luther-Übersetzung) – in ganz besonderer Weise ansprach. Dabei realisierte er, dass der von dem Propheten Jesaja vorhergesagte Gottesknecht, also Jesus, das Heil auch für ihn persönlich erworben hatte. Daraufhin entschied er sich bewusst für ein Leben mit dem Gekreuzigten und Auferstandenen. Fortan war er bestrebt, auch anderen von seinem Glaubensglück zu erzählen und sie ebenfalls zu einem Leben mit Jesus einzuladen.

Dieses Ziel verfolgte Siegfried Fietz auch musikalisch. Mitte der 60er-Jahre gründete er mit seinem Freund Klaus Panthel eine eigene Band, die schon bald als „Fietz-Team“ mit großem Erfolg bundesweit in Erscheinung trat. Eine christliche Band, die bei ihren Auftritten E-Gitarren, E-Bass und sogar ein Schlagzeug einsetzte, war zu jener Zeit in der christlichen Musikszene in Deutschland noch etwas Ungewöhnliches, zog aber viele Jugendliche an. Und auch die neuen, zumeist von Siegfried Fietz stammenden Texte, die die Band sang, begeisterten sie. Der große Zuspruch, den das „Fietz-Team“ bei den jungen Leuten fand, veranlasste den christlichen Verleger Hermann Schulte, mehrere Schallplatten der Band in seinem gleichnamigen Verlag in Wetzlar herauszubringen. Zum ersten Mal waren Mitschnitte von Auftritten des „Fietz-Teams“ im Evangeliums-Rundfunk zu hören.

Für einige ältere Christen war jedoch das, was Fietz und seine Bandkollegen auf der Bühne präsentierten, viel zu modern und zu laut. Sie lehnten teils vehement den neuen Musikstil ab. Siegfried Fietz – alles andere als ein Revoluzzer oder Provokateur – litt unter ihren Angriffen, Verdächtigungen und Unterstellungen. Er wollte gar nicht polarisieren; aber er hatte immer deutlicher erkannt, dass vielen seiner Altersgenossen der christliche Jargon („Sprache Kanaans“) mittlerweile fremd geworden war. Und auch ihre Musikvorlieben hatten sich im Zeitalter der Beatles geändert. Aber gerade seine Generation wollte Fietz mit der christlichen Botschaft doch erreichen!

Nachdem Siegfried Fietz 1966 seine zweite Lehre abgeschlossen hatte, bot ihm Hermann Schulte die Stelle eines Produzenten in seinem HSW-Verlag an, bei der er vor allem eine „junge Musikreihe" entwickeln sollte. „Damit kam Fietz", so Jan Vering, „an eine entscheidende Schaltstelle. Es bedeutete vor allem eines: Aufbauarbeit, um das Niveau der Produktionen zu verbessern. (…) Und es bedeutete außerdem, interessante junge Künstler zu finden." Also zog Siegfried Fietz nach Wetzlar, wo er nicht nur voller Elan seiner Produzententätigkeit nachging, sondern gleichzeitig die Gelegenheit nutzte, sich weiter fortbilden zu können. Denn in Wetzlar wohnte auch der Komponist und Dirigent Gustav Adolf Schlemm. Bei ihm betrieb Fietz fünf Jahre lang eine Art von Privatstudium in Harmonie-, Kompositions- und Instrumentationslehre. Auf diese Weise verbesserte er sein Fundament an musikalischem Wissen für seine eigenen Kompositionen und Arrangements.

Durchbruch mit dem „Paulus-Oratorium"

Zu den jungen Künstlern, denen Siegfried Fietz die Chance einer Schallplattenveröffentlichung ihrer Lieder durch den HSW-Verlag gab, gehörten auch die damals noch wenig bekannten Liedermacher Jürgen Werth und Manfred Siebald. Doch auch eigene musikalische Werke gab Fietz im Verlag von Hermann Schulte heraus. Besondere Aufmerksamkeit sollte dabei sein aufwändig produziertes Paulus-Oratorium („*Lass dir an meiner Gnade genügen*"; 1973) erfahren, durch das er sich endgültig zu einer festen Größe in der christlichen Musiklandschaft etablierte.

Bei Wikipedia wird das Oratorium beschrieben als eine „dramatische, mehrteilige Vertonung einer zumeist geistlichen Handlung, verteilt auf mehrere Personen, Chor und Orchester. Es ist eine erzählend-dramatische Komposition." Und an eine solche

Musikgattung wagte sich Fietz! Die Vorfinanzierung war für ihn nicht einfach. Denn da er bei der Produktion mit renommierten Musikprofis zusammenarbeitete, war das große Unterfangen recht kostspielig. So wirkten etwa Ivo Preis als Piccolotrompeter, Rudi Sehring als Schlagzeuger oder Dominique Chanson als Querflötist mit, während die Streicher vom Radiosinfonieorchester Frankfurt kamen. Die meisten Solopartien sang Siegfried Fietz mit seiner gefühls- und ausdrucksstarken Stimme selbst.

Da er mit seinem großen oratorischen Projekt viele Menschen erreicht und „sein erklärtes Ziel, das Niveau der Klassiker mit zeitgemäßen musikalischen Mitteln zu verbinden", überzeugend verwirklicht hatte, machte ihm dieser Erfolg Mut. Auf dieser Basis entwickelte er ähnliche Produktionen wie zum Beispiel das *„Paulus-Oratorium II"* und *III* oder das *„David-Oratorium"*. Auch inspirierte er andere christliche Komponisten zu ähnlich komplexen Arrangements.

Stippvisite in der Welt der Schlager

1972 hatte Siegfried Fietz eine Idee, über die er im Nachhinein nur noch mit dem Kopf schütteln kann: Er machte einen „Ausflug" in die Schlagerbranche! Er hatte erkannt, dass die Produktionen des HSW-Verlags in der Regel immer nur von Menschen nachgefragt wurden, die bereits Christen waren. Sein Ziel war es aber, auch diejenigen mit seinen christlichen Liedern zu erreichen, die nur wenig oder keine Erfahrung mit dem christlichen Glauben hatten.

Mit diesem Antrieb bewarb sich Fietz mit seiner eigenen Solo-LP *„Und sehe eine weiße Wolke"* bei verschiedenen großen Schallplattenverlagen. Schließlich unterschrieb er bei der CBS Schallplatten GmbH einen mehrjährigen Vertrag. Die CBS-Chefs verlangten allerdings, dass er sich erst einmal als Schlagerstar einen Namen machen müsse und daher zunächst Songs im eher üblichen Schlagerstil vorzutragen habe. Sein eigentliches Anliegen, die Vermittlung von christlichen Inhalten, könne er allenfalls leise und dezent realisieren – mehr im Sinne eines „positiven Lebensgefühls". Später könne man ja weitersehen.

Die Marketingabteilung von CBS kreierte für den Schlagerstar in spe auch sofort einen Künstlernamen: Als „Manuel Thaler" sollte er künftig auftreten. Und da sich beim damals 26-jährigen Sänger bereits erste Spuren von Haarausfall eingestellt hatten, wurde ihm gleich noch eine mächtige Perücke verpasst. Dazu kamen noch Schuhe mit Plateausohlen, die zu dieser Zeit als besonders modern und chic galten.

Die Schlagerkarriere des Manuel Thalers startete erfolgversprechend. Schon früh wurde eine Langspielplatte von ihm auf den Markt gebracht. Er trat sogar in einigen TV-Unterhaltungsshows auf. Doch der Jungstar stieg vorzeitig aus seinem Vertrag aus, sodass die Karriere der Kunstfigur „Manuel Thaler" bereits 1974 wieder endete. Als einen der Gründe, die ihn zum Ablegen der Manuel-Thaler-Rolle brachten, nennt Fietz:

> „Ich merkte bald, dass das Ganze nicht so funktionierte, wie ich es mir vorgestellt hatte. Und dass sie mich nie die Lieder singen lassen würden, die mir wirklich wichtig waren. Ich war ein Kunstprodukt und lief wie auf Zehenspitzen durch die Schlagerwelt, in der ich nicht zu Hause war. Bei der Sendung ‚Bremer Container', als ich da neben Heino und Jürgen Drews stand, um die Lieder ‚*Wenn ich ein Sonntagskind wär*' und ‚*Ich liebe dich und du liebst mich*' zu singen, schwante mir: Das stimmt ja alles nicht, das bin ich gar nicht." [Kursivsetzungen hinzugefügt]

Während seines Ausflugs in die Schlagerwelt hatte Siegfried Fietz parallel weiterhin als Produzent im HSW-Verlag gearbeitet. 1974 kündigte ihm Hermann Schulte jedoch die Produzentenstelle.

Nachdem es Fietz nicht gelungen war, bei einem anderen Verlag unterzukommen, gründete er 1974 gemeinsam mit seiner Frau Barbara einen eigenen Verlag, den er „Abakus Schallplatten + Musikverlag“ nannte und zu dem schon bald ein eigenes Tonstudio gehörte. Da die eigentliche Geschäftsleitung von Barbara Fietz ausgeübt wird, wurde der Verlag inzwischen in „ABAKUS Musik Barbara Fietz“ umbenannt.

Die „Space Sinfonie“ und das „Living Water“-Projekt

Bei seinen Musikproduktionen arbeitete Siegfried Fietz immer mit renommierten Autoren und Musikern zusammen. Denn es war sein Anspruch, Produkte von hoher künstlerischer Qualität zu liefern. So zählten zu seinen Textern u. a. Johannes Jourdan, Johannes Hansen, Dieter Stork, Christian A. Schwarz, Rainer Haak oder Rolf Krenzer. Zu den Musikern, mit denen er zusammenarbeitete, gehörten viele international erfolgreiche Künstler.

Das ambitionierteste, musikalisch aufwändigste und kostspieligste Projekt von Siegfried Fietz war sicherlich die von ihm komponierte „*Space Sinfonie*“ (1980). Sie entstand wenige Jahre nach dem erfolgreichen Apollo-15-Flug zum Mond. Diese (vierte) bemannte Mondlandung fand in der Welt besondere Beachtung, weil der Mondaufenthalt der Astronauten sich erstmalig über mehrere Tage (vom 29.7. bis 2.8.1974) erstreckte und für die wissenschaftlichen Erkundigungen ein Mondauto benutzt wurde. Der Pilot der Raumfähre, der Astronaut James B. Irwin, erfuhr unter den Mond- und Weltraumeindrücken einen „religiösen Wendepunkt“. Fortan reiste er um die ganze Welt, um von seinen geistlichen Erfahrungen, die er im Verlauf der Apollo-15-Mission gemacht hatte, zu berichten und die Menschen zum Glauben an Jesus Christus zu bewegen. Die

„*Space Sinfonie*“ handelt von dieser Apollo-Mission und den Glaubenserfahrungen des Astronauten James B. Irwin auf der außerirdischen Reise.

Aufgenommen wurde das Musikstück vom weltberühmten Londoner „Royal Philharmonic Orchestra“. Die Space Songs sang Siegfried Fietz auf Englisch und auf Deutsch selbst. In dem Album erzählt Irwin von den Erinnerungen seiner Weltraumreise und seinen entsprechenden Reflexionen. Mehrere Konzerttourneen führten Siegfried Fietz und James B. Irwin um die Welt. Irwin verstarb 1991 an den Folgen eines Herzinfarktes während einer dieser Touren in den USA.

Die Persönlichkeit von Siegfried Fietz zeichnet aus, dass er sich voller Begeisterung für eine Sache einsetzt, sobald er von ihr überzeugt ist. Gleichzeitig vermag er es, auch andere mit seinem Enthusiasmus anzustecken und zur Mitarbeit zu gewinnen. Das zeigte sich auch bei seinem in den Neunzigerjahren entstandenen Benefizprojekt „Living Water“. Mit ihm unterstützte Fietz ein Programm zur Wasserversorgung, das das christlich-humanitäre Hilfswerk „World Vision“ vor allem in Teilen Afrikas unter dem Motto „Wasser für die Welt“ durchführte. Das Album, das Fietz aus diesem Anlass herausbrachte, enthält von ihm komponierte Melodien eines Songzyklus, für den mehrere international bekannte Sängerinnen und Sänger, wie etwa Petula Clark, Edwin Hawkins oder Steve Barton, bereit waren, ihre Stimme zu geben. Für die Backgrounds konnte der berühmte „Toronto Mass Choir“ gewonnen werden. Selbstverständlich wirkten alle Künstler kostenlos für den guten Zweck mit. Fietz selbst hatte zwei Jahre lang bei allen seinen Konzerten die Aktion „Wasser für die Welt“ vorgestellt und auf diese Weise den Bau vieler Brunnen durch Spenden finanzieren können.

Vielseitiger Künstler voller Schaffens- und Tatendrang

Der Umfang von Fietz' musikalischem Werk ist gewaltig. Er vertonte weit über 4000 Lieder und veröffentlichte bei ABAKUS Musik über 200 Alben (Stand 2023). Hinzu kommen seine vielen Konzerte, in manchen Jahren bis zu 80 Stück. Dass er bei all diesen Aktivitäten auch noch Zeit fand, zehn Jahre lang eine eigene Musiksendung im Hessischen Rundfunk (HR) zu moderieren, ist schon erstaunlich. In der unter dem Namen „Lieder zwischen Himmel und Erde" laufenden Sendung wurden bevorzugt Songs der Musikgattung Sacropop und Neues Geistliches Lied vorgestellt. Damit bekamen christliche Songs die Chance, auch im öffentlich-rechtlichen Rundfunk gesendet zu werden. Leider wurde das Format 1996 eingestellt, ohne dass es zu einem Nachfolge-Format gekommen wäre.

„Lieder zwischen Himmel und Erde" lief damals einmal im Monat zwischen 21 und 22 Uhr und erreichte ein erstaunlich großes, über den Kernbereich des HR hinausreichendes Publikum. Trotzdem musste Fietz während seiner Moderatorentätigkeit die traurige Erfahrung machen, dass seine Sendung von kirchlicher Seite heftigen Gegenwind bekam. In einem IDEA-Interview meinte er später:

> „Es war tatsächlich interessant zu erleben, dass eine Sendung unter dem Titel ‚Lieder zwischen Himmel und Erde' mit ausgesprochen christlicher Musik Erfolg hatte – und zwar an der Basis. Enttäuschend war allerdings, dass wir ausgerechnet von kirchlicher Seite angeschossen wurden. (…) Ich war den Kirchenleuten offensichtlich zu fromm. Doch selbst sie haben es nicht geschafft, die Sendung zu kippen, weil die Zustimmung unter den Zuhörern eben enorm war. Ich habe mit der Sendung aufgehört, weil zehn Jahre lang immer wieder eine solche

> Sendung zu machen, eine enorme Anstrengung bedeutet und mein Schwerpunkt nicht Radiomoderation ist, sondern das Schreiben von Liedern, und darauf wollte ich mich wieder konzentrieren."

Obwohl Fietz der Ansicht ist, dass „jede Zeit ihre Sprache braucht" und sich daher das christliche Liedgut nebst zugehöriger Musik in zeitgemäßer Form präsentieren müsse, so ist seine Einstellung bezüglich des Gebrauchs moderner christlicher Lieder dennoch sehr differenziert. So meinte er einmal auf die Frage, ob „die Zeit der Gerhard-Tersteegen- oder Paul-Gerhardt-Choräle vorbei" sei:

> „Überhaupt nicht! Es gibt geradezu ewige Lieder wie ‚*Nun danket alle Gott*' oder ‚*O Haupt voll Blut und Wunden*'. Und ich mache Gemeinden Mut, diese Schätze immer wieder auszugraben, also auch singen zu lassen. Diese Lieder überdauern vieles, was wir heute machen. Wir machen ja heute vielfach Gebrauchslieder. So schnell, wie sie erlernt sind, so schnell sind sie dann oft auch wieder vergessen. (…) Doch es gibt auch unter den neuen Liedern immer wieder Edelsteine, die durchs ganze Leben tragen. Man sollte ein neues Lied erst dann endgültig in ein Gesangbuch aufnehmen, wenn es sich über Jahre in vielen Gemeinden insofern bewährt hat, als es gern gesungen wird und Menschen geistlich auch eine Hilfe geworden ist."

Siegfried Fietz führte Konzerte in Stadthallen und auf Open-Air-Bühnen, im Stephansdom in Wien oder im Bruckner-Haus in Linz durch. Er trat in landes- und freikirchlichen Gotteshäusern ebenso auf wie auf evangelischen oder katholischen Kirchentagen oder – wie 2016 mit dem „*Paulus-Oratorium*" – auf der Allianzkonferenz in Bad Blankenburg. Seit Längerem ist Fietz auch als

Bildender Künstler tätig. 2015 eröffnete er in der Nähe seines Wohnortes Greifenstein-Allendorf einen öffentlich zugänglichen Skulpturenpark, in dem viele seiner Holz- und Steinplastiken ausgestellt sind. Im August 2021 erhielt er die Ehrenurkunde für Kunst und Kultur des Hessischen Ministeriums für Wissenschaft und Kunst für seine vielfältigen Verdienste als Sänger, Instrumentalist, Plattenproduzent, Arrangeur, Komponist, Maler und Bildhauer.

LITERATUR- UND QUELLENNACHWEIS

CH, Livenet: *Aller guten Dinge sind 3000. Siegfried Fietz wird 65.* In: *PRO – Das christliche Medienmagazin.* Wetzlar 25.5.2011. URL: www.livenet.ch/themen/people/190363-aller_guten_dinge_sind_3000.html

Evangelische Nachrichtenagentur IDEA: *Siegfried Fietz erhält Ehrenurkunde des Landes Hessen.* In: *IDEA.* Wetzlar 4.8.2021. www.idea.de/artikel/siegfried-fietz-erhaelt-ehrenurkunde-des-landes-hessen

Matthies, Helmut: *Christen singt! Interview.* In: *IDEA.* Wetzlar 21.4.2002. https://www.idea.de/Interview/detail/christen-singt-56667

Rathjen, Bente: *Siegfried Fitz.* Interview mit Siegfried Fietz. In: *Lauf des Lebens* (Serie). Bibel TV Folge 81/Staffel 1 2021. www.bibeltv.de/mediathek/videos/333361-siegfried-fietz

Rühl, Lothar: *...und kein bisschen heiser: Siegfried Fietz wird 60 Jahre alt.* 26.5.2006. www.livenet.ch/magazin/people/129064-und_kein_bisschen_heiser_siegfried_fietz_wird_60_jahre_alt.html

Schmid, Peter: *Siegfried Fietz: Glauben und die Lust am Leben wecken.* Interview 13.11.2008. www.livenet.ch/themen/people/141828-siegfried_fietz_glauben_und_die_lust_am_leben_wecken.html

Gerth Medien: *„Von guten Mächten und bewegten Zeiten". Siegfried Fietz im Interview.* https://www.gerth.de/aktuelles/news-beitraege/interviews/2011/von-guten-machten-und-bewegten-zeiten

Vering, Jan: *Siegfried Fietz. Von guten Mächten und bewegten Zeiten.* Asslar 2011

Siegfried Fietz. https://de.wikipedia.org/wiki/Siegfried_Fietz

Jörg Swoboda

*Jörg Swoboda (*1947)*
„Der Sohn, den du bekamst, blieb dir am Leben"

Die Baptistengemeinde als zweites Zuhause

Jörg Swoboda ist Vollblutevangelist und einer der profiliertesten christlichen Liedermacher in Deutschland. Er ist in der DDR aufgewachsen und groß geworden. Von Beginn seines Lebens an christlich sozialisiert sah er sich mit einem totalitären Machtsystem und seiner unduldsam vertretenen sozialistischen und atheistischen Weltanschauung konfrontiert. Das ließ ihn als Christ und Persönlichkeit reifen und hat ihn bis heute geprägt. Daher muss auf diesen Lebensabschnitt des „jungen" Jörg Swoboda näher eingegangen werden.

Gut anderthalb Jahre nach der Beendigung des Zweiten Weltkrieges kam Jörg Swoboda am 5. Januar 1947 in Ostberlin zur Welt. Es waren beengte und bedrückende Verhältnisse, in denen er aufwuchs: Der Wohnraum war äußerst knapp bemessen und das Zusammenleben mit Erhard Swoboda, dem Vater, alles andere als leicht. Der Sohn litt sehr unter dessen Gefühl- und Interessenlosigkeit ihm gegenüber sowie unter den Beschimpfungen, Demütigungen und Schlägen, die er von seinem Vater erhielt.

Wie gut, dass da als Gegenpol die Mutter war! Margarete Swoboda, geb. Geisler, war zwar durch die belastende Ehe, durch mancherlei Erkrankungen und durch ihre Tätigkeit als Aushilfskindergärtnerin wie auch durch die zusätzliche schwere körperliche Arbeit als Putzkraft in verschiedenen Haushalten chronisch erschöpft und überlastet. Doch ihre Liebe, Fürsorge und Zuwendung für ihre insgesamt drei Kinder scheinen unerschöpflich gewesen zu sein. Daneben war sie in ihrer barmherzigen und hilfsbereiten Art stets auch für andere Menschen da, denen es nicht gut ging und die ihrer Hilfe bedurften.

Ihre Kraft und Zuversicht gewann sie immer wieder neu durch ihren Glauben an Jesus Christus. Mit zwanzig Jahren hatte sie sich in einer Baptistengemeinde in Berlin-Gesundbrunnen (Wattstraße) bekehrt und taufen lassen. Später gehörte sie zur Baptistengemeinde in Berlin-Friedrichshagen. Auch für Jörg Swobodas eigene Entwicklung war diese Gemeinde sehr wichtig – erlebte er doch hier als Kind und Jugendlicher „Nestwärme" und Akzeptanz. Und das nicht nur in den Gemeindegruppen (Sonntagsschule, Bibelklasse, Jugendgruppe), sondern auch durch verschiedene Mitglieder dieser kleinen Gemeinschaft. Eines davon war sein Jugendleiter „Onkel Erwin", der als Gärtner auf einem kirchlichen Friedhof arbeitete. Jörg half ihm manchmal und verdiente sich dabei etwas Taschengeld. Noch wichtiger aber waren die Gespräche, die er mit dem Erwachsenen während der gemeinsamen Arbeit führte.

> „Die Zuwendung und Liebe, die ich bei meinem Vater entbehrte", bekennt Swoboda später, „fand ich bei diesem kinderlos gebliebenen Mann. Er war einer der Menschen, die viel mehr am Lager als im Schaufenster haben. (…) Bei ihm und seiner Frau, ‚Tante Eva', (…) habe ich die glücklichsten Stunden meiner Jugendzeit erlebt. Nach der Jugendstunde gab es bei ihnen oft für viele Gäste ein Abendbrot. In der Geselligkeit und Herzlichkeit der Runde fiel die Last der angespannten Atmosphäre in meiner eigenen Familie von mir ab."

Bekehrung mit Folgen

In der von ihm besuchten Gerhart-Hauptmann-Oberschule galt Jörg bei Lehrern und Mitschülern als Christ, besuchte er doch regelmäßig die Gottesdienste sowie die Kinder- und Jugendstunden der Baptistengemeinde in der Friedrichshagener Klutstraße. Doch einer bewussten Entscheidung, Jesus Christus verbindlich nachzufolgen und ihm sein Leben zu übergeben und anzuvertrauen, war er bislang ausgewichen. Dass Gott jedoch dieses Ja in ihm vorbereitete, lag nach Swobodas eigenem Bekunden „an Menschen, die mit ihrem Leben für die christliche Wahrheit einstanden: jede Lebensgeschichte eine Botschaft mit Überzeugungskraft. Sie prägten die Jahre meiner Kindheit und Jugendzeit." Das galt nicht zuletzt für seine Mutter, aber auch für verschiedene Mitglieder „seiner" Baptistengemeinde.

Eines Tages war es dann auch für Jörg so weit. Nach einem Evangelisationsabend in der kleinen Baptistenkapelle fühlte er sich (wieder einmal) von der Botschaft und dem Aufruf zur Bekehrung persönlich angesprochen. Doch war er unentschlossen und im Begriff, die Entscheidung für ein Leben mit Jesus erneut hinauszuschieben. Während er, innerlich zerrissen, wie er war, die Kapelle verlassen wollte, fing ihn plötzlich „Tante Eva", die Frau seines Jugendleiters, am Ausgang ab und konfrontierte ihn mit der schlichten Frage: „Jörg, was hält dich eigentlich davon ab, mit Jesus ganze Sache zu machen?" Das war für ihn dieser entscheidende Anstoß, den er noch gebraucht hatte:

> „Mein Widerstand, mein Stolz, meine Menschenfurcht, meine Bedenken brachen zusammen. Jede frömmelnde Ausrede blieb mir im Hals stecken. Jesus und seine überwältigende Liebe, sein Leiden um meinetwillen – und auf der anderen Seite meine jämmerlichen Vorbehalte standen

mir vor Augen. Ich antwortete: ‚Nichts', fühlte Scham und Glück, und eine Last fiel von mir ab."

Gemeinsam kehrten die beiden zurück in die Kapelle, die inzwischen schon fast leer war. Dort betete der Jugendliche gemeinsam mit „Tante Eva" in der ersten Bankreihe. Er bekannte Jesus seine Schuld, lieferte ihm sein Leben aus und dankte für die Vergebung seiner Sünden. Eine Last fiel von ihm ab, und Freude erfüllte sein Herz. Wenige Monate später ließ er sich taufen. Zu diesem Zeitpunkt war Jörg Swoboda 16 Jahre alt.

Es war eine Bekehrung mit Folgen. Auch in der Schule bekannte Swoboda sich fortan zu seinem Glauben an Jesus Christus. Als in der elften Klasse eines Tages von ihm und seinen Klassenkameraden eine schriftliche Arbeit zu dem Thema „Darstellung der eigenen Entwicklung" verlangt wurde, schrieb er tatsächlich seine Bekehrungsgeschichte auf. Daraufhin wurde er ins Sprechzimmer der Direktorin zitiert. Entgegen seinen schlimmen Befürchtungen begegnete sie ihm freundlich und erkannte sogar die Aufrichtigkeit der von ihm gemachten Ausführungen in seinem Aufsatz an. Dann aber folgte der warnende Hinweis, dass sich seine Offenheit nachteilig für seinen weiteren Ausbildungsweg auswirken könnte. Gleichzeitig machte sie dem Schüler ein sicherlich gut gemeintes Angebot, indem sie vorschlug: „Ich möchte Ihnen deshalb Gelegenheit geben, Ihre Darstellung zurückzunehmen und noch einmal neu abzufassen." Doch Jörg Swoboda stand zu dem, was er geschrieben hatte, und lehnte ihre Offerte ab.

Nach seinem Schulabschluss war es ihm dann dennoch möglich, sich bei der „Hochschule für angewandte Kunst" in Berlin-Weißensee um einen Platz im Studienbereich „Industrie-Design" zu bewerben. Als er sich jedoch nach Ablegen der Aufnahmeprüfung weigerte, die obligatorische vormilitärische Ausbildung mitzumachen, und er überdies weder bereit war, in die FDJ – die Jugendorganisation der SED-Staatspartei – einzutreten, noch, sich bedingungslos hinter die Studienordnung zu stellen (sie enthielt ein Bekenntnis zum Marxismus-Leninismus), da wurde ihm der Studienplatz verweigert.

Wie sollte es nun für ihn weitergehen? In seiner Unsicherheit entschied Swoboda sich für ein Ingenieurstudium. Um nicht auch diesen Studienplatz zu gefährden, entschloss er sich, diesmal – entgegen seiner Überzeugung – an der vormilitärischen Ausbildung der Studenten teilzunehmen. Da von ihm erwartet wurde, sich „gesellschaftlich zu betätigen", und er zudem gern sang, trat er dem Studentenchor bei. Doch schon bald kam es hier zu einer Nagelprobe seines Gewissens. Wegen seiner guten Stimme war für ihn eines Tages eine Solopartie vorgesehen. Und das ausgerechnet bei dem Lied *„Der Friede schultert sein Gewehr"!* An dieser Stelle war der junge christliche Pazifist zu keinem Kompromiss mehr bereit. Dieses „durch und durch militaristische Lied im Sinne der DDR-Doktrin" zu singen, lehnte er kategorisch ab. Daraufhin warnte ihn der Dirigent, der zugleich der SED-Sekretär der Ingenieurschule war, mit den Worten: „Wissen Sie auch, was das für Sie bedeutet?" Natürlich war sich Swoboda der möglichen Konsequenzen seiner Entscheidung bewusst – und brach nach nur einem Dreivierteljahr sein Studium selbst ab. Später öffnete sich für ihn die Tür zum Theologiestudium am Seminar der Baptisten in Buckow/Märkische Schweiz, womit die eigentliche Berufung seines Lebens begann.

Prägende Vorbilder und Einflüsse

Dazu, dass Jörg Swoboda schon früh anfing, Lieder zu schreiben und vorzutragen, trugen gleich mehrere Umstände bei.

Da war zunächst einmal seine eigene Mutter. Sie sang ihm, als er noch ein Junge war, jeden Abend an seinem Bett „Gottvertrauen ins Herz". Großen Eindruck hinterließen auch die von ihrer Hand beschriebenen Zettel, die er hin und wieder in der Küche ausgelegt sah. Sie enthielten Liedtexte von Paul Gerhardt, Dora Rappard und anderen frommen Liederdichtern, die sie sich auf diese Weise einzuprägen versuchte. Der eine oder andere Vers stammte sogar von ihr selbst.

> „Das hinterließ", so Jörg Swoboda, „in meiner Seele einen tiefen Eindruck. Dass sich der menschliche Geist über ganz alltägliche Arbeiten erheben kann, um Gedanken zu ‚verdichten', damit schließlich daraus Verse und Strophen eines Gedichts werden können, wurde mir auf diese Weise selbstverständlich."

Auch durch seine Tante Brunhilde erfasste Jörg Swoboda bereits in jungen Jahren die Bedeutsamkeit und positive Tiefenwirkung von christlichen Liedern. Diese Tante war nämlich einst im jugendlichen Alter häufig an der Baptistenkapelle in Friedrichshagen vorbeigekommen. Dabei hatte sie der zu ihr herübertönende Liedgesang der in dem Gotteshaus befindlichen Gottesdienst- oder Bibelstundenbesucher so sehr fasziniert, dass sie eines Tages dem Drang nachgegeben hatte, selbst an den Veranstaltungen der Gemeinde teilzunehmen. Später bekehrte sie sich und wurde Gemeindemitglied. Mit ihrer großartigen Sopranstimme brachte sie sich sowohl als Solistin als auch als Sängerin im Gemeinde- und Gitarrenchor ein. An ihrer Seite sang auch ihr Neffe Jörg.

> „Durch Menschen wie Tante Hildchen", meinte dieser später, „ist mir schon sehr früh deutlich geworden, wie Gott Lieder gebraucht, um Menschen für Jesus hellhörig zu machen. Das hat mich für meine spätere Jugendarbeit und heutige Aufgabe als Liedermacher und Songevangelist geprägt und vorbereitet."

Eine weitere Person übte indirekt über ein von ihr verfasstes Buch großen Einfluss auf die musikalische Entwicklung des jungen Swoboda aus. Gemeint ist der spätere Chemnitzer Jugendpastor Theo Lehmann. Zu dieser „Begegnung“ kam es so: Jörg Swoboda hatte mit 14 Jahren angefangen, auf der Gitarre zu spielen, und war auf der Suche nach rhythmischen Liedern. Da entdeckte er eines Tages im Schaufenster einer Buchhandlung eine edle Buchausgabe mit dem Titel *Nobody knows ... Negro Spirituals* und dem Abbild eines Afro-Amerikaners auf dem Cover. Neugierig geworden ließ er sich in der Buchhandlung das Buch zeigen und war sogleich überwältigt von dem, was er in dem reich bebilderten Werk entdeckte: Es handelte nicht nur von der Geschichte der Negro Spirituals, sondern enthielt auch jede Menge dieser Lieder mit Noten. Verfasser war der oben erwähnte Theo Lehmann, ein ausgewiesener Kenner der Musik des Jazz und Blues, der Gospels und Spirituals (vgl. S. 157). Selbstverständlich erwarb der Vierzehnjährige das Buch, von dem er so fasziniert war. Die gewonnenen Lieder sollten seine künftige musikalische Entwicklung stark beeinflussen. Denn der Jugendliche beließ es nicht nur beim Singen dieser Spirituals, sondern wagte sich auch selbst an eigene deutsche Textfassungen. Im Laufe der nächsten Jahre wurde Swobodas Begabung, Lieder zu texten und selbst vorzutragen, für ihn und andere immer offensichtlicher.

Schließlich avancierte er gemeinsam mit Theo Lehmann zum wohl bekanntesten und populärsten ostdeutschen christlichen Liedermacher. Letzteren hatte er inzwischen persönlich kennen und schätzen gelernt. Aus ihrer Bekanntschaft entwickelte sich schon bald eine bewährte Langzeitfreundschaft und produktive Arbeitsgemeinschaft, bei der die beiden auf den ersten Blick so gegensätzlichen Männer – der eine ein „waschechter Baptist“, der andere ein „schwarzer Lutheraner“ – es sich zur Gewohnheit machten, einen Teil ihrer Lieder gemeinsam zu texten. (Wobei der Kompositionspart allein bei Jörg Swoboda lag.) Jahr für Jahr trafen sich die beiden zu mehrtägigen „Liedtext-Klausuren". In diesen Meetings wurde konzentriert an neuen Liedern gearbeitet und gefeilt, gegenseitige Sprachvorschläge wurden geprüft und verbessert, angenommen oder verworfen. Auch für den so wichtigen Plausch und Austausch unter Freunden blieb natürlich noch Zeit.

Engagierter Liedermacher mit klarer Botschaft

Swobodas Lieder haben einen evangelistischen, werbenden und Mut machenden Klang. Sie wollen nicht nur zum Nachdenken anregen, sondern auch auf Jesus, den Erlöser, hinweisen, der nach Swobodas Überzeugung „die Wunde unseres Lebens anrührt, um sie zu heilen". Dabei nimmt Swoboda in Kauf, dass er zuweilen mit den Aussagen seiner Lieder gegen den Mainstream schwimmt. Das zeigt sich zum Beispiel in seiner klaren Ablehnung der Abtreibung. So scheut er sich nicht, an Veranstaltungen von Lebensrechtsgruppen – wie etwa dem „Marsch für das Leben" – teilzunehmen und dort mit seinen einfühlsamen Liedern Mut zu machen, sich für und nicht gegen das ungeborene Leben zu entscheiden. Diese deutliche Positionierung ergibt sich für ihn nicht nur aus ethischen und humanitären Gründen sowie seiner biblisch-theologischen Überzeugungstreue, sondern sie hat auch einen sehr persönlichen Hintergrund. Das lässt ein Lied erkennen, das Swoboda exklusiv zum 90. Geburtstag seiner Mutter gedichtet und ihr vorgesungen hat. Nachdem er in den ersten beiden Strophen daran erinnert hat, dass das während der letzten Schlacht um Berlin in einem Bombenkeller eines Krankenhauses von ihr zur Welt gebrachte dritte Kind regelrecht verhungerte, da ihre Brust aufgrund der eigenen Mangelernährung dem Säugling keine Milch zu geben vermochte, heißt es in der dritten und vierten Gedichtstrophe:

3) Nur ein Jahr später warst du wieder schwanger.
Die Tante fing dich zu beschwören an:
„Nein, nicht noch einmal solches Leid erleben,
tu das dem Kind und dir doch bloß nicht an!
Nicht noch einmal ein Kind so sterben sehen!
Die Liebe ist auch hart und nicht nur weich.
In diesem Fall muss dein Gewissen schweigen.
Drum treib es ab, das Kind, und möglichst gleich!“

4) Fast jeder hätte diesen Schritt verstanden.
Du hättest „Ja“ gesagt und eingelenkt.
Doch hast du ihm das Leben nicht genommen.
Im Blick auf Gott hast du es ihm geschenkt.
Der Sohn, den du bekamst, blieb dir am Leben.
Nach all dem Kummer doch noch Glück für dich.
Ich werde deine Liebe nie vergessen.
Ich danke dir, denn dieses Kind bin ich.

Auch in der sogenannten Genderfrage vertritt Swoboda eine klare Position – ungeachtet möglicher Anfeindungen und Ausgrenzungen, die heutzutage Genderkritiker treffen kann. In einem PRO-Medienmagazin-Interview aus dem Jahr 2017 gibt er seiner Verwunderung mit den Worten Ausdruck:

> „Ich bin in der totalitären DDR aufgewachsen und hätte mir nie träumen lassen, dass wir ein Vierteljahrhundert nach der Wiedervereinigung wieder in einem totalitären Gesellschaftsentwurf landen. Unter dem Begriff Gender-Mainstreaming läuft ein gigantisches Umerziehungsprogramm der Gesellschaft, und kaum einer muckt auf.“

Er selbst hat unter dem Titel *Von Mann, Frau und Kind* eine CD herausgebracht, mit deren Liedern er für das biblische Ehe- und Familienmodell wirbt.

Jörg Swoboda plädiert dafür, dass bei gottesdienstlichen Veranstaltungen in Deutschland keine englischsprachigen Lieder gesungen werden. Seine Begründung hierfür ist so einfach wie plausibel:

> „Gott versteht auch Deutsch – die meisten Gottesdienstbesucher aber kein genuscheltes Englisch. Und selbst wenn die Worte verstanden werden, landen sie im Kopf – weil sie dort übersetzt werden müssen. Aber sie gehen nicht wirklich in uns ein und dringen nicht bis zu unserem Herzen vor.“

Daher sind die Swoboda/Lehmann-Lieder auch grundsätzlich in deutscher Sprache verfasst. Mehrere von ihnen haben inzwischen einen sehr hohen Bekanntheitsgrad unter Christen erreicht und sind in den gängigen Liederbüchern vertreten – hier eine kleine Auswahl:

Du bist Gottes Liebe auf den ersten Blick
Du hast mir so oft neuen Mut gegeben
Wer Gott folgt, riskiert seine Träume
Herzen, die kalt sind wie Hartgeld

Das letzte Lied handelt davon, wie auch in einer Zeit zunehmender Hartherzigkeit und Ungerechtigkeit Menschen, die sich Gottes Liebe öffnen und aussetzen, positive Wesens- und Verhaltensänderungen erleben und gestörte Beziehungsverhältnisse wieder neu gestaltet und geheilt werden können.

Zum Klassiker geworden ist auch das Lied *„Dass dein Wort in meinem Herzen starke Wurzeln schlägt“* mit seinem eingängigen

Refrain. Der Text wurde 1986 von Jörg Swoboda und Theo Lehmann geschrieben und nur zwei Jahre später zum „offiziellen" Lied des in Nürnberg stattfindenden Christivals.

Der Pastor i. R. Siegfried Rosemann hat einmal darauf hingewiesen, dass Jörg Swoboda schon in der DDR kein Blatt vor den Mund genommen und „mit seiner Gitarre manchen Unwillen bei den damaligen Großen" hervorgerufen habe.[1] Weiter führt er über den Liedermacher aus:

> „Seine Songs sind mal leise, mal laut, immer aber von spritziger, treffender und oft poetisch warmer Sprache. Das macht ihn so sympathisch und seine Lieder so anziehend. Wer ihn erlebt, geht sicher mit einem Ohrwurm nach Hause. Denn eine der entscheidenden Fähigkeiten Swobodas ist die Gabe, zum Mitsingen zu animieren. So springt bei vielen seiner Lieder der berühmte Funke beinahe wie von selbst über."

Vielseitig aktiv

Nach seinem Theologiestudium (1967–1971) war Jörg Swoboda für zwei Jahre Pastor der Baptistengemeinde in Lichtenstein/Sachsen. 1973 wurde er zum Jugendpastor des Bundes Evangelisch-Freikirchlicher Gemeinden (BEFG) in der DDR berufen. Im Jahr 1981 übernahm er dann eine Dozentenstelle am Theologischen Seminar des BEFG in Buckow. Seine Lehrfächer waren Griechisch, Kirchengeschichte und Evangelistik. 1989 wurde er Seminardirektor. Als nach der Wiedervereinigung 1990 im Jahr darauf die beiden deutschen baptistischen Seminare in Ost- und Westdeutschland in Hamburg zusammengelegt wurden, übernahm Swoboda bis zu seinem Ruhestand 2012 den Dienst eines Bundesevangelisten (Dienstbereich Mission) im gesamtdeutschen Bund.[2] Dabei praktizierte er auch das Konzept der „Lernevangelisation“, bei der Pastoren und ehrenamtliche Verkündiger in einem Vorbereitungsseminar angeleitet werden, in einer sechs Monate später folgenden gemeinsamen Missionswoche evangelistische Predigten zu halten.

Swoboda wirkte auch als Gastdozent an theologischen Seminaren im In- und Ausland, wie etwa an der baptistischen Bibelschule im russischen Kursk oder am Instituto Biblico Asuncion (Paraguay). Von 2000 bis 2006 war er Vorstandsmitglied der Deutschen Evangelischen Allianz und von 1993 bis 2012 Vorstandsmitglied von ProChrist. Der Deutschen Evangelistenkonferenz diente er von 2012 bis 2019 als deren Vorsitzender. Auch als Autor ist Jörg Swoboda hervorgetreten.

Im Laufe der Zeit ist eine beachtliche Anzahl von CDs mit Swobodas (und Theo Lehmanns) Liedern erschienen. Sogar eine CD für Fernfahrer *(Flensburg)* ist darunter. Musikalisch wechseln seine Lieder – je nach Inhalt – neben volksliedhaften Formen zwischen Dixieland und Blues, Ballade oder Country. Swoboda ist nicht nur auf verschiedenen christlichen Veranstaltungen aufgetreten, sondern hat auch in Gefängnissen gesungen. In zahlreichen Schulklassen hat er gemeinsam mit den Kindern Liedtexte zu Themen ihrer Wahl entwickelt. Und noch immer ist er zu eigenen Konzerten unterwegs.

Nicht unerwähnt bleiben sollte auch Swobodas politisches Engagement. So moderierte er in der Wendezeit in seinem Wohnort Buckow den Runden Tisch und war dort von 1990 bis 1993 auch Stadtverordnetenvorsteher. Beides war nur möglich, weil er als vertrauenswürdig und politisch unbelastet galt. In seinem Ruhestand erklärte er sich überdies bereit, ehrenamtlich im Amt Märkische Schweiz als Schiedsmann und Friedensrichter zu wirken.

Jörg Swoboda, der nach wie vor in Buckow wohnt, ist mit Inge verheiratet und hat vier Kinder und neun Enkelkinder.

[1] In einem Beitrag mit der Überschrift „‚Nun danket alle Gott?' Gottes Wirken und Wunder im politischen Geschehen von 1989" für die Zeitschrift EINS! schrieb Swoboda: „Persönlich erinnere ich mich, dass Jugendliche nach meinen Predigten aus dem staatlichen Jugendverband ‚Freie Deutsche Jugend' ausgetreten sind oder sich zum unbewaffneten Militärdienst bei den ‚Bausoldaten' gemeldet haben. Aus Stasi-Akten weiß ich, dass meine pazifistischen Lieder als ‚Schwächung der Verteidigungsbereitschaft der DDR' gewertet wurden. Und weil die Nationale Volksarmee der DDR den Weltfrieden sichern sollte, war ich nach staatlicher Logik ein hochgefährlicher Friedensstörer."

[2] In seinem Verkündigungsdienst versteht Jörg Swoboda sich als „ein Botschafter an Christi Statt" (2. Korinther 5,20). Verschämte Leisetreterei ist ihm dabei fremd. Die Sünde(n) der Menschen und das zukünftige Gericht Gottes sind für ihn keine Tabuthemen. In einem Interview mit dem christlichen Nachrichtenmagazin IDEA begründete er das unter anderem so: „Die Entdeckung der Reformatoren war ja gerade, dass der Richter gleichzeitig der Rechtfertiger ist. Nur weil Gott das Gericht über unsere Sünden an seinem Sohn vollzogen hat, sind wir als Sünder auch gerecht, wie Martin Luther das ausdrückte." Alle Sünden haben nach Swoboda Konsequenzen. Dass die biblischen Geschichten an vielen Stellen auch „die bittere Pille der Selbsterkenntnis" enthalten, sei für ihn ganz natürlich. Denn „eine Medizin soll ja nicht schmecken, sondern heilen". Auch bemängelte er, dass oftmals „unbiblisch von einer romantischen Liebe Gottes gepredigt" würde. „Beschwichtigend wird immer häufiger vom ‚guten Gott' gesprochen, als wenn der nicht auch zu fürchten wäre. (…) Wo aber Sünde nicht mehr beim Namen genannt wird, entfällt folgerichtig, dass Jesus für unsere Sünden gestorben ist. Also hat man auch über das Gericht nichts mehr zu

sagen. Übrig bleibt eine rein innerweltliche soziale Botschaft von Jesus als Vorbild, gespickt mit vielen Imperativen und Appellen." Pastoren hätten aber – wollten sie nicht ihrer Berufung untreu werden – „nicht den Leuten nach dem Mund zu reden, sondern Mund Gottes zu sein. (…) Wer sich allerdings von der Angst steuern lässt, sich bloß nicht unbeliebt zu machen, wird sich auf die angenehmen Teile der Bibel beschränken."

LITERATUR- UND QUELLENNACHWEIS

Breckner, Moritz: *Drei Fragen an Jörg Swoboda.* In: *PRO – Das christliche Medienmagazin.* Wetzlar 1/2017; S. 5

EAD: *Evangelist und Liedermacher Jörg Swoboda wurde 65. Vielfältig aktiv auch als Buchautor, Pastor, Dozent und Direktor.* Evangelische Allianz Deutschland 7.1.2012. https://www.ead.de/2012/januar/07012012-evangelist-und-liedermacher-joerg-swoboda-wurde-65/

Hilbert, Matthias: *Fragebogen an Jörg Swoboda.* Von diesem beantwortet in einer Email an den Autor vom 11.12.2022

HopeTV: *Jörg Swoboda – Leben und Bücher.* Interview in der Sendung *Auserlesen.* HopeTV 29.11.2012. https://hopetv.de/mediathek/episode/ml/auserlesen/joerg-swoboda-leben-und-buecher/

HopeTV: *Jörg Swoboda – Musik und Texte.* Interview in der Sendung *Auserlesen.* HopeTV 18.3.2013. https://hopetv.de/mediathek/episode/ml/auserlesen/joerg-swoboda-musik-und-texte/

Huhn, Karsten: *Vergesst nicht: Gott ist auch Richter!* Interview. In: *IDEA*. Wetzlar 24.11.2014. https://www.idea.de/Interview/detail/vergesst-nicht-gott-ist-auch-richter-96413

Lehmann, Theo / Swoboda, Jörg: *Flügel der Freude statt Kraftlos-Blues. Liedtexte – Lebensgeschichten – Lesebuch.* Muldenhammer 2021

Stiba, Christoph: *Jörg Swoboda – ein Botschafter an Christi Statt. BEFG-Evangelisationsreferent geht in den Ruhestand.* BEFG 1.3.2012. https://www.befg.de/aktuelles-schwerpunkte/nachrichten/artikel/joerg-swoboda-ein-botschafter-an-christi-statt/

Swoboda, Jörg: *Besser aufgeweckt als eingeweckt.* Neukirchen-Vluyn 2011 (2. Aufl.)

Swoboda, Jörg: *Ein Liedermacher erklärt, warum er kein Atheist ist.* In: *Ich bin kein Atheist, weil… 9 Personen erzählen, warum sie nicht anders können, als an Gott zu glauben* (Hg. David J. Randall / Mirjam Wäsch). Dillenburg 2015; S. 135–153

Swoboda, Jörg: *Mit dem Herzen durch die Wand.* Wuppertal u. Kassel 1996 (2. Aufl.)

Swoboda, Jörg: *„Nun danket alle Gott"? Gottes Wirken und Wunder im politischen Geschehen von 1989.* In: *EINS! Gemeinsam Glauben – Miteinander Handeln.* Witten September 2014; S. 8f

Swoboda, Jörg: *Wenn ich nach Hause komme, bin ich reich.* In: *Mütter von Männern. 25 Söhne erinnern sich.* Neukirchen Vluyn 2011 (2. Aufl.); S. 192–199

Jörg Swoboda. https://de.wikipedia.org/wiki/J%C3%B6rg_Swoboda

Manfred Siebald

*Manfred Siebald (*1948)*
Ein „Kreuzschnabel", der von großen und kleinen Dingen singt

Eltern geben Vorbild ab für ein Christsein in Wort und Tat

Am 30. April 2008 erhielten der Amerikanistikprofessor und christliche Liedermacher Manfred Siebald und seine Frau, die Ärztin Christine Siebald, das Bundesverdienstkreuz für ihr karitatives und kirchliches Engagement. Bei der Verleihung wurde darauf hingewiesen, dass die Eheleute dazu beigetragen hätten, „dass die Welt ein wenig menschlicher geworden ist". Und was Manfred Siebalds Wirken als Liedermacher betrifft, so stelle dieses „eine wichtige Bereicherung der Kirchenmusik" dar.

In der Tat gab es gute Gründe für die hohe Auszeichnung im April 2008. So hatte Manfred Siebald bis zu diesem Zeitpunkt mehr als 350 Lieder geschrieben, 20 LPs und CDs veröffentlicht und weit über 2000 Konzerte im In- und Ausland gegeben. Viele seiner Lieder, mit denen er Mut zum Glauben und Leben macht, waren bereits in christliche Liederbücher aufgenommen worden. Die Konzerte selbst, die Siebald in seiner Freizeit, an Wochenenden und im Urlaub gibt und deren Organisation seine Frau übernimmt, sind Benefizkonzerte. Die Einnahmen spendet der Sänger regelmäßig für unterschiedliche wohltätige und missionarische Projekte und Einrichtungen in Europa, Asien und Südamerika.

Christine Siebald engagierte sich ehrenamtlich in der christlichen Hilfsorganisation „humedica – Nächstenliebe in Aktion", die sie bei Einsätzen in Afrika, Südamerika und auf den Philippinen unterstützte. Dabei fanden viele Dienste in Gefängnissen statt. Außerdem ist sie gemeinsam mit ihrem Mann aktives Mitglied der evangelischen Auferstehungsgemeinde in Mainz, wo die beiden auch als seelsorgerliche Berater sehr geschätzt sind.

Manfred Siebald kam am 26. Oktober 1948 als Sohn des Reichsbahn-Inspektors Friedrich Siebald und seiner Frau Anna Katharina in dem nordhessischen Dorf Baumbach (heute ein Ortsteil von Alheim) zur Welt. 1967 machte er sein Abitur in Kassel, wohin seine Eltern in der Zwischenzeit gezogen waren.

Bereits als Kind und Jugendlicher erlernte er verschiedene Instrumente – darunter Geige, Bratsche und Klavier. Mit dem Gitarrenspiel begann er, als er eine Jungschargruppe übernahm und diese beim Singen angemessen begleiten wollte.

Seine Eltern standen religiösen Dingen anfangs eher gleichgültig gegenüber. Das änderte sich allerdings, als bei Manfreds Mutter 1953 ein bösartiger Kehlkopftumor festgestellt wurde. Die Ärzte entfernten das Karzinom operativ, verzichteten aber auf Chemotherapie oder Bestrahlung. Wie die Kontrolluntersuchungen der nächsten Jahre zeigten, blieb die Operierte nach dem Eingriff dennoch krebsfrei. Die beiden Eheleute sahen in dem erfreulichen Verlauf ein Wunder Gottes, denn die Kranke hatte Gott zuvor ernstlich um ihre Heilung angefleht. Beide begannen nun, sich intensiv mit dem Glauben zu beschäftigen und nahmen schließlich Jesus Christus ganz bewusst als ihren persönlichen Herrn und Erlöser an.

Manfred Siebald registrierte als Kind sehr wohl die positiven Veränderungen im Familienleben und im Lebensstil seiner Eltern, die deren Hinwendung zu Gott mit sich brachten: „Da war kein Schwärmertum zu spüren, sondern es ging um nüchterne

Entscheidungen über unser Verhalten im Alltag, um neue Verbindlichkeiten im Blick auf das Wachstum im Glauben und um das Übernehmen von neuen Aufgaben." So wurden das Gebet und die Bibellese nun zu einer selbstverständlichen täglichen Praxis. Auch war für Anna Katharina Siebald eine der Konsequenzen ihrer Krankheitserfahrung (und ihres Glaubens), dass sie in großer Treue viele Langzeitkranke im Kasseler Klinikum besuchte. Dabei hatte sie nicht nur ein offenes Ohr für die Nöte der Kranken, sondern versorgte sie auch mit Lesematerial und ließ sie auf einem mitgeführten Tonbandgerät Evangeliumslieder hören. Oft war auch ihr Sohn Manfred bei den Krankenbesuchen dabei. Er spielte dann auf dem Flur der Krankenstation die Evangeliumslieder auf seiner Geige. Daneben zeichnete auch eine ausgesprochen große Gastfreundschaft das Christsein seiner Eltern aus. Ihr Haus war ein Haus der offenen Tür, das von vielen sich einsam fühlenden Menschen gern aufgesucht wurde.

Die Art und Weise, wie seine Eltern ihren Glauben in Wort und Tat lebten und bezeugten, beeindruckte den Heranwachsenden so sehr, dass er – ohne dazu gedrängt worden zu sein – sich eines Tages selbst für ein konsequentes Leben mit Gott entschied.

Studentenjahre in den revolutionären Sechzigern

Nach seinem Abitur im Jahr 1967 begann Manfred Siebald ein Studium der Anglistik und Germanistik an der Philipps-Universität Marburg. Während dieser Zeit studierte er auch Harmonielehre und nahm Gesangsunterricht. Außerdem schloss er sich der Hochschulgruppe der „Studentenmission in Deutschland" (SMD) an.

> „Wir Mitarbeiter der Studentenmission (...)", schreibt Siebald in seinem Buch *Gib mir den richtigen Ton*, „versuchten

als Gruppe an der Universität Marburg, die Nachricht von der christlichen Revolution der Herzen mitten hinein in die marxistischen Parolen von der klassenkämpferischen Revolution der Gesellschaft zu sagen. Die verbalen Auseinandersetzungen mit unseren linken Kommilitonen suchten wir gar nicht – sie ergaben sich ganz von selbst, wenn wir neben ihnen auf der Mensabrücke standen und Einladungen zu unseren ‚Lord's Parties' verteilten."

Als Siebald eines Tages von einem kommunistischen Studentenbund zu einer Musikveranstaltung eingeladen wurde, bei der auch eine Gruppe namens „Rotkehlchen" revolutionäre Lieder singen sollte, nahm er diese originelle Namensgebung zum Anlass, um selbst einmal darüber nachzudenken, welcher Vogel wohl für sein christliches Engagement stehen könnte. Da fiel ihm die Legende vom Kreuzschnabel ein – jenem Vogel also, der der Legende nach bei der Kreuzigung des Heilands verzweifelt versucht haben soll, mit seinem Schnabel die Nägel aus den Wunden des Gekreuzigten zu ziehen. Bei seinen gescheiterten Bemühungen sollen sich sein Ober- und Unterschnabel so verbogen haben, dass sie seitdem über Kreuz liegen und der Vogel den Namen „Kreuzschnabel" erhielt. Siebald fühlte sich von der Bezeichnung so angesprochen, dass er sein Lied vom *„Kreuzschnabel"* dichtete:

1) Seit ein paar Stunden grüble ich jetzt schon und frage mich:
Was hat der nette Mensch gemeint, vorhin?
Ich sang und spielte einfach ein paar Lieder, bis er sich
am Hinterkopfe kratzte und am Kinn.
Dass einer ungeniert von seinem Glauben sprach,
das hatte er bisher wohl nicht gekannt.
So lachte er verlegen und hat mich danach
einen komischen Vogel genannt.

2) Für einen Adler fehlt mir jeder Funke Majestät;
für einen Spatzen bin ich viel zu brav.
Für einen Hahn beginnt mein Morgen meistens viel zu spät,
weil ich zu gut und gern und lange schlaf.
Als Möwe störte mich das viele Öl im Meer,
als Storch das lange Stehn auf einem Bein.
Für einen Kuckuck liebe ich mein Nest zu sehr –
ich werd wohl ein Kreuzschnabel sein.

3) Ein glatter halber Meter Hals fehlt mir zu einem Schwan,
und noch viel mehr fehlt mir zu einem Star.
Da wär ich sicherlich viel lieber noch ein Pelikan,
und auch als Buchfink käme ich wohl klar.
Ich hab vom Falken wenig, von der Taube viel,
und hab vom Kauz noch manches obendrein;
doch soll ich sagen, was ich bin und bleiben will,
wird es wohl ein Kreuzschnabel sein.

4) Nicht der Legende wegen, die man um den Schnabel spann,
nicht weil ich kreuz und quer gesungen hab.
Nein, einfach, weil ich nicht vom Kreuz den Schnabel halten kann
und von dem Mann, der dort sein Leben gab.
Solange Menschen ohne seine Hilfe sind
und um mich her noch nach Erlösung schrein,
sing ich davon, wie man am Kreuz von vorn beginnt –
ich werd wohl ein Kreuzschnabel sein.

Dieser Text mit seiner Leichtigkeit, seinen originellen Beispielen und seiner versteckten, liebenswürdigen Hintersinnigkeit ist typisch für Manfred Siebald und erinnert ein wenig an Reinhard Mey, mit dem man ihn auch tatsächlich eine Zeit lang verglichen hat. Allerdings fehlt bei Mey die explizit christliche Botschaft, die Siebalds Liedern stets eigen ist. Bei dem „*Kreuzschnabel*"-Lied ist nach Aussage seines Autors auch viel Autobiografisches eingebaut:

> „Mein Misstrauen gegen alle großen Gebärden, mein für viele Leute viel zu braves Naturell, das ausgeprägte morgendliche Schlafbedürfnis, das Entsetzen über unseren unseligen Umgang mit Gottes Schöpfung, ein früh entwickeltes Gerechtigkeitsempfinden und auch so etwas wie Häuslichkeit. Das Lied spielt dann weiter mit solchen Eigenschaften wie der Abneigung gegen bombastische Bühnenshows, die Liebe zum Lesen und der Sehnsucht nach Frieden, die sich damals in meiner Kriegsdienstverweigerung ausdrückte. Auch das wichtigste Ziel meines Lebens habe ich in meinen ornithologischen Rundwanderweg mit hineingepackt: Christus (für den in der frühen Christenheit das Bild des sich für seine Jungen aufopfernden Pelikans gebraucht wurde) immer ähnlicher zu werden. Das alles gipfelt dann in der (…) Formulierung, dass ich nicht vom Kreuz den Schnabel halten kann."

Karriere als Wissenschaftler und Liedermacher

Im Jahr 1969 nahm Siebald an einer sechswöchigen USA-Tournee der „Deutschland Singers" teil, die der Leiter des Jugend-für-Christus-Chores, Klaus Heizmann, exklusiv für diesen Auslandseinsatz zusammengestellt hatte. Dabei wirkte der junge Marburger Student gleich in mehreren Funktionen mit: als Sänger und Instrumentalist (Streicher) sowie als Moderator und Übersetzer. Als der Tourneechor nach seiner Rückkehr wieder aufgelöst wurde, bildete Manfred Siebald mit einem Teil der Mitglieder einen neuen Chor: die „Christussänger".

1972 legte Siebald, der 1970 noch ein Auslandssemester am Manchester-College in North Manchester, Indiana, absolviert hatte, dann das Erste Staatsexamen ab. Nach Abschluss seiner Referendarausbildung und dem Zweiten Staatsexamen begann er 1977 seine akademische Laufbahn an der Johannes Gutenberg-Universität in Mainz, wo er – nach seiner Promotion in Amerikanistik (noch an der Marburger Universität) – zunächst als Wissenschaftlicher Mitarbeiter und später als Akademischer Direktor tätig war. Nach seiner Habilitation im Jahr 1996 zu dem Thema *Der verlorene Sohn in der amerikanischen Literatur* wurde Siebald 2002 zum Professor für Amerikanistik ernannt. Seine reguläre Lehrtätigkeit an der Johannes Gutenberg-Universität in Mainz endete 2012; allerdings wirkt er seitdem noch gelegentlich als Lehrbeauftragter weiter.[1]

Seine erste Single *(Meinst du wirklich, es genügt?)* veröffentlichte Manfred Siebald 1970 in dem christlichen Hermann-Schulte-Verlag in Wetzlar. Auch seine ersten Alben *Da steh ich nun* (1972) und *Ich gehe weiter* (1974) erschienen hier. Produziert wurden sie von Siegfried Fietz, der damals beim HSW-Verlag angestellt war (vgl. S. 187). Viele weitere Singles und Alben sollten in den nächsten Jahren und Jahrzehnten folgen. Sie wurden meistens im Hänssler-Verlag herausgebracht. Nicht wenige Songs wurden von Manfred Staiger arrangiert und in verschiedenen Studios in Los Angeles aufgenommen. Inzwischen zählen die Siebald-Lieder zum festen Bestandteil des kirchlichen Liedguts.

Deutschlandweit bekannt wurde Manfred Siebald nicht zuletzt durch seine musikalischen Auftritte bei Großveranstaltungen mit dem amerikanischen Evangelisten Billy Graham, zunächst auf dem „Eurofest '75" im Brüsseler Heysel-Stadion und ein Jahr später dann beim „Christival"-Jugendkongress in Essen, für den er auch den Festival-Song schrieb: *„Gott lädt uns ein zu seinem Fest"*. Auch auf vielen evangelistischen Veranstaltungen von ProChrist wirkte Siebald später mit. Besondere Aufmerksamkeit erlangte er früh durch die NDR-Fernsehsendung „Meditationen mit Kamera und Pop-Gitarre" (1974) und das NDR-Fernsehporträt „Ob ich nun laut singe …" (1979). Später führten ihn seine Konzerttourneen bis nach Afrika, Südamerika und Asien.

Viele Menschen sind von Siebalds Liedern berührt

„Ich singe Lieder", so hat Manfred Siebald einmal geäußert, „aus dem Alltag des Glaubens für den Alltag des Glaubens." Auch achtet er darauf, dass die Liedtexte so verständlich ausgedrückt und gestaltet sind, dass sie von einem Leser oder Hörer ohne Erläuterungen verstanden werden können. Dieser Grundsatz steht für ihn aber nicht im Widerspruch zu der Möglichkeit, dass sich die tiefere Bedeutung des Textes manchmal nicht sofort, sondern eher stufenmäßig erschließt. Deshalb sei er „eher ein Texter der Zwischentöne". Dass seine Lieder für viele Menschen, die sie auf den Konzerten oder privat zu Hause hören, ein Stück Glaubens- und Lebenshilfe bedeuten und ihnen Trost und Hoffnung vermitteln, das erfährt Manfred Siebald immer wieder in den Rückmeldungen seiner Zuhörer.

Für den Entwicklungsprozess seiner zuweilen chansonartigen Lieder benötigt Siebald oftmals mehrere Jahre: „Die Einfälle, aus denen ein Lied über den Glauben wird, betrachte ich als Geschenke des Himmels, aber sie dann so zu gestalten, dass sie auch für andere Menschen Bedeutung haben, ist eine Tätigkeit, für die ich Zeit, Kraft und Geduld brauche."

Manfred Siebald ist sehr durch einen Vers aus dem Neuen Testament geprägt worden, in dem Jesus sagt: „Wer bereit ist, den Willen Gottes zu tun, wird erkennen, ob diese Lehre von Gott stammt oder ob ich von mir aus spreche" (Johannes 7,17; Einheitsübersetzung). Siebalds Meinung nach ist der Glaube an Gott (bzw. an Jesus) eine Entscheidungsfrage und der Eintritt in eine persönliche, lebendige Gottesbeziehung. („Man hat sein Selbst gefunden, wenn man dieses ‚Du' in Gott gefunden hat und von ihm angesprochen wird.") Es verwundert daher nicht, wenn er in nicht wenigen seiner Lieder Menschen ganz konkret einlädt, ihr Leben Gott anzuvertrauen und es bewusst mit ihm zu leben. Das gilt auch für das Lied *„Es geht ohne Gott in die Dunkelheit"*:

Refr. Es geht ohne Gott in die Dunkelheit,
aber mit ihm gehen wir ins Licht.
Sind wir ohne Gott, macht die Angst sich breit,
aber mit ihm fürchten wir uns nicht.

1) Als die Welt noch jung war, noch die klaren Spuren Gottes trug,
wollten Menschen schon so klug und ewig sein wie er.
Und bevor sie es versuchten, fühlten sie sich stark genug,
doch wohin es führte, merkten sie erst hinterher:

2) Lernen wir doch endlich aus den Fehlern der Vergangenheit!
Fing nicht ohne Gott die Flut von Leid und Kriegen an?
Floss nicht schon genügend Blut, ist es nicht wirklich an der Zeit,
Gott zu suchen, der allein uns Menschen ändern kann?

3) Gott, der uns nicht nötig hätte, will doch ohne uns nicht sein,
auch wenn wir oft lieber unsre eignen Wege gehen.
Er lässt uns nicht laufen, lädt uns immer wieder zu sich ein.
Kann uns eigentlich denn etwas Besseres geschehn?

4) Mehr noch als die Luft, die uns umgibt und die uns leben lässt,
brauchen wir die Nähe Gottes jeden Augenblick.
Und wer nicht ersticken will, der macht am besten heute fest,
dass er mit Gott leben will – dann lernt er Stück um Stück:

Zu diesem Lied merkt Siebald u. a. an, dass er sich beim Verfassen des Refrains gefragt habe, ob er „hier nicht etwas zu holzschnittartig schwarz-weiß“ zeichnen würde. Dass der Text aber gerade „in seiner Knappheit unsere Erlösungsbedürftigkeit und Gottes Erlösungsbereitschaft auf den Punkt“ gebracht hat, das bestätigten ihm die Reaktionen auf sein Lied:

> „Eine ganze Reihe von Briefen, geschrieben von Menschen, die durch dieses Lied einen entscheidenden Anstoß zum Glauben bekamen, haben mir gezeigt, dass solche knappen, eindeutigen Formulierungen manchmal nötig sind, um Menschen den Weg zu Gott zu beleuchten.“

Außer den schon genannten Liedern sind auch folgende Lieder von Manfred Siebald besonders bekannt und beliebt:

Es ist niemand zu groß (Gott öffnet jedem die Tür)
In deinem Haus bin ich gern, Vater
Ins Wasser fällt ein Stein (Wo Gottes große Liebe)
Friede, Friede, Friede sei mit dir
Was hat wohl der Esel gedacht?
Geh unter der Gnade (Alte Stunden, alte Tage)
Wenn wir Gott in der Höhe ehren (Es war Nacht)
Jesus, zu dir kann ich so kommen, wie ich bin
Gut, dass wir einander haben

Manfred Siebald live

Zum Schluss einige Presseauszüge zu Live-Konzerten von Manfred Siebald aus den Jahren 2011 und 2012. Sie vermögen einen authentischen Eindruck zu vermitteln, was so typisch (und auch einzigartig) ist für die Art und Weise, wie dieser Liedermacher und Sänger seine selbst getexteten und komponierten Lieder dem Publikum vorträgt – und wie diese bei den Menschen ankommen. So schrieb etwa der „Schwarzwälder Bote“ über ein Konzert in Oberndorf:

> „Mit feinsinnigem Humor, einer lebensfrohen Einstellung und einer kleinen Dosis Ironie überzeugte der Literaturwissenschaftler das Publikum in der vollbesetzten Stadtkirche. (…) Schon nach seinem ersten Lied ‚Es kann doch immer noch ein guter Abend werden‘, lächelnd und mitreißend vorgetragen, war das Publikum von ihm fasziniert. (…) Die unaufdringlichen Botschaften von der Liebe Gottes konnten den aufgeschlossenen Zuhörern ernsthafte Impulse geben.“

Über ein Konzert in Neuwied wiederum war in der „Rhein-Zeitung“ zu lesen:

> „Seine Lieder gleichen gesungenen Predigten, Gebeten und modernen Psalmen, in denen Dank und Klage, Höhen und Tiefen menschlichen Lebens zum Ausdruck kommen. Dabei ist Siebald kein frommer Tagträumer, sondern knallharter Realist und Brückenbauer zwischen Jung und Alt. Mit Scharfsinn und Einfühlungsvermögen erweist er sich als Multitalent, das mit tiefsinnigen Wortspielereien und Gitarre seine Zuhörer in den Bann zieht. (…) Er holt die Menschen in ihrem Alltag ab und führt sie behutsam an kritische Themen heran, bringt ihnen anhand der Bibel Geschichten von verloren gegangenen Maßstäben nahe. Seine Musik und Texte sind dabei weder seichte Berieselung noch besserwisserische Belehrungen, sondern kommen scharfsinnig, mitunter entlarvend, aber auch ermutigend und tröstend an.“

Ein anderes Siebald-Konzert wurde in der „Odenwälder Zeitung" so kommentiert:

> „Musikalisch unterstützt durch insgesamt vier verschiedene akustische Gitarren nimmt Siebald unmittelbar ein mit seiner warmen und gelassenen Stimme, die die teils rhythmisch akzentuierten, teils besinnlichen, balladenhaften Lieder (…) mit harmonischen Melodien dem Publikum nahebringt. (…) Die Wirkung seines Vortrags wird verstärkt durch seine dem Publikum zugewandte Offenheit und die lebendige Mimik. Die Fülle seiner Themen, die er aus dem alltäglichen Leben nimmt, zielt immer wieder darauf, Mut zu machen, die Maßstäbe gerade zu rücken, die allzu oft von den Menschen willkürlich und modisch verändert werden, und stattdessen den Bezugspunkt in Gott zu finden."

ANMERKUNGEN

[1] Nicht minder beeindruckend als sein musikalisches Lebenswerk ist auch Siebalds Wirksamkeit als Wissenschaftler. So liegen 75 Semester universitärer Lehre sowie die Veröffentlichung von 10 wissenschaftlichen Werken und 140 Fachartikeln hinter ihm. Auch nahm er verschiedene Gastprofessuren in Nordamerika und Europa wahr. Daneben veröffentlichte er u. a. Kurzgeschichtensammlungen und Gedichtbände und schrieb mehrere Hundert Lieder. Siebald gibt an, dass für ihn „die Verzahnung und gegenseitige Befruchtung" von sprach- und literaturwissenschaftlicher Arbeit mit seiner Textertätigkeit immer sehr eng gewesen sei. Auf die Frage, ob für ihn die Betätigung als Wissenschaftler oder die als Liedermacher an erster Stelle stehen würde, meinte er 2007: „Ich kann's nicht sagen, denn beides ist mein Leben. Ich bin immer

das, was im Augenblick dran ist. Ich bin natürlich auch Musiker, wenn ich im Hörsaal stehe, und ich bin Literaturwissenschaftler, wenn ich irgendwo auf einer Bühne stehe. Irgendwie haben sich eben diese beiden Tätigkeiten breit gemacht in meinem Leben und deswegen freue ich mich einfach an der Spannung, denn das ist wirklich ein spannendes Leben."

LITERATUR- UND QUELLENNACHWEIS

Brender, Matthias: *Manfred Siebald.* Interview mit Manfred Siebald. In: *Lauf des Lebens* (Serie). Bibel TV Folge 69/Staffel 1 2017 https://www.bibeltv.de/mediathek/videos/310642-manfred-siebald

CH, Livenet: *Bundesverdienstkreuz für Liedermacher Manfred Siebald.* 30.4.2008. www.livenet.ch/magazin/people/139635-bundesverdienstkreuz_fuer_liedermacher_manfred_siebald.html

Gerber, Daniel: *„Jeden Augenblick des Lebens als Geschenk Gottes feiern". Manfred Siebald mit 21. Album.* Interview 17.8.2017. www.livenet.ch/news/gesellschaft/kultur/314790-jeden_augenblick_des_lebens_als_geschenk_gottes_feiern.html

Hofmann, Astrid: *Manfred Siebald im Gespräch mit Astrid Hofmann.* BR-Sendung (alpha-Forum) vom 8.6.2007. https://www.br.de/fernsehen/ard-alpha/sendungen/alpha-forum/manfred-siebald-gespraech100.html

Isaak Mans, Susanna: *Konzert mit Manfred Siebald 2011. Er findet die richtigen Töne. Liedermacher Manfred Siebald gab Konzert in der Evangelischen Mennonitengemeinde.* https://www.mennoniten-neuwied.de/konzert-mit-manfred-siebald-2011/

Odenwälder Zeitung: *Eine Kraft, die für Schwache wirkt. Konzert: Liedermacher Manfred Siebald nimmt sein Publikum in der Zotzenbacher Kirche musikalisch und thematisch gleichermaßen mit / Mut machende, religiöse Lieder.* 10.1.2012

Schwarzwälder Bote: *Lieder mit viel Einfühlungsvermögen.* 13.3.2011 https://www.schwarzwaelder-bote.de/inhalt.oberndorf-a-n-lieder-mit-viel-einfuehlungsvermoegen.a6f18ab9-1fa1-4f01-85e9-16faed6afaef.html

Siebald, Manfred: *Gib mir den richtigen Ton. Lauter Liedergeschichten.* Holzgerlingen 2006 (2. Aufl.)

Siebald, Manfred: *Lass uns leise jubeln. Noch mehr Liedergeschichten.* Holzgerlingen 2013

Siebald, Manfred: *„Verricht das Deine nur getreu"*. In: *Mütter von Männern. 25 Söhne erinnern sich* (Hg. Jörg Swoboda). Neukirchen-Vluyn 2011 (2. Aufl.); S. 181–191

Siebald, Manfred: *Vita.* Siebald.org/vita/

Uni Mainz: *Bundesverdienstkreuz für Christine und Manfred Siebald. Auszeichnung für Menschlichkeit und christliches Engagement in Deutschland und der Welt.* 13.5.2008. https://presse.uni-mainz.de/bundesverdienstkreuz-fuer-christine-und-manfred-siebald/

Wedell, Agnes: *Manfred Siebald: „Das Leben ist voller Lieder"*. Interview. Magazin *LebensLauf* 27.8.2018. www.jesus.de/musik/interviews/manfred-siebald-das-leben-ist-voller-lieder

Manfred Siebald. https://de.wikipedia.org/wiki/Manfred_Siebald

Arno Backhaus

*Arno Backhaus (*1950)*
Ein Ausnahmetyp, der alles Gott, seiner Frau und dem ADHS verdankt

Wenig geliebtes Problemkind

Arno Backhaus ist mehr als nur ein christlicher Entertainer oder Liedermacher. Seine Begabungen sind in ihrer Vielfältigkeit ebenso verblüffend wie seine nie nachlassende Kreativität. Unangepasst und eigenständig, wie er ist, passt er in keine Schublade. Doch auch wenn er nicht zu kopieren ist, so kann man von seinem Schatz an Lebenserfahrungen und Glaubenseinsichten doch viel lernen. Er selbst bezeichnet sich neben vielen weiteren Eigenschaften und Tätigkeiten, die für ihn kennzeichnend sind, als „aktiver Liedermacher" – und das, obwohl er weder Noten lesen noch schreiben kann! –, „fröhlicher E-fungelist", „ganzheitlicher Missio-Narr", „begeisterter AD(H)Sler", „sprühender Idee-alist", „verrückter Aktionskünstler", „kreativer Spielerfinder", „merkwürdiger Au-Tor", „Bauchladen-Besitzer", „erfolgreiche Humorfachkraft" oder ganz schlicht und einfach als „erfüllter Christ". Auch die Berufsbezeichnung „studierter Sozialarbeiter" befindet sich unter Backhaus' zahlreichen Selbstbeschreibungen. Und das, obwohl er als Schüler dreimal sitzengeblieben und von mehreren Schulen verwiesen worden ist! Es lohnt sich also, sich näher mit diesem Ausnahmetyp zu beschäftigen.

Geboren wurde Arno Backhaus am 27. November 1950 in Frankenberg/Eder. 1955 zogen die Eltern mit ihm und seiner älteren Schwester nach Kassel, wo sein Vater als Verwaltungsangestellter am Regierungspräsidium arbeitete. Der Wechsel aus dem eher ländlichen Frankenberg in die Großstadt tat dem Jungen, der über einen unbändigen Bewegungsdrang verfügte, nicht gut. Wenn er Langeweile hatte, machte er nur Blödsinn. Auf Bitten der Kindergärtnerinnen nahmen ihn die Eltern aus dem Kindergarten heraus, da er durch sein auffälliges Verhalten ständig für Unruhe und Unfrieden sorgte. Und auch in der Grundschule bereitete der kleine Backhaus nur Stress. Er war ein permanenter Störenfried, notorischer Streichemacher und Klassenclown in einer Person. Von den Lehrern und Lehrerinnen war er als lästiger Unruhestifter und Grenzüberschreiter gefürchtet; von den Mitschülern wurde er zwar einerseits „bewundert", andererseits aber auch abgelehnt und nicht ernst genommen. So lebte Arno Backhaus als Außenseiter und Einzelgänger ohne wirkliche Freunde – und als einer, der auf Schule und Lernen null Bock hatte.

Dieses Verhaltensmuster setzte sich dann wie ein roter Faden in der weiterführenden Schule fort. Die Lehrer fühlten sich von Arno provoziert und reagierten ihrerseits mit einer Mischung aus Hilflosigkeit, Verachtung und immer neuen Strafmaßnahmen. Eine Realschule nach der anderen sah zu, dass sie den Problemschüler loswurde. Zum Schluss war der renitente Junge auf vier verschiedenen Realschulen Kassels gelandet. Schließlich verließ er 1966 nach der achten Klasse mit einem Abgangszeugnis die verhasste Schule. Im folgenden Jahr begann er eine dreijährige Lehre zum Großhandelskaufmann.

Für Arno Backhaus' Eltern stellte die Zeit der Kindheit und Pubertät ihres Jungen ein einziges Trauma dar. Dieses Kind, das ständig für Ärger sorgte, sich nicht anpasste, das log und stahl und seine Impulse und innere Lebhaftigkeit kaum zu kontrollieren verstand und innerhalb wie außerhalb der Schule aneckte: Dieses

Kind überforderte sie total. Doch auch für den Jungen selbst war diese Zeit höchst traumatisch besetzt. Das lag weniger an dem ruhigen und friedliebenden Vater, sondern vor allem an seiner Mutter. Auf der einen Seite war sie selbstlos um andere Menschen bemüht, indem sie gern einlud und eine vorbildliche Gastgeberin war; doch auf der anderen Seite war sie jähzornig, rechthaberisch und duldete keinen Widerspruch. An Arno verlor sie kein gutes Wort. Sie überzog ihn nicht nur mit Beschimpfungen und Vorwürfen, sondern prügelte auch brutal und hemmungslos auf das Kind ein: mit Holzkleiderbügeln, Lederriemen oder dem Teppichklopfer. Oder sie schloss ihn in den dunklen, feuchten Kohlenkeller ein. Wenn er Schimpfwörter aussprach, konnte es passieren, dass sie seinen Mund mit Kernseife auswusch. Liebevolle Zuwendung vermochte seine Mutter ihm nicht zu geben. Später sollte Backhaus in seiner Autobiografie *Keine Panik, ehrliche Spiegel altern immer mit!* schreiben: „Während meiner ersten 13 Lebensjahre hatte ich kaum ein gutes Wort gehört. Keine Ermutigung, keinen Trost, keine Wertschätzung, sondern nur Vorwürfe, Kritik oder Befehle von Eltern, Lehrern und Nachbarn." Dabei sehnte er sich doch so sehr nach einem Angenommensein und vorbehaltloser Liebe – nach Anerkennung!

Endlich geliebt und wertgeschätzt

Als Kind waren christliche Veranstaltungen für Arno Backhaus „nur lästige Pflichttermine". Musste er mit seinen Eltern am Gottesdienst teilnehmen, so langweilte er sich. Auch die Sonntagsschule sagte ihm nicht sonderlich zu. 1966 war er dann Teilnehmer an einer Jugendfreizeit in der Jugendherberge in Veckerhagen, die vom baptistischen Gemeindejugendwerk Hessen-Siegerland durchgeführt wurde. Diese Freizeit sollte zu Arnos Bekehrung führen und seine Vorbehalte und Vorurteile gegenüber Gott und den Christen mit einem Schlag beseitigen. Auslöser dieses Vorgangs war ausgerechnet ein „Wettrülpsen"! Gleich am ersten Abend hatte einer der Freizeitleiter, der zusammen mit dem noch nicht ganz 16-jährigen Backhaus in einem Achterzimmer einquartiert war, zur Begeisterung aller Jungen dazu aufgefordert. Arno Backhaus war perplex: Das hatte er nicht erwartet! Das war ja seine Wellenlänge! Als dann nach einem etwa 20-minütigen, hingebungsvollen Rülpskonzert der Freizeitleiter den Spaß beendete und wie selbstverständlich den Abend mit einer Gebetsgemeinschaft schließen ließ, da hatte er noch mehr Grund, sich zu wundern:

> „Mir fiel buchstäblich die Kinnlade herunter. Wie bitte? Erst rülpsen sie, dann beten sie? Aber es wurde noch überraschender. Denn der Freizeitleiter redete mit Gott wie mit einem engen Vertrauten. (…) An diesem Abend lag ich noch lange wach. Innerhalb weniger Minuten hatten sich für mich zwei Welten gemischt, die ich vorher niemals zusammenbekommen hatte: die ‚Rülpsfraktion' und die ‚Christenwelt'. (…) Der christliche Glaube hatte mich immer eher abgestoßen, doch dieses Christsein hier schien geradezu Lichtjahre von dem entfernt zu sein, das ich von zu Hause her kannte."

Am nächsten Tag suchte der Jugendliche den Freizeitleiter für ein langes, persönliches Gespräch auf. Unendlich geduldig ging dieser auf die vielen Fragen und Bedenken seines Gegenübers ein und lud ihn ein, sein Leben Jesus anzuvertrauen. Das alles geschah ohne Druck oder Überredungsversuche, sondern vielmehr zurückhaltend.

> „Allmählich begriff ich", so Backhaus, „dass Jesus mich liebte. Mir wurde klar: Dieser mir bis dahin unbekannte

> Gott, der Schöpfer des Universums, wollte mit mir (...) eine persönliche Beziehung haben. Unvorstellbar." Schließlich übergab er in einem Gebet Jesus sein Leben und ließ sich auf das Wagnis der Nachfolge ein: „Ich habe (...) Jesus gebeten, mir meine Schuld zu vergeben. Ich habe ihn eingeladen, in mein Herz, mein Denken zu kommen und mich zu verändern. Außerdem habe ich ihm gesagt, dass ich mir eine persönliche Beziehung zu ihm wünsche und von nun an gemeinsam mit ihm unterwegs sein möchte."

Nach dem Gebet war ihm, als ob Jesus ihm „einen riesigen Betonklotz, den ich seit meiner Geburt mit mir herumgeschleppt hatte", abgenommen habe.

Allerdings: Das Leben mit Jesus ist kein dauerndes Schweben auf Wolke 7. Denn das Ja zu Jesus verändert nicht das Leben auf einen Schlag und per Knopfdruck. Gott mutet uns nun einmal zu, uns auf (manchmal schmerzhafte) Lern- und Veränderungsprozesse einzulassen, in denen unser Christsein und unsere ganze Persönlichkeit reifen sollen. Dabei gilt es, bisher eingeübte und verinnerlichte destruktive Denk-, Einstellungs- und Verhaltensmuster zu erkennen, sie von Jesus „heilen" und in neue, produktive Prägungen und Gewohnheiten verwandeln zu lassen. Es ist eine Entwicklung, die ein Leben lang andauert und eine lebenslange Herausforderung darstellt.

So war (und ist) es auch bei Arno Backhaus. Die Basis hierzu war mit Gottes Ja zu ihm und seinem Sosein, in Gottes liebevoller Annahme seiner Person bei jener Bekehrung in Veckerhagen gelegt. Rückblickend stellt Backhaus dann auch fest:

> „Aus eigener Erfahrung kann ich sagen, das mich bedingungslose Liebe verändert hat. Sie hat mein Leben auf den Kopf gestellt – wenn auch nicht von heute auf morgen.

> Manches hat Jahrzehnte gebraucht. Und ich bin noch nicht fertig." Aber auch das betont Backhaus nachdrücklich: „Ich habe die Liebe Gottes erlebt. Immer wieder. Vor allem durch Begegnungen und Erlebnisse mit anderen Menschen, in denen Gott sich mir gezeigt hat."

Eine solche Erfahrung scheint auch diejenige gewesen zu sein, die er mit dem Leiter der christlichen Jugendgruppe machte, zu der er sich nach seiner Bekehrung hielt. Etwa zwei Jahre nach seiner Lebenswende sang er ihm das Lied „*Eve of Destruction*" von Barry McGuire vor und behauptete dabei, es selbst geschrieben zu haben. Doch wenige Wochen später teilte ihm der Jugendleiter trocken und wie nebenbei mit: „Ich habe dein Lied übrigens im Radio gehört." Arno Backhaus war zunächst entsetzt und fühlte sich bis auf die Knochen blamiert. Doch der Leiter hatte seine Bemerkung mit einem verschmitzten Lächeln von sich gegeben und hielt ihm auch anschließend keine Moralpredigt. Diese Reaktion haute den Jugendlichen erneut um und löste ein regelrechtes „Aha-Erlebnis" bei ihm aus: Statt auf ihn wegen seiner prahlerischen Behauptungen herabzusehen, drückte der Ältere „mit seinem ganzen Wesen aus, dass er mich trotzdem mochte und wertschätzte. (…) Ein Mensch, den ich so belogen hatte, reagierte nicht enttäuscht und sauer, sondern gelassen! Seine Liebe war bedingungslos und nicht von meiner Aufrichtigkeit abhängig." Diese für Arno Backhaus gänzlich neue Erfahrung hatte zur Folge, dass er von dem Tag an mit Lügen und Stehlen aufhörte. Es waren Verhaltensweisen, die er bis dahin noch immer nicht unter seine Kontrolle gebracht hatte. In der Folgezeit war er bemüht, den Menschen, die er bestohlen hatte, seinen Diebstahl zu bekennen und ihnen den erlittenen Verlust wieder zu erstatten.

Hanna!

„Jugend 67" – so lautete der Name der Jugendgruppe, zu der Arno Backhaus gehörte. Sie hatte ihren Treffpunkt im Elternhaus des Jugendleiters in Meimbressen, einem kleinen Ortsteil von Calden. Der Ort mit seinem dörflichen Charakter liegt nur wenige Kilometer von Kassel entfernt und befindet sich in der Nähe des Flughafens. Es war eine Jugendgruppe, die wie maßgeschneidert für den Langeweile und christlichen Konformismus hassenden Backhaus war. Sie war nach seinen eigenen Worten „mit Jesus Christus mitten im Leben. Weltoffen. Leicht verrückt. Missionarisch und humorvoll". Auch wenn die Mitarbeiter von „Jugend 67" größtenteils einen baptistischen Hintergrund hatten, so war die Jugendgruppe doch überkonfessionell ausgerichtet. Sie verband ihre missionarische Gesinnung mit sozialem Engagement und das Leichte und Fröhliche mit dem Ernsthaften und Geistlichen.

Von Anfang an war Arno Backhaus in dieser Gruppe willkommen und angekommen. Sie wurde sein „geistliches und emotionales Zuhause". Das ganze Wochenende war stets für Meimbressen verplant: Freitagabends nahm er am Mitarbeitertreffen teil, samstagnachmittags leitete er eine Jungschargruppe und den Sonntagnachmittag und -abend verbrachte er im und mit dem Jugendkreis.

Im Laufe der Zeit „funkte" es zwischen ihm und der um ein Jahr jüngeren Hanna, einer Schwester des Jugendleiters. Beide waren eigentlich von ihrem Wesen und ihrer Prägung her grundverschieden: Arno mit seiner defizitären Kindheit und einer Persönlichkeit, mit der nicht immer ganz so einfach umzugehen ist. Hanna wiederum stammte aus einer kinderreichen Familie und hatte in ihrem Elternhaus viel Liebe und Zuwendung erfahren. Gleichzeitig musste sie aber auch schon früh Verantwortung für ihre jüngeren Geschwister übernehmen.

Arno gefiel ihr Aussehen, ihre Heiterkeit und Warmherzigkeit und dass es sich mit ihr so gut diskutieren ließ. Hanna wiederum mochte Arnos Gitarrenspiel, seine witzige, unterhaltsame und originelle Art. Im Jahr 1972 fand die Hochzeit statt.

Doch bloßes Verliebtsein garantiert noch nicht, dass beim Praxistest Ehe dann alles automatisch und problemlos gelingt. Mit dem gemeinsamen *Zusammenleben* ist oftmals auch ein *Zusammenraufen* verbunden. Konflikte müssen benannt und nach Lösungswegen und Kompromissen muss gesucht werden. Krisen wollen durchgestanden sein. Auch gilt es, dem Partner Freiräume zuzugestehen und dessen Andersartigkeit als bereichernde Ergänzung wahrzunehmen. Das alles mussten auch Arno und Hanna, die Jungverheirateten, erst lernen. Dabei half (und hilft) ihnen nicht zuletzt auch der gemeinsame Glaube als tiefe Grundlage ihrer Ehe, verbunden mit der Bereitschaft, Gott zu dienen und sich von ihm gebrauchen und verändern zu lassen.

Die Lernprozesse, die Arno und Hanna Backhaus in ihrer Ehe (durch)gemacht haben, waren nicht nur für sie selbst lohnend, sondern haben beide auch dazu befähigt, anderen Verheirateten zu raten und sie zu ermutigen, an sich und ihrer Beziehung zu arbeiten. Hanna Backhaus, von Beruf Sozialpädagogin, hat sich in Seelsorge und Lebensberatung weitergebildet. Sie arbeitet heute als selbständige Referentin und ist Autorin von christlichen Ratgeberbüchern. Zum Teil ist sie auch mit ihrem Mann gemeinsam zu Eheseminaren und Vortragsveranstaltungen unterwegs. Zusammen brachten sie 2013 das Buch *Verliebt, verlobt, verheiratet, verschieden* heraus.

Hanna und Arno Backhaus haben drei Kinder. Als sich bei ihrem zweitgeborenen Jungen massive Verhaltensauffälligkeiten zeigten, erklärte ihnen ein Arzt Anfang der Neunzigerjahre nach einer EEG-Untersuchung, dass bei ihrem Kind eine MCD (Minimale Cerebrale Dysfunktion) vorliege, also ein Aufmerksamkeits-Defizit-Syndrom, oftmals verbunden mit

Hyperaktivität (ADHS). Die Begriffe MCD und ADHS waren damals noch relativ neu. Bei der intensiven Beschäftigung mit dem diagnostizierten Phänomen wurde Arno Backhaus klar, dass er selbst Betroffener dieses Syndroms ist – und im Übrigen immer bleiben wird! Er ist jemand, auf den die Außenreize parallel und ungefiltert einstürmen. Gleichzeitig wurde ihm aber auch bewusst, dass das ADHS auch seine positiven Seiten hat, wie etwa die Verfügung über ein hohes Maß an Kreativität, an ausdauernder Energie, an Empathie u. a. m. „Offiziell ist AD(H)S eine Störung", meint er. „Ich beschreibe AD(H)S aber heute nicht als Krankheit oder Behinderung, sondern als eine andere Art, die Wirklichkeit wahrzunehmen und darauf zu reagieren. Für mich ist AD(H)S ein Kapital, mit dem ich bewusst und sinnvoll umgehen muss." Inzwischen hält Arno Backhaus nicht nur Vorträge zu dieser Thematik, sondern hat auch selbst gemeinsam mit dem Kinder- und Jugendpsychiater Dr. Just Lauer und dessen Frau Visnja ein Buch über ADHS verfasst: *Ach du Schreck! ADS. Vom Chaoskind zum Lebenskünstler.*

Arno & Andreas

Da für Arno Backhaus und seine Freunde aus der Jugendgruppe offenkundig war, dass er ein besonderes Talent darin hatte, mit Kindern und Jugendlichen umzugehen, strebte er nach dem Abschluss seiner Lehre als Großhandelskaufmann an, Sozialarbeit zu studieren. Dafür holte er nicht nur auf einer Tagesschule die Mittlere Reife nach, sondern machte anschließend auch noch sein Fachabitur. Dann nahm er 1972 – nach der Absolvierung seines Zivildienstes – an der Gesamthochschule in Kassel das anvisierte Studium in Sozialarbeit auf. Anschließend arbeitete er in Kassel als Sozialarbeiter und organisierte und leitete über mehrere Jahre einen vielbeachteten und -gelobten großen, innovativen Abenteuerspielplatz – ein Projekt, das von vielen Kindern aus den umliegenden sozialen Brennpunkten begeistert angenommen wurde.

Doch auch auf einem anderen Gebiet tat und veränderte sich für Backhaus sehr viel. Ende der Sechzigerjahre besuchte er in der Kasseler Stadthalle ein Konzert des christlichen Liedermachers Père Cocagnac – ein französischer Dominikanerpater. Arno Backhaus war von dem Sänger und den vorgetragenen biblischen Chansons fasziniert. Er fing an, die Lieder des Franzosen in verschiedenen Jugendgruppen selbst vorzutragen. Schon bald galt er in der christlichen Jugendszene Nordhessens als „musikalischer Geheimtipp".

In Korbach und Arolsen entstand zu dieser Zeit die missionarische Jugendarbeit „Die Initiative Junger Christen". Sie führte Konzerte, innovative Jugendevangelisationen, Jugendtage und missionarische Jugendwochen durch. Wesentlich unterstützt wurden die Aktionen von einem Chor mit einer Begleitband: dem „Chor der Initiative Junger Christen". Eines der Bandmitglieder war Andreas Malessa. Aus verschiedenen Gründen löste sich der Chor jedoch schon bald wieder auf. Übrig blieb jedoch die Band.

Arno Backhaus hatte währenddessen 1972 beim christlichen Hermann-Schulte-Verlag Wetzlar (HSW) seine erste Single *(Sing & Pray)* herausgebracht, wobei der damalige HSW-Produzent Siegfried Fietz die Band der „Initiative Junger Christen" hatte gewinnen können, die Backhaus-Lieder mit passenden Playbacks zu arrangieren. So kam es, dass Andreas Malessa, der in der Band Gitarre spielte, Arno Backhaus einlud, bei ihnen mitzumachen. Etwa zwei Jahre lang zog der nun mit der Band an den Wochenenden zu den Konzertaufführungen in die unterschiedlichsten Regionen Deutschlands. Dabei traten sie in kleinen christlichen Teestuben genauso auf wie in größeren Konzerthallen. Rückblickend erinnert sich Backhaus:

> „Wir gehörten zusammen mit ein paar anderen zu den Ersten in Deutschland, die christliche Popmusik machten. Alles war Pionierarbeit – neu, faszinierend, fremd. Wir waren voller Elan, machten aber auch viele Anfängerfehler. Aufbruch lag in der Luft. Es gab kaum Konzerte. Wir waren eine der wenigen christlichen Bands in Deutschland, die deutsche Texte sangen. Das Wort ‚Band' reichte damals schon, um Hunderte von Jugendlichen anzuziehen. (...) Die Begriffe ‚Band' und ‚englisch' waren angesagt und zündeten! Wir als Band wollten aber missionieren, und so blieben wir vorwiegend bei deutschen Texten. (...) So bekamen wir viele Konzertanfragen und versuchten, sie neben unseren Jobs und unserer Ausbildung unterzukriegen."

Die Band bestand etwa zwei Jahre. Danach zog Andreas Malessa nach Hamburg, um am Theologischen Seminar des Bundes Evangelisch-Freikirchlicher Gemeinden Theologie zu studieren. Doch bereits nach wenigen Wochen wurden er und Arno Backhaus von einem Veranstalter gefragt, ob sie sich vorstellen könnten, „ausnahmsweise" noch einmal ein Konzert zu geben. Doch es blieb nicht bei dem einen „Ausnahme"-Auftritt. Als sie in der Folge immer mehr Konzertanfragen erhielten, traten sie künftig unter dem Namen „Arno & Andreas" wieder regelmäßig auf. Was nicht ausschloss, dass sich später doch noch eine Begleitband (die „Dieter-Falk-Band") dazugesellte. Neben anderen wirkten in ihr mit: Dieter Falk als Keyboarder, Martin Stoeck als Schlagzeuger, Dieter Roesberg als Gitarrist und Folker Albrecht als Bassist.

„Arno & Andreas" wurde zu einem Begriff. Da die Nachfrage nach ihren Auftritten immer mehr zunahm, beschlossen die beiden Anfang der Achtzigerjahre, künftig hauptberuflich musikalisch unterwegs zu sein. Allerdings besaßen sie noch ein zweites finanzielles Standbein: Malessa als freier Hörfunkjournalist und Backhaus als Betreiber eines sogenannten „Bauchladens“. Mit diesem hatte er bereits in den Siebzigerjahren begonnen, als er bei Konzertauftritten auf einem Verkaufstisch LPs von christlichen amerikanischen Popgrößen wie Larry Norman, Barry McGuire oder Jamie Owens zum Verkauf anbot. Aber auch viel „Kleinkruscht“, der damals in der christlichen Jugendszene ebenfalls stark nachgefragt war – z. B. importierte amerikanische Buttons, Aufkleber und Poster mit originellen frommen Sprüchen – ging bei diesen Konzerten über den Verkaufstisch. Später entwickelte sich daraus ein kleiner christlicher Versandhandel, der noch heute unter dem Namen „Arnos Bauchladen“ besteht und u. a. christliche Bücher und CDs oder Textilien mit Aufdruck vertreibt.

Arno Backhaus und Andreas Malessa haben in der Zeit ihres gemeinsamen Auftretens sechs LPs bzw. CDs herausgebracht und jährlich bis zu 120 gemeinsame Konzerte gegeben. Diese waren, so Backhaus, ein „Mix aus Tiefgang und Klamauk, Ernsthaftigkeit und Humor“ und haben „musikalisch wie auch textlich hohe Maßstäbe gesetzt“. Das Abschiedskonzert fand schließlich am 8. September 1991 im Rahmen des 4. Caldener „Musik- und Kulturfestivals“ vor 5000 Besuchern statt. Seitdem ist Backhaus als Solist unterwegs – sei es als Liedermacher, Buchautor oder Referent …

… oder aber auch als „E-fun-gelist“, „Missio-Narr“ oder Aktionskünstler. So kreiert er in städtischen Fußgängerzonen völlig neuartige und geradezu aufsehenerregende evangelistische Projekte. Etwa wenn er wie ein Bettler vor einer mit Münzen bedeckten Schale sitzt und dabei auf einem Plakat die verblüfften Passanten auffordert: „Ich wurde reich beschenkt – nimm dir was raus!“ Nicht weniger originell ist aber auch, wenn er ein Pappschild vor sich hält mit der Aufschrift „Ich bin Gott“ (wobei in Kleinschrift die Aussage mit „…es Ebenbild“ fortgeführt wird). Sinn und Ziel solcher Performance ist, dass Menschen – durch seine Aktionen irritiert und zugleich neugierig gemacht – ihn ansprechen und bei den sich ergebenden Gesprächen und Diskussionen ins Fragen und Nachdenken kommen: über sich selbst, über den Glauben an Gott, über Jesus. Inzwischen hat er nicht weniger als 200 verschiedene missionarische Ideen umgesetzt.

Doch auch als Mitbegründer einer neuen, lebendigen Gemeinde ist Arno Backhaus hervorgetreten. Es begann mit einem christlichen Hauskreis, in dem Hanna und Arno Backhaus sich mit weiteren befreundeten Familien in Meimbressen trafen. Doch die Hauskreismitglieder kamen nicht nur zu Bibelgesprächen zusammen, sondern betrieben in dem kleinen Ort auch eine aktive Kinderarbeit – zum Beispiel in Form der „Meimbresser Ferienspiele“ oder durch die von Arno Backhaus geleitete Jungschararbeit. Bald schon entstanden ein weiterer Hauskreis und ein wöchentlicher Frauengesprächskreis. Als den immer größer werdenden „Ökumenischen Hauskreisen Meimbressen“, wie sich die Gruppe überzeugter und engagierter Christen mittlerweile nannte, eine ehemalige Diskothek zum Kauf angeboten wurde, nahmen sie – nach intensiven Gebeten – das Angebot an, bauten es zu einem Gemeindezentrum um und gründeten eine konfessionsübergreifende Gemeinde, die theologisch auf dem Boden der Evangelischen Allianz steht. Dem Leitungsteam dieser stetig wachsenden „Christus-Gemeinde am Airport“, die sich durch vielseitige Aktivitäten auszeichnet und auch die Bedürfnisse ihres Dorfes in Blick haben möchte, gehörte Arno Backhaus über viele Jahre an, hat sich aber inzwischen in die „zweite Reihe“ begeben. Doch predigt er bis heute hin und wieder.

Arno Backhaus ist ein überzeugendes Beispiel dafür, wie Gott das Minus eines Lebens in ein dickes Plus umzuwandeln vermag. Er selbst bekannte 2019: „Gott, meine Frau und das ADHS sind die Dinge, die mich am meisten geprägt haben. Denen habe ich alles zu verdanken."

Lieder von Arno Backhaus:

Nehmt einander an, wie Christus euch angenommen hat
Bin kein Genie
Sing and pray (Ich schau in mein Leben)
Alles, was ihr erwartet
Gelobt sei Gott, der Herr
Ich will jubeln

LITERATUR- UND QUELLENNACHWEIS

Backhaus, Arno: *Arno & Andreas.* https://www.arno-backhaus.de/03c1989c9207c7c27/index.html

Backhaus, Arno: *Arno, wer ist das denn?* https://www.arno-backhaus.de/03c1989c9207b3911/03c1989c9207b6e17/index.html

Backhaus, Arno: *Keine Panik, ehrliche Spiegel altern immer mit. Meine Rück-Sicht auf Lust und Frust.* Holzgerlingen 2020

BibelTV: *Orchester des Lebens.* In: *Stunde des Höchsten* (Serie). BibelTV Folge 522/ Staffel 1 2022. https://www.bibeltv.de/mediathek/videos/339965-orchester-des-lebens

Blatt, Martina: *„Der Glaube ist die tiefe Grundlage unserer Ehe"*. Interview mit Hanna und Arno Backhaus. In: *PRO-Medienmagazin* 4/2022; S. 6–9

HopeTV: *„Hanna & Arno Backhaus"*. Interview in der Sendung *Auserlesen.* HopeTV 21.2.2011. https://hopetv.de/mediathek/episode/ml/auserlesen/hanna-arno-backhaus/

Plichta, Marzia: *ADS – Ach du Schreck.* Interview mit Arno und Hanna Backhaus. In: *Hautnah – Gott mitten im Leben* (Serie). BibelTV Folge 166. https://www.bibeltv.de/mediathek/videos/287650-ads-ach-du-schreck

Schneebeli, Rebecca: *„Wir passen eigentlich nicht zusammen!"*. Interview mit Hanna und Arno Backhaus. https://www.erf.de/lesen/themen/leben/wir-passen-eigentlich-nicht-zusammen/6866-542-4500

Ullmann, Nathanael: *Hanna und Arno Backhaus: ADHS kann ein Segen sein.* 8.10.2019. https://www.jesus.de/nachrichten-themen/nachrichten/hanna-und-arno-backhaus-adhs-kann-ein-segen-sein/

Jürgen Werth

*Jürgen Werth (*1951)*

Früh gereift und vielseitig begabt

Kindheits- und Jugendtrauma

Jürgen Werth ist immer offen damit umgegangen, dass sein Vater Alkoholiker war und als solcher die Lebensumstände seiner Frau und seiner Kinder schwer belastete. Er berichtet davon in manchen seiner Bücher ausführlich. Denn dieses schmerzhafte Kapitel seiner Kindheits- und Jugendjahre hat ihn für sein ganzes Leben geprägt. Es hat ihm aber auch wichtige geistliche Einsichten vermittelt, aus denen er sogar ein bewegendes Lied gemacht hat. Doch dazu später mehr.

Aufgewachsen ist Jürgen Werth in Lüdenscheid, wo er am 14. Mai 1951 geboren wurde. Sein Vater arbeitete hier als Werkzeugmacher. Später wurde er dann Vertreter für Normteile von Werkzeugmaschinen, erhielt einen Dienstwagen und eine Spesenpauschale. Ein beruflicher Aufstieg also, der allerdings verbunden war mit immer höher geschraubten Verkaufserwartungen vonseiten seiner Firma, in der er angestellt war. Der Verkaufsdruck ließ Werths Vater mehr und mehr zur Flasche greifen, bis ihn der Alkohol fest in seinen Klauen hielt und er zum Alkoholiker wurde. Er betrank sich in Kneipen und zu Hause, wo er an einem Tag manchmal eine ganze Flasche Kognak oder fast einen ganzen Kasten Bier leerte.

Das alles führte zu familiärem Stress: Zank mit der Frau, handfeste Auseinandersetzungen, Vorwürfe und Selbstvorwürfe. Und mittendrin der junge Jürgen Werth – mit seinen 16, 17 Jahren selbst fast noch ein Kind – und sein kleiner, viel jüngerer Bruder. Jürgen fühlte sich verpflichtet, zu schlichten, zu vermitteln, Verantwortung zu übernehmen. Doch die Familientragödie nahm weiter ihren unheilvollen Lauf. Da wies ihn eines Tages ein guter Kamerad darauf hin, dass seine Eltern mittlerweile gar keine Außenkontakte mehr hätten. Und er hatte auch gleich eine Idee: „Ich lass mich morgen mal von meinem Vater abholen. Der kommt dann irgendwie mit deinem Vater ins Gespräch, und dann warten wir mal ab, was passiert." Der Vater des Freundes war Pastor der Freien evangelischen Gemeinde in Lüdenscheid, und es gelang ihm tatsächlich, schnell einen guten Draht zu dem alkoholkranken Vertreter zu finden. Sie hatten viele gute Gespräche und Begegnungen. Auch die Ehefrauen freundeten sich an. Am Ende fanden Jürgen Werths Eltern sogar zum Glauben an Jesus Christus und schlossen sich der Freikirche jenes Pastors an. Das war 1972, kurz bevor Jürgen Werth seine Jugendliebe Angela heiratete.

Doch entgegen allen Erwartungen bekam der Vater auch nach seiner Bekehrung seine Alkoholprobleme nicht in den Griff. Was hat seine Frau, was haben Jürgen und Angela Werth nicht alles versucht und in die Wege geleitet, damit er diese Sucht besiegte! Alles vergebens. Auch ihr verzweifeltes Beten um Gottes veränderndes Eingreifen schien umsonst zu sein – bis sie am Ende selbst nicht nur viel Lebensenergie, sondern auch Glaubenszuversicht und Hoffnung verloren hatten. Doch dann entschied sich Werths Vater plötzlich von sich aus, wegen seiner Alkoholkrankheit eine Klinik aufzusuchen. Jürgen Werth berichtet:

> „Er bekam dort Medikamente, ansonsten passierte nicht viel – aber etwas anderes, ganz Entscheidendes geschah da mit ihm: ‚Ich hatte heute Nacht eine Begegnung mit Gott!',

erzählte er uns eines Morgens stockend. Und dann sagte er den Satz, den er zuvor tausendfach gesagt, aber wohl selbst nie geglaubt hatte: ‚Ich trinke ab sofort nicht mehr.' An diesem Tag klang dieser Satz anders. Er hat sich daran gehalten. Bis zum Tod."

Dieser sollte allerdings schneller als erwartet eintreten. Ein aggressiver Lungenkrebs bereitete dem Leben des Vaters ein frühes Ende. Doch starb er in tiefem Frieden und mit einer starken Glaubensgewissheit.

In seinem Buch *Das Leben ist eine schöne Erfindung* fasst Jürgen Werth das traumatische Erleben mit seinem Vater und die Auswirkungen auf sein eigenes Leben wie folgt zusammen:

„Am Ende aber, ganz am Ende kam mein Vater mit seinem Leben zurecht, wurde frei von der Alkoholsucht, konnte er in Frieden sterben. Nein, er konnte wirklich ‚heimgehen'. Wie oft schon haben wir in unserer Familie über diese Geschichte gesprochen. Eine Geschichte der Irrungen und Wirrungen, der Ungeduld, eine Geschichte der Barmherzigkeit Gottes. Meine Geschichte. Sie hat mich früh erwachsen werden lassen. Sie hat mich aber auch zu einem Menschen geformt, der Kräche und Konflikte nur schwer ertragen kann, der immer in Bereitschaft ist, wenn zwei zornig aufeinander losgehen. Diese Geschichte hat mein Bild von Gott geprägt. Ich habe die unendliche Geduld Gottes kennengelernt und hautnah erfahren, dass er wirklich auch auf krummen Linien gerade schreibt, dass seine Liebe immer größer ist als unser Versagen."

Aus diesen Erfahrungen entstand das Lied *„Gott gab dich nicht auf"*. Es ist eines von Werths persönlichsten Liedern.

Schon früh gab es für Jürgen Werth neben dem familiären einen zweiten Lebensbereich, der ihm ein Stück Zuhause und Heimat wurde. Dieser Lebensbereich spielte sich beim CVJM in Lüdenscheid ab, in dessen Jugendheim in der Mathildenstraße der junge Jürgen regelmäßig ein und aus ging – viele Male in der Woche. Das fing schon an, als er sieben Jahre alt war und im „Jungscharvortrupp" seine ersten Erfahrungen mit dem „Christlichen Verein Junger Männer" (heute: „Christlicher Verein Junger Menschen") machte. Mit zehn Jahren wurde er „Jungscharler". Mit 15 trat er dann in die „Jungenschaft" ein – und leitete sogar schon gleich eine Gruppe. Es war ein buntes, abwechslungsreiches Programm, das der CVJM den Jungen bot. Spiele und Zeltlager gehörten genauso dazu wie biblische Geschichten, Andachten, Liedersingen und – nicht zu vergessen – Austausch, Kameradschaft und Gemeinschaft. Außerdem waren da die Mitarbeiter, die sich für die Jungen und Jugendlichen verantwortlich fühlten und an denen diese sich orientieren konnten. Wie etwa Klaus Jürgen Diehl, der spätere Bundeswart des CVJM-Westbundes.

Schließlich kam der Zeitpunkt, an dem Jürgen Werth sein Leben bewusst „an Jesus festmachte". Das geschah, als er konfirmiert wurde. Zu diesem entscheidenden Schritt hatte u. a. auch eine CVJM-Bibelwoche beigetragen. Als Pfarrer Kochs vom Volksmissionarischen Amt der Westfälischen Kirche ausführte: „Jesus nimmt uns die Schuld von den Schultern, damit wir die Muskeln freibekommen für andere", da hätte er „über Tisch und Stühle springen können vor Glück. Das war wie frisch verliebt sein. Ich entdeckte, dass Jesus nicht bedrückt, sondern frei macht. Und dass man kein Risiko eingeht, wenn man sein Leben an ihn hängt, sondern dass man nirgends besser aufgehoben ist." Dass seine Bekehrung alles andere als etwas

Statisches war, sondern vielmehr ein höchst dynamisches Geschehen darstellte, beweist folgende Aussage, die Werth einmal in einem Interview anlässlich seines 70. Geburtstags machte: „Gott und ich – das ist ein Beziehungsprozess, der ständig erneuert werden muss."

Nach dem Ende seiner Realschulzeit unterschrieb Jürgen Werth zunächst einen Vertrag zum Inspektorenanwärter bei der Lüdenscheider Stadtverwaltung. Doch auf einem Sommerlager des CVJM in Südtirol, an dem er kurz vor Antritt seiner Ausbildung teilnahm, überzeugten ihn zwei ältere Freunde davon, doch nicht in die Stadtverwaltung zu gehen, sondern stattdessen aufs Gymnasium überzuwechseln, um nach dem Abitur schließlich Theologie zu studieren. Werth war mit dem Vorschlag einverstanden, da auch er selbst das Empfinden hatte, dass dieser Plan dem Willen Gottes für sein weiteres Leben entsprach. Und so sagte er der Inspektorenlaufbahn ab und wechselte mit 15 Jahren auf das Gymnasium. Doch musste er dafür mehrere Jahre Lateinunterricht nachholen. Da bot sein Gemeindepfarrer ihm an, ihm zweimal in der Woche privaten Nachhilfeunterricht zu erteilen. So erreichte der ehemalige Realschüler am Ende doch noch das Große Latinum. Auch Hebräisch brachte der Pastor ihm bei.

Mit seinem Abitur auf dem humanistischen Gymnasium und durch seine gediegenen Hebräischkenntnisse, die ihm sein Pastor vermittelt hatte, waren bei Jürgen Werth somit gute Voraussetzungen für sein Theologiestudium gelegt worden. Doch dann entschied er sich plötzlich anders. Es hatte sich ihm nämlich „überfallartig" der Gedanke aufgedrängt, ob er tatsächlich Theologie studieren müsse oder es stattdessen nicht viel besser sei, sich als Christ in einem anderen Beruf zu bewähren. Zum Beispiel als Journalist? Nachdem auch seine Freundin Angela ihre Zustimmung zu diesem Schritt gegeben hatte, wechselte er als Volontär zur „Westfälischen Rundschau".

Liedermacher und -sänger

Bereits als Gymnasiast hatte Jürgen Werth damit begonnen, eigene Lieder zu schreiben und vorzutragen. Es waren zunächst – der Zeit entsprechend – Protestsongs. Damit kam er bei anderen Jugendlichen gut an. Doch es war Klaus Jürgen Diehl, der dem CVJMler Anstöße gab, sich für einen alternativen Weg zu entscheiden. „Weißt du eigentlich", so gab er ihm zu bedenken, „dass Protest vom lateinischen ‚pro testare' (‚für etwas Zeugnis ablegen') kommt? Stell doch einmal nicht nur Fragen, versuch doch auch mal, zu antworten. Sing doch mal von Jesus." Und so wurden aus den Protestsongs Glaubenslieder. Wenngleich am Anfang noch etwas unbeholfen (*„Macht Liebe, keinen Krieg und helft Gott zu seinem Sieg"* war der Titel für sein Erstlingswerk), so wurden sie doch schon bald immer besser. In den folgenden Jahren sang Jürgen Werth dann regelmäßig mit der Band „Dynamic News" im Lüdenscheider Jugendgottesdienst vor mehreren hundert jungen Leuten.

Die Arbeit als Lokalredakteur machte Jürgen Werth Freude. Doch wollte er seine journalistischen Fähigkeiten gern für die Verkündigung des Evangeliums einbringen. Da erhielt er 1973 eine unerwartete Anfrage des „Evangeliums-Rundfunks" (ERF) in Wetzlar, ob er sich vorstellen könnte, bei diesem christlichen Radiosender mitzuarbeiten. Man habe erfahren, er sei Redakteur. Das darauffolgende Vorstellungsgespräch bei dem Programmdirektor Horst Marquardt verlief positiv. So wurde der Jungredakteur Jürgen Werth, der ursprünglich Pfarrer hatte werden wollen, nun nach seinen eigenen Worten „doch noch zu einem Verkündiger des Evangeliums, einem journalistischen Verkündiger".

Beim Evangeliumsrundfunk in Wetzlar traf Werth auf Hans Herbold, der zu dieser Zeit verantwortlich für das Jugendprogramm des Senders und ständig auf der Suche nach neuen

Musikaufnahmen war, die auch junge Menschen ansprechen. Da er mitbekommen hatte, dass sein neuer Kollege schon selbst Lieder geschrieben hatte, forderte er ihn auf, diese für das ERF-eigene Musikarchiv vorzutragen. Musikalisch untermalt wurden Werths Liedtexte durch passende Playbacks, die eine amerikanische Band eigens für seine Lieder komponierte und spielte. Von Werths Aufnahmen beim ERF erfuhr wiederum Siegfried Fietz, der damals noch bei dem christlichen Verlag Hermann Schulte angestellt war und für die von ihm verantwortete Schallplattenreihe *Songs der Frohen Botschaft* ebenfalls nach jungen, begabten Liedermachern und Sängern Ausschau hielt. Auf diesem Weg entstand 1974 Werths erste LP *(Eine Taube spricht zu mir).*

Im Jahr 1976 trat Jürgen Werth schließlich vor ganz großem Publikum auf. Auf dem ersten „Christival", das damals auf dem Essener Grugagelände stattfand, trug er zusammen mit der amerikanischen Band „Liberation Suite" vor Tausenden jungen Christival-Teilnehmern sein neuestes Lied *„Wie ein Tropfen Meer im Sand"* vor. Später folgten eigene Live-Auftritte an vielen verschiedenen Orten. Auch verfasste Werth mehrere christliche Musicals, die u. a. von den Komponisten Johannes Nitsch, Hans-Werner Scharnowski oder Siegfried Fietz vertont wurden.

Eines der bekanntesten Lieder von Jürgen Werth ist wohl das Lied *„Vergiss es nie. Dass du lebst war keine eigene Idee"*, dessen Melodie von Paul Janz stammt. Es stand sogar dreimal auf dem ersten Platz der Hitparade des Schweizer Radios. Wenig später nahm der Sender das Lied allerdings aus dem Programm, da es ihm doch zu christlich erschien. In mindestens einem Fall hat das Lied sogar eine Abtreibung verhindert. So kam nach einem seiner Konzerte einmal eine Frau gemeinsam mit ihrem Kind auf Werth zu und ließ ihn wissen: „Dieses Lied hörte ich am Abend vor meiner geplanten Abtreibung. Doch nachdem ich den Text gehört hatte, konnte ich das nicht mehr tun. Hier ist das Kind, das damals gerettet wurde."

Jürgen Werth zufolge gibt es viele bewegende Geschichten mit dem Lied. In seinem Buch *Und jeden Tag erfindet Gott das Leben neu* schreibt er:

> „Manchmal staune ich Bauklötze. Da sagt ein Tischtennis-Champion ohne Arme, das wäre sein Lieblingslied. Da schreiben Eltern diesen Text auf die Fotokarte ihrer Down-Tochter. Da sagt mir eine ältere Frau: ‚Mein Vater hat immer gesagt, dass ich nichts tauge. (…) Immer noch hallt dieser Satz in meiner Seele. Aber dann halte ich ihm diesen Text entgegen. Und Vater muss schweigen.'"

Weitere bekannte Lieder von Jürgen Werth sind u. a. das Jerusalem- bzw. Schalom-Lied *„Stadt des Friedens, Stadt der Gewalt"*, das Versöhnungslied *„Wie ein Fest nach langer Trauer"*, das bewegende Trost- und Trauerlied *„Nun bist du fort"* oder das zum Musical *„Bruder Martinus"* gehörende bekenntnishafte Lied *„Sola fide"* zu Luthers berühmten vier Soli: Sola fide, solus Christus, sola gratia, sola scriptura (allein durch Glauben, allein Christus, allein aus Gnade, allein die Schrift; vgl. S. 39).

ERF-Macher, Allianzvorsitzender, Ruheständler

Von 1977 bis 1984 war Jürgen Werth Leiter des Jugendprogramms „e.r.f. junge Welle". 1986 wurde er ERF-Chefredakteur. 1994 trat er dann die Nachfolge des langjährigen ERF-Direktors Horst Marquardt an und war ab 2007 Vorstandsvorsitzender dieses christlichen Senders. Jürgen Werth und der Evangeliums-Rundfunk – das passte einfach zusammen! Über 40 Jahre lang und damit bis zu seinem Ruhestand im Jahr 2014 blieb er beim ERF (heute ERF Medien) – und das, obwohl er von seinem Naturell her ein Mensch ist, der Veränderungen und neue

Herausforderungen liebt. Doch nach seiner eigenen Aussage schien Gott ihm „auf geheimnisvolle Weise immer wieder zu sagen: Bleib mal, ich kann dich da noch ganz gut gebrauchen". Während Werths langer Dienstzeit beim ERF wurden zahlreiche strukturelle Reformen eingeleitet. So kamen beispielsweise zu den Radiosendungen als dem traditionellen ERF-Medium nunmehr auch Fernsehproduktionen hinzu. In dem beliebten Gesprächsformat „Werthe Gäste" interviewte Jürgen Werth viele bekannte und interessante christliche Persönlichkeiten. Auch die Talksendung „Wartburg-Gespräche", in der Werth mit seinen Gästen „über Gott und die Welt" diskutierte, kam gut an. Sie fand regelmäßig auf der Wartburg und damit in einem ganz besonderen, geschichtsträchtigen Ambiente statt. Für das Erste Deutsche Fernsehen sprach Werth drei Jahre lang immer mal wieder „Das Wort zum Sonntag". Schließlich war er auch noch „nebenher" von 2007 bis 2011 Vorsitzender der Deutschen Evangelischen Allianz (DEA) – übrigens als Nachfolger von Peter Strauch (vgl. S. 180).

Jürgen Werth – ein Macher? So mag es auf den ersten Blick scheinen, und doch trifft diese Charakterisierung nur mit Einschränkung auf ihn zu. Denn zu sehr ist er sich der Tatsache bewusst, dass er sein Leben nicht selbst in der Hand hat, sondern es immer auch in Abhängigkeit von Gott gelebt sein will. Seine eigenen Grenzen und Fehlhaltungen zu erkennen und das „Loslassen" zu lernen (und „Losgelassenes" vertrauensvoll in Gottes Hand zu legen): Dafür sorgte nicht zuletzt die Erfahrung eines Burnouts, den Werth 1992 erlitt. Damals nahm er sich gemeinsam mit seiner Frau im fernen Texas eine längere Auszeit – acht Wochen lang „abgeschirmt" von den Verpflichtungen und den Inanspruchnahmen, denen er sonst Tag für Tag ausgesetzt war. Seitdem hat er es sich zur Gewohnheit gemacht, sich immer wieder ein „Stilles Wochenende" zu gönnen. Dieses verbrachte er nicht selten bei der Kommunität der Jesus-Bruderschaft in

Gnadenthal. In seinem Buch *Doch Gott sieht das Herz* bemerkt Werth dann auch:

> „Ein paar Tage für die Stille, wenigstens einen Tag. Das habe ich mir in meiner Dienstzeit immer wieder selber verordnet. Weil ich es gebraucht habe – vielleicht noch mehr als andere. Immerhin weiß ich seit ein paar Jahren, dass ich zu den Hochsensiblen gehöre, zu den Menschen also, die alles ein bisschen intensiver wahrnehmen und die darum regelmäßig solche Rückzugsorte brauchen: zum Arbeiten, zum Verarbeiten, zum Aufatmen. Zum Durchatmen. Und schlicht zum Überleben."

Inzwischen lebt Jürgen Werth schon mehrere Jahre im Ruhestand. Er selbst bemerkt dazu: „Aber nun bin ich weg. Hab mich am 30. September 2014 feierlich entpflichten lassen. Und bin seitdem hauptberuflich, was ich nebenberuflich schon immer war: Autor, Liedermacher, Moderator, Prediger, Wortmaler und Erzählsänger." Auch in seinem (Un-)Ruhestand nimmt sich Werth gern hin und wieder eine Auszeit, eine Zeit der Stille und Meditation. Inzwischen bevorzugt er dazu das ehemalige Kloster Bursfelde an der Oberweser.

LITERATUR- UND QUELLENNACHWEIS

Blöcher-Weil, Johannes: *Jürgen Werth ist 70. Komponist und Liedermacher.* PRO-Interview 13.5.2021. https://www.pro-medienmagazin.de/juergen-werth-wird-70/

Gerth Medien: *„Ich war ich!" Interview mit Jürgen Werth.* gerth.de/aktuelles/news-beitraege/interviews/2017/ich-war-ich

IDEA Information AG: *Wie ein Lied ein Leben rettete. IDEA Schweiz* 9.11.2021. https://www.ideaschweiz.ch/artikel/wie-ein-lied-ein-leben-rettete

PRO: *Jürgen Werth zum Jubiläum: „Der ERF und ich passen gut zusammen"*. PRO-Interview 27.3.2013. https://www.pro-medienmagazin.de/juergen-werth-zum-jubilaeum-der-erf-und-ich-passen-gut-zusammen/

Werth, Jürgen: *Das Leben ist eine schöne Erfindung. Von glücklichen und schweren Tagen*. Wuppertal 2002 (2. Aufl.)

Werth, Jürgen: *Doch Gott sieht das Herz. Nahaufnahmen eines Lebens*. Asslar 2017

Werth, Jürgen: *Eigentlich… (Selbstbeschreibung)*. https://www.juergen-werth.de; abgerufen 2022

Werth, Jürgen: *Und jeden Tag erfindet Gott das Leben neu. Persönliche Geschichten, persönliche Lieder*. Witten 2008

Wüthrich, Florian: *Inspirationen aus dem Leben von Jürgen Werth*. Interview bei Livenet Schweiz 25.1.2021. Youtube.com/watch?v=eODNRy5fabE

Jürgen Werth. https://de.wikipedia.org/wiki/Jürgen_Werth

Christoph Zehendner

*Christoph Zehendner (*1961)*
Reif fürs Kloster?

Gott ist treu

Wie viele Christen mögen schon das Lied *„Bist zu uns wie ein Vater, der sein Kind nie vergisst“* (mit dem erhabenem Refrain „Vater, unser Vater, alle Ehre deinem Namen. Vater, unser Vater, bis ans Ende der Zeiten. Amen.“) gesungen haben! Die schöne, getragene Melodie stammt von Hans Werner Scharnowski, den Text aber hat der Journalist und Liedermacher Christoph Zehendner verfasst. Auch ein anderes, nicht weniger bekanntes und ebenfalls schon früh zum Klassiker gewordenes Lied stammt (zumindest in seiner deutschen Version) aus seiner Feder: *„Gott hört dein Gebet (Wenn die Last der Welt)“*.[1] Gern gesungen (oder gehört) werden auch die Lieder *„Du bist der Weg und die Wahrheit und das Leben“* (M: Johannes Nitsch), *„Bei dir bin ich zu Hause“* (M: Manfred Staiger) oder *„In der Stille angekommen“* (M: Manfred Staiger). Dies sind nur fünf von über 300 Liedern, die Zehendner mittlerweile veröffentlicht hat.

Geboren wurde Christoph Zehendner am 10. Februar 1961 in der bei Nürnberg gelegenen Stadt Bad Windsheim. Bei seiner Konfirmation im Jahr 1974 hatte sein Pfarrer für ihn den Bibelvers „Denn einen anderen Grund kann niemand legen außer dem, der gelegt ist, welcher ist Jesus Christus“ (1. Korinther 3,11) ausgesucht. Dieser Bibelspruch begleitete Zehendner auf seinem weiteren Lebensweg. Wie er einmal in der Zeitschrift *Faszination Bibel* bemerkte, ist ihm dieser Satz nicht nur wichtig, „weil Protestanten diesen Vers zutiefst mit Martin

Luther verbinden (…), sondern gerade auch deshalb, weil ich diesen sehr ‚fundamentalen' Satz als Kernsatz fürs Leben entdeckt habe". Überhaupt machte er immer wieder die Erfahrung, dass bei ihm „bestimmte Weichenstellungen im Leben mit bestimmten Worten aus dem Buch der Bücher verknüpft" waren. Allerdings geschehe das „oft erst Jahre später, wenn ich den Zusammenhang zwischen der Weichenstellung und dem Lebenswort zu verstehen beginne".

In einer seiner Predigten sprach Zehendner davon, dass bei ihm seine „geistliche Pubertät" mit seiner körperlich-seelischen zusammengefallen sei.

„Eine Zeit lang", so bekannte er, „wollte ich nichts zu tun haben mit Gott. Bewusst schwänzte ich den Gottesdienst, den Jugendkreis und ähnliche Veranstaltungen. Voller Absicht setzte ich mich von meinem Kinderglauben ab. Rebellisch war ich, aufmüpfig, Eltern, Lehrern und eben auch älteren, reifen Christen gegenüber." Doch Gott habe ihn gelassen und ihn nicht „in ein festes Schema von Erwartungen gepresst, so wie es manche Eltern mit ihren Kindern tun. Wenn Gott das versucht hätte", so Zehendners Vermutung, „wäre ich vielleicht geflohen."[2]

Doch er habe erleben dürfen: „Gott ist da. Selbst wenn ich auf Distanz gehe (…) – er ist in meiner Nähe. Unaufdringlich, aber voller Liebe bietet er meiner heimatlosen Seele ein Zuhause an."

Aus dieser Erfahrung heraus entstand viele Jahre später sein Lied *„Solang ich lebe"*, das dem 71. Psalm nachempfunden ist und von Gottes Treue an seinen Kindern handelt: von der Geburt an bis ins Alter.

Vom Südwestrundfunk ins Kloster

Beruflich war Christoph Zehendner zunächst als Journalist tätig. Seine ersten Sporen verdiente er sich beim Evangeliums-Rundfunk und beim Hessischen Rundfunk (Radio Lahn). Daneben studierte er an der Marburger Philipps-Universität evangelische Theologie und schloss sein Studium als Magister ab. Später war er 16 Jahre lang als Hörfunkjournalist beim SWR in Stuttgart tätig – zuerst in der aktuellen Berichterstattung und danach in der landespolitischen Redaktion. Er lernte hochkarätige Politiker und andere einflussreiche Persönlichkeiten kennen, kam in fremde Länder. Es war eine spannende und interessante, aber auch eine sehr anstrengende und hektische Zeit. Sie ging nicht ohne einen gewissen Raubbau an seinem Körper ab. Ein Tinnitusleiden zeugt bis heute von jener permanenten Überlastung. Aber Zehendner war Vollblutjournalist und liebte seine Tätigkeit.

> „Ich beklage mich nicht", wird er später rückblickend feststellen, „ich habe diesen Traumjob total gern ausgefüllt. Irgendwie entspricht das zielgerichtete, temporeiche Arbeiten einem Teil meiner Persönlichkeit. Ich arbeite wirklich gern, ich arbeite auch gerne viel und habe kein Problem damit, unter Druck zu arbeiten. Im Gegenteil: Es machte mir oft Spaß und weckte meinen sportlichen Ehrgeiz."

Nein, reif für die Insel fühlte Zehendner sich nicht, und auch nicht reif fürs Kloster. Dennoch schied er freiwillig aus seinem Beruf aus – und wurde Teil einer Klostergemeinschaft. Dies tat er gemeinsam mit seiner Frau Ingrid, einer Kunsttherapeutin. Doch die beiden waren keine „Aussteiger" im klassischen Sinn, sondern eher Um- und Einsteiger in einen neuen Lebensabschnitt, ein neues Lebens- und Betätigungsfeld, für das sie nun wohl „reif" waren. Und das kam so:

Schon seit mehreren Jahren hatten die Zehendners in engerem Kontakt mit der evangelischen kommunitären Gemeinschaft der „Christusträger-Bruderschaft" gestanden, die im Kloster

Triefenstein/Mainfranken ihren Hauptsitz hat.[3] Zunächst hatten sie dort nur die Stille gesucht und an Seminaren teilgenommen. Schließlich wurden aber auch sie selbst mehr und mehr in die Mitarbeit miteinbezogen. So boten sie zum Beispiel eigene Seminare an oder waren als Mitglieder des Freundesrates mit an den Planungen und Überlegungen im Hinblick auf die weitere Entwicklung der Kommunität beteiligt.

Eines Tages rief sie schließlich der damalige Prior der Christusträger-Bruderschaft, Bruder Christian, in ihrem Zuhause in der Nähe von Stuttgart an. Er bat die beiden, vollzeitlich in die Arbeit der Gemeinschaft einzutreten. Sie würden dort gebraucht. Christoph und Ingrid Zehendner spürten beide, dass das tatsächlich ihr künftiger Weg sein könnte und hatten – nach einer Zeit der Beratung mit Freunden und ihren beiden Kindern – ein klares Ja zu ihrer Berufung. Sie verkauften ihr Haus und bauten stattdessen ein Haus in der unmittelbaren Nähe des Klostergeländes. Vorher hatten sie den Betrag an Geld ausgerechnet, den sie in Zukunft benötigen und von den Brüdern beziehen würden. Denn die Zehendners waren mit ihrem 2011 vollzogenen Umzug nach Triefenstein keine Mönche geworden, sondern arbeiteten als Angestellte der Christusträger-Bruderschaft. Auch durfte Christoph Zehendner weiterhin auswärtige Konzerte, Lesungen und andere Veranstaltungen durchführen oder externe Predigtdienste wahrnehmen.

Dennoch sind die Zehendners als „Mitchristusträger“ bis heute Teil der Klostergemeinschaft. Auch wenn sie ihr Frühstück zu Hause einnehmen und auch nachts hier schlafen, so leben sie tagsüber innerhalb der Klostermauern und passen ihr Leben dem klar gegliederten Ora-et-labora-Rhythmus von Gebetspause und aktiver Arbeitszeit an. Es ist ein abwechslungsreiches, erfülltes und ausgefülltes Leben, das der ehemalige SWR-Journalist hier führt. Zugleich enthält es weniger Tempo und weniger Druck als früher. Aber sein Arbeitsalltag kann auch in dieser klösterlichen Abgeschiedenheit zuweilen turbulent sein...

Im Kloster Triefenstein ist Christoph Zehendner für die Öffentlichkeitsarbeit zuständig. Außerdem leitet er Seminare, begleitet Gästegruppen, organisiert Konzerte und Freundestage. Seine Frau bringt sich als Kunsttherapeutin ein und hat im Kloster sogar einen eigenen Kreativraum. Beide haben ihre Entscheidung für das Kloster Triefenstein bis heute nicht bereut. So meinte Zehendner 2018 (und damit sieben Jahre nach dem Umzug): „Das ist der richtige Platz, das ist unser Leben. Und da kann ich als Christ sagen: Guter Gott, du hast mich gut geführt."

Ausgebremst

Im November 2018 musste sich Zehendner krankheitsbedingt vorübergehend aus der Öffentlichkeit zurückziehen. Die Ärzte hatten bei ihm Morbus Hodgkin, einen Lymphknotenkrebs, im Anfangsstadium diagnostiziert. Er erhielt eine Chemotherapie und Bestrahlungen. Als er sich gerade etwas von dieser Prozedur zu erholen begann, erlitt er mehrere sehr schmerzhafte Bandscheibenvorfälle. Am 13. Mai 2019 aber konnte Zehendner seinen Freunden mitteilen: „Heute nun gab's eine hervorragende Nachricht von meinen Ärzten: Morbus Hodgkin ist zu 100 Prozent verschwunden. Ich kann es kaum fassen, bin überglücklich und fühle mich wie mit einem neuen Leben beschenkt. Gott sei Dank." Am Tag darauf begann er wegen seiner Rückenprobleme eine Reha. Auch sie verlief erfolgreich.

Während seiner schweren Krankheitszeit half Zehendner der Beistand von Freunden sehr. Einige rieten ihm, dass er seine Lieder und all das, was er geschrieben hatte, nun ganz konkret auf sich selbst beziehen und für sich in Anspruch nehmen sollte. Auf diese Weise wurde der kranke Liedermacher zur Zielperson seiner eigenen Lieder, die er beim Anhören ganz bewusst zu sich persönlich sprechen ließ. Dabei erfuhr er Trost und Stärkung. Ein gelungener Praxistest also.

Noch etwas anderes half Zehendner in seiner damaligen Notlage: Er schrieb an einem Buch, das über das in Beit Jala (bei Bethlehem im Westjordanland) gelegene christlich-diakonische Rehabilitationszentrum „Lifegate" berichtet. In ihm erfahren behinderte Kinder und Jugendliche aus Israel und aus den Palästinensergebieten, aber auch aus Jordanien, Ägypten und dem Irak (Aus-)Bildung, Förderung und Therapie. Für Zehendner stellt das „Lifegate"-Rehabilitationszentrum eine „Oase von Frieden und Versöhnung, von Mut und Hoffnung" dar. Um das schon länger geplante Buchprojekt *(Willkommen im Haus des Lachens. Versöhnungs- und Mutgeschichten aus dem Heiligen Land)* realisieren zu können, war Zehendner noch wenige Tage vor Beginn seiner Krebsbehandlung eigens nach Israel geflogen. Dort in Beit Jala hatte er verschiedene Personen dieser Einrichtung interviewt und auch mit dem Leiter von „Lifegate", Burghard Schunkert, und seinen engagierten Mitarbeitern gesprochen. Die bewegenden Lebensgeschichten schrieb er nun im Bett liegend – den Computer auf seinen Knien – während seiner Krankheits- und Behandlungsphase auf. Die Beschäftigung mit den tapferen, von Behinderungen betroffenen und in schwierigen politischen Verhältnissen lebenden und wirkenden Menschen, die er in seinem Buch vorstellt und denen er ein Denkmal setzen wollte, tat Zehendner ausgesprochen gut und relativierte für ihn seine eigene Leidenssituation.

Christoph Zehendner und seine Lieder

Christoph Zehendner ist mit seinen Konzerten und Musikgottesdiensten im gesamten deutschsprachigen Raum unterwegs. Doch auch nach Afghanistan, Paraguay, Südafrika, Namibia, Spanien und Rumänien haben ihn seine Konzerte und Tourneen schon geführt. Etliche seiner Lieder sind inzwischen in kirchliche Gesangbücher aufgenommen worden. 2009 kürte die christliche Musikmesse „Promikon" ihn zur „Künstlerpersönlichkeit des Jahres".

Zehendner gibt zu, dass er „schon immer jemanden (brauchte), der aus meinen Texten als Komponist und als Musiker richtig gute Musik macht". Er textet Lieder und tritt mit ihnen auf, weil ihm das ein besonderes Bedürfnis ist und er dies als zu seiner Berufung gehörend empfindet. Er bezeichnet sich als „Mundwerker" (oder auch „Kunsthandwerker"), der mit seinen Liedtexten etwas zu sagen hat. Das heißt für ihn konkret, dass er „von seinem Glauben erzählen" und „Hoffnungsträger" sein möchte. Auch äußerte er einmal, dass er sich wünscht, dass seine Lieder „Fenster öffnen in die Bibel, hin zur Begegnung mit Gott. Dass sie dazu Mut machen."

Vor diesem Hintergrund verwundert es nicht, dass nicht wenige seiner Lieder einen biblischen Hintergrund haben. In seinem schon erwähnten Beitrag für die Zeitschrift *Faszination Bibel* erklärt Zehendner dann auch:

> „Manchmal taste ich mich als Liedtexter durch harte Arbeit an Perlen im Buch der Bücher heran. Schon in jungen Jahren fing ich damit an, einzelne Bibelverse oder ganze biblische Bücher zum Thema von Liedtexten oder Konzeptalben zu machen: ‚Begegnungen – Fenster des Johannes-Evangeliums', ‚Felsenfest – Fenster zur Bergpredigt', ‚Höre Herr – Asaph-Psalmen' und etliche andere Produktionen sind dabei entstanden."

Auch sein 2015 erschienenes Album *Ganz bei Trost* zeigt eine große Nähe zur Bibel. In den hierin enthaltenen Liedern möchte

Zehendner die alten, ewig gültigen Aussagen Jesajas mit seinen eigenen Erfahrungen, Gedanken und Gefühlen zusammenbringen und dabei anderen Mut und Trost für ihr eigenes Leben vermitteln.

> „Ich wünsche mir“, so seine Hoffnung, „dass die Leute Lust daran haben, Jesaja anzugucken und zu fragen: Was steht da eigentlich, auf welche Bibelstelle bezieht Christoph Zehendner sich und was hat Jesaja gemeint?“ Und: „Ich mache Mut, die Sätze von Jesaja ganz ernst zu nehmen und Gott zu erleben, Gott handeln zu lassen und auch in der Erwartung an ihn zu leben.“

Für sein 2022 herausgebrachtes Album *Unfassbar* wählte Zehendner als Hintergrund der darin aufgenommenen Lieder das Markus-Evangelium aus, dessen Kürze und inhaltliche Dichte ihm sehr gefallen. Auch hier waren es das Anliegen und der Wunsch des Liedermachers, dass die Menschen durch das Hören der Songs auf das Markus-Evangelium selbst neugierig gemacht werden, dass sie sich mit diesem wohl ältesten Evangelium beschäftigen „und dann auch Jesus begegnen, um den es Markus geht“. Erneut wählte Zehendner für seine Absicht den „Fenstervergleich“, indem er meint: „Das Bild vom Fenster gefällt mir gut: Man schaut durch ein Fenster und bekommt dabei Lust, anschließend durch die Tür zu gehen und sich ganz dem Evangelium zu nähern.“

Christoph Zehendner ist überzeugt, dass es zum Wesen des Glaubens gehört, dass man sich als Christ von Gott herausfordern und -rufen lässt und offen für Veränderung ist. Zwar sei es wichtig zu erkennen, dass man ohne Gott verloren ist und durch Jesu Tat am Kreuz und seine Auferstehung ein neues Leben geschenkt bekommt. Aber das sei nur „die Grundlage für das, was danach passiert“. Gott habe die Menschen im Alten und im Neuen Testament gewaltig herausgefordert. Und auch heute will Gott nach Zehendners Überzeugung die Kreise seiner Leute stören, „unbequem" sein und zu Neuem herausrufen.[4] Dass Zehendner selbst nicht „abblocken", sondern stets offen für Gottes Wegführung mit ihm sein möchte, hat er nicht zuletzt mit seinem Standortwechsel – vom Hörfunkreporter zum Klostermitarbeiter – unter Beweis gestellt.

ANMERKUNGEN

[1] Die Melodie und den englischen Originaltext „He will listen to you" verfasste der amerikanische Musiker Mark Heard 1984.

[2] Wie Christoph Zehendner in einem Podcast-Interview von „Flügelverleih" erklärte, erlebte er keine „klassische Bekehrung mit konkretem Datum". Er sei jedoch im guten Sinne durch seine Familie und die Kirchengemeinde in den christlichen Glauben hineingewachsen. Bei jener pubertären Glaubenskrise habe er schon bald festgestellt, dass ein Lösen vom Glauben so wäre, als würde man mit dem Atmen aufhören. So „organisch", so selbstverständlich und für ihn wichtig empfand er seitdem seinen neu gefundenen Glauben.

[3] Wie Christoph Zehendner ausführt, sind „die Christusträger eine ordensähnliche Gemeinschaft innerhalb der evangelischen Kirche. Die etwa 40 Schwestern und rund 25 Brüder orientieren sich an den alten Mönchsregeln. … Sie leisten medizinische Hilfe in Afghanistan, auf Borneo/Indonesien, im Kongo und in Pakistan, kümmern sich um vernachlässigte Kinder in Argentinien und Asien, leiten Einrichtungen für Pflegebedürftige und orientierungslose Jugendliche in Deutschland. Sie laden zu Freizeiten oder stillen Tagen in ihre Häuser in Deutschland und der Schweiz ein und gestalten Gottesdienste und offene Abende."

[4] Dabei ist Zehendner natürlich bewusst, dass nicht jeder Christ aus seinem bisherigen Tätigkeitsfeld in ein neues Aufgabenfeld gerufen wird. Daher weist er auch darauf hin, dass zum Christsein auch die Treue gehört, und damit verbunden auch der treue Dienst in der Gemeinde, der man angehört. Gleichwohl geht es Zehendner um die grundsätzliche Bereitschaft, sich von Gott führen und gebrauchen zu lassen und damit auch gegebenenfalls Veränderungen im Leben zuzulassen.

LITERATUR- UND QUELLENNACHWEIS

Brenneke, Swanhild: *„Jesus ist faszinierend, aber nie wirklich zu fassen"*. Interview in: *PRO-Medienmagazin* 5/2022; S. 38–40

Der Flügelverleih: *Dem Leben auf der Spur – mit Christoph Zehendner.* Interview (Podcast) 12.9.2022. https://www.ivoox.com/dem-leben-auf-der-spur-8211-mit-christoph-audios-mp3_rf_92255610_1.html

Gerth Medien: *Musik Couch – Talk & Live-Song mit Christoph Zehendner.* Interview 27.8.2015. https://www.youtube.com/watch?v=eR-QusECAi0

Gerth Medien: *Musik Couch – Talk & Live-Song mit Christoph Zehendner.* Interview 4.5.2018. https://www.youtube.com/watch?v=iQBzdoIhxiE

Helmers, Oliver: *Im Interview mit Christoph Zehendner.* https://aldingen-evangelisch.wordpress.com/2020/03/27/im-interview-mit-christoph-zehendner/

Ilgenfritz, Karin: *Beruf und Berufung: „Mundwerker"*. Interview mit Christoph Zehendner. In: *„Unsere Kirche"* 47/2020; S. 9

PRO: *Für Christoph Zehendner zählt die Liebe.* PRO-Interview 8.2.2018. https://www.youtube.com/watch?v=bJFnypxd8OE

Schweda, Alexander: *Der Mann, der ins Kloster ging.* In: *Evangelisches Gemeindeblatt für Württemberg* 13-14/2018; S. 32–34

Zehendner, Christoph: *Christoph Zehendner. Dem Leben auf der Spur als Liedermacher, Journalist und Theologe.* https://www.christoph-zehendner.de/

Zehendner, Christoph: *Ein Journalist steigt aus.* (Skript 2014, dem Autor zur Verfügung gestellt)

Zehendner, Christoph: *Solang ich lebe… Predigt von Christoph Zehendner bei „Stunde des Höchsten". Gottesdienst vom Sonntag, 09. Oktober 2016.* https://www.stunde-des-hoechsten.de/media/sdh_367_2016-10-09_solang_ich_lebe.pdf

Zehendner, Christoph: *Von der Bibel inspiriert: Worte, die durchs Leben tragen.* In: *Faszination Bibel* 01/2021

Zehendner, Christoph: *Willkommen im Haus des Lachens. Versöhnungs- und Mutmachgeschichten aus dem Heiligen Land.* Gießen 2019. Vgl. https://www.christoph-zehendner.de/projekte/willkommen-im-haus-des-lachens/

Zehendner, Christoph: *Wort. Welten. Wanderer. Biografie u. a.* 20.6.2008. https://www.christoph-zehendner.de/fileadmin/files/user_upload/Interview_www.pdf

Zehendner, Christoph: *Zehn Perlen. Was ich im Kloster für das ganz normale Leben entdeckt habe.* In: *AUFATMEN* Herbst 2016

Christoph Zehendner. https://de.wikipedia.org/wiki/Christoph_Zehendner

Bildnachweise

Paul Gerhardt:
(https://paul-gerhardt-muenchen.de/wp-content/uploads/Berichte/Bilder2022/202203-Paul-Gerhardt-sw-500x643.jpg) https://paul-gerhardt-muenchen.de/so-klingt-paul-gerhardt-paul-gerhardt-und-die-paul-gerhardt-gemeinde/

Gerhard Tersteegen:
Heiligenlexikon (https://commons.wikimedia.org/wiki/File:Gerhard_Tersteegen2.jpg), „Gerhard Tersteegen2", https://creativecommons.org/publicdomain/zero/1.0/legalcode.

Philipp Friedrich Hiller:
Künstler unbekannt (https://upload.wikimedia.org/wikipedia/commons/f/f3/Philipp_Friedrich_Hiller.jpg), „Philipp Friedrich Hiller", als gemeinfrei gekennzeichnet, Details auf Wikimedia Commons: https://commons.wikimedia.org/wiki/Template:PD-old.

Nikolaus Ludwig Graf von Zinzendorf:
Künstler unbekannt (https://upload.wikimedia.org/wikipedia/commons/f/fc/Nicolaus_ludwig_graf_zu_zinzendorf.jpg), „Nicolaus ludwig graf zu zinzendorf", gemeinfrei.

Charles Wesley:
Nutzer Magnus Manske auf en.wikipedia (https://commons.wikimedia.org/wiki/File:Charles_Wesley.jpg), „Charles Wesley", als gemeinfrei gekennzeichnet.

Matthias Claudius:
Nach einem Gemälde von Friederike Leisching (https://commons.wikimedia.org/wiki/File:Portrait_claudius.jpg), „Portrait claudius", als gemeinfrei gekennzeichnet.

Johann Christoph Blumhardt:
(https://www.plough.com/-/media/images/plough/authors/b/johannchristophblumhardt.jpg?la=de) https://www.plough.com/de/unsere-autoren/b/johann-christoph-blumhardt

Fanny Crosby:
Künstler unbekannt (https://commons.wikimedia.org/wiki/File:Fanny_Crosby.jpg), „Fanny Crosby", gemeinfrei.

Julie Hausmann:
(https://image.jimcdn.com/app/cms/image/transf/none/path/s0f7bb394e0006b76/image/i822f03c7ab77d62e/version/1582385203/

image.jpg) https://www.allein-christus.at/glaubensv%C3%A4ter/julie-von-hausmann/

Ernst Heinrich Gebhardt:
Künstler unbekannt (https://de.wikipedia.org/wiki/File:Ernst_Gebhardt.jpg), „Ernst Gebhardt“

Eleonore Fürstin von Reuß:
(https://kulturstiftung.org/wp-content/uploads/2012/02/reusel03.jpg) https://kulturstiftung.org/biographien/reuss-eleonore-furstin-von-2

Hedwig von Redern:
(https://image.jimcdn.com/app/cms/image/transf/none/path/s0f7bb394e0006b76/image/iaf09f86ed32182e0/version/1583529455/image.jpg) https://www.allein-christus.at/glaubensv%C3%A4ter/hedwig-von-redern/

Theo Lehmann:
© Kretschel. Lizenz erworben am 22.01.2024.

Peter Strauch:
© Sven Lorenz, Essen. Freundlicherweise zur Verfügung gestellt von der SCM Verlagsgruppe. Weiteres zu Peter Strauch auch in seiner Autobiografie, sowohl als E-Book als auch als Hörbuch-Ausgabe erhältlich: *Peter Strauch: Meine Zeit steht in deinen Händen. Biografie, © 2015/2017 SCM Verlagsgruppe GmbH, D-71088 Holzgerlingen (www.scm-haenssler.de)*

Siegfried Fietz:
© ABAKUS Musik, freundlicherweise zur Verfügung gestellt von Florian Fietz.

Jörg Swoboda:
Von Jörg Swoboda freundlicherweise zur Verfügung gestellt am 29.01.2024.

Manfred Siebald:
Freundlicherweise von Manfred Siebald zur Verfügung gestellt am 02.02.2024. Fotograf Wolfram S. C. Heidenreich.

Arno Backhaus:
Freundlicherweise von Arno Backhaus zur Verfügung gestellt am 09.01.2024.

Jürgen Werth:
Hoothie51 (https://commons.wikimedia.org/wiki/File:WerthDSC9571.jpg), https://creativecommons.org/licenses/by-sa/4.0/legalcode

Christoph Zehendner:
Fotograf Daniel Kallauch. © Gerth Medien (Pressefoto). Zur Verfügung gestellt am 10.01.2024.

Vom selben Autor erschienen:

Unvergessene Wuppertaler und oberbergische Glaubensboten
Zwölf Personenporträts

In diesem Buch werden zwölf Personen vorgestellt, deren Leben und Wirken im „frommen" Wuppertal und dem Oberbergischen Land (und teilweise weit über diese Regionen hinaus) von kirchengeschichtlicher Bedeutung gewesen ist. Neben beeindruckenden Gemeindepfarrern wie Alfred Christlieb, Paul Humburg und Otto Funcke werden auch die freikirchlichen Gründergestalten Carl Brockhaus (Brüder), Hermann Heinrich Grafe (Freie Gemeinden) und Julius Köbner (Baptisten) vorgestellt. Als besonderes Original findet Johanna Faust in dieser Zusammenstellung ihren Platz.

Pb, 352 S., 13,5 × 20,5 cm
Best.-Nr. 271817
ISBN 978-3-86353-817-0

Weitere Bücher über Glaubensvorbilder

Michael Kotsch
Helden des Glaubens
Gb, 13,5 × 20,5 cm

Das Christentum ist durch viele hingebungsvolle Menschen geprägt und vorangetrieben worden. Unter ihnen sind Theologen, Prediger, Missionare, Reformatoren, Bibelübersetzer, Entdecker, Wissenschaftler, Philosophen, Professoren, Sozialreformer, Militärs und Musiker. Sie helfen dem Leser, die eigene Gegenwart besser zu verstehen und sich selbst mutig im Glauben einzubringen.

Die drei Bände bieten eine Reise quer durch die Kirchengeschichte. Die Kurzbiografien geben einen schnellen Überblick über das Leben engagierter Christen und bieten genügend Material für eine Vorstellung im Schulunterricht, im Hauskreis und in Frauen-, Männer- oder Jugendstunden.

Band 1, 400 S.
33 Kurzbiografien
aus der Kirchengeschichte
Best.-Nr. 271078
ISBN 978-3-86353-078-5

Band 2, 528 S.
22 Kurzbiografien
aus der Kirchengeschichte
Best.-Nr. 271577
ISBN 978-3-86353-577-3

Band 3, 384 S.
12 Kurzbiografien
aus der Kirchengeschichte
Best.-Nr. 271797
ISBN 978-3-86353-797-5

Lillie Zöckler
Gott hört Gebet
Das Leben und Wirken Theodor Zöcklers unter den Galiziendeutschen

Pb, 192 S., 13,5 × 20,5 cm
Best.-Nr. 271827
ISBN 978-3-86353-827-9

Theodor Zöckler (1867–1949) war evangelischer Pfarrer in Stanislau, Ost-Galizien, einem Gebiet, das heute zur West-Ukraine gehört. Dort hatten sich im 19. Jahrhundert viele evangelische Deutsche angesiedelt, die einer geistlichen Betreuung und Begleitung bedurften. Durch Zöcklers Anstoß unter gemeinsamer Leitung mit seiner Frau Lillie entstand ab 1890 ein Glaubenswerk, das aller Beachtung wert ist. Bischof Otto Dibelius urteilt: „Niemand kann die Geschichte der evangelischen Liebesarbeit ... schreiben, ohne Theodor Zöcklers zu gedenken." Zöckler wird daher auch als der „Bodelschwingh des Ostens" bezeichnet. Lillie Zöckler merkt man in dieser bewegenden Biografie ihres Mannes an, was höchster Einsatz im Dienst für Gott bedeutet und welche Frucht er hervorbringen kann. Darüber hinaus wird ein Kapitel deutscher Geschichte aufgeschlagen, das manches in der Vergangenheit erhellt, was auch heute wieder bedacht werden muss.